T0208743

Lecture Notes in Computer Science

Lecture Notes in Computer Science

Edited by G. Goos and J. Hartmanis

55

A. Gerbier

Mes premières constructions de programmes

Springer-Verlag
Berlin Heidelberg New York 1977

Author

A. Gerbier
a.b.s. M. Hù'a-Thanh-Huy
Université Pierre et Marie Curie
Institut de Programmation
Tours 55-65, b. 428
Place Jussieu
F-75230 Paris Cedex 05/France

AMS Subject Classifications (1970): 68-01, 68 A 05, 68 A 10, 02 E 10
CR Subject Classifications (1974): 1.1, 4.20, 4.22, 5.20, 5.23

ISBN 3-540-08438-X Springer-Verlag Berlin Heidelberg New York
ISBN 0-387-08438-X Springer-Verlag New York Heidelberg Berlin

Printing and binding: Beltz Offsetdruck, Hemsbach/Bergstr.
2145/3140-543210

Cet ouvrage collectif, réalisé sous l'égide de l'AFCET, a pour auteurs

BACCHUS Pierre (1), **BARRÉ** Jacques (2), CUNIN Pierre-Yves (3,E)
DESNOYERS André (4-5), FINANCE Jean-Pierre (3-6,E), GRIFFITHS Michael (3,E)
HŨA-Thanh-Huy (5-7,A), MADAULE Françoise (5-8), NICOLAS Monique (9)
QUÉRÉ Alain (3-10,E), SINTZOFF Michel (11-3,E), SUCHER Bernard (1)
TRILLING Laurent (2), VOIRON Jacques (12-13)

1. Université des Sciences et Techniques de Lille, Département d'Informatique
2. Institut de Recherche en Informatique et Systèmes Aléatoires (IRISA), Rennes
3. Centre de Recherche en Informatique de Nancy (CRIN)
4. Centre Scientifique et Polytechnique, Université de Paris-Nord, Villetaneuse
5. Institut de Programmation, Université Pierre et Marie Curie, Paris
6. Institut Universitaire de Technologie de Nancy, Département d'Informatique
7. Laboratoire associé au Centre National de la Recherche Scientifique (CNRS)
       Informatique Théorique et Programmation (LITP), Paris
8. Equipe de recherche associée au Centre National de la Recherche Scientifique (CNRS)
       Architecture et Méthodologie des Systèmes Informatiques, Paris
9. Université de Rennes I, Unité d'Enseignement et de Recherche Mathématiques et
       Informatique
10. Université de Nancy II, Unité d'Enseignement et de Recherche Mathématiques et
       Informatique
11. Laboratoire de Recherche de la Manufacture Belge de Lampes et Matériel
       Electroniques (MBLE), Bruxelles
12. Institut Universitaire de Technologie de Grenoble, Département d'Informatique
13. Laboratoire associé au Centre National de la Recherche Scientifique (CNRS)
       Informatique et Mathématiques Appliquées de Grenoble (IMAG)

A. Animateur
E. Editeur

AVANT - PROPOS

Ce livre s'adresse à des débutants, principalement aux étudiants de premier cycle des enseignements supérieurs. En principe, sa lecture ne fait appel qu'au bon sens, mais elle nécessite le goût de la rigueur et de la logique. Le vocabulaire mathématique acquis au cours des études secondaires est utilisé en quelques endroits.

Nous pensons que cet ouvrage sera aussi lu avec intérêt par des étudiants plus avancés, voire même des professionnels. En effet, cette introduction diffère de la plupart des ouvrages disponibles sur ce sujet, puisque nous avons insisté sur les concepts logiques sous-jacents à toute construction d'algorithme plutôt que sur les règles techniques d'écriture d'un programme. Ces idées, classiques ou issues des recherches récentes, sont présentées avec une progression pédagogique originale, associant par exemple structures de données et structures de contrôle ; elles sont systématiquement illustrées par des programmes complets. Les programmes donnés en exemple ont été exécutés grâce aux deux compilateurs que, d'une part le Laboratoire d'Informatique et de Mathématiques Appliquées de Grenoble, et d'autre part l'Institut de Recherche en Informatique et Systèmes Aléatoires de Rennes, ont mis à notre disposition. Le langage de programmation choisi, ALGOL 68, nous a paru suffisamment adapté à notre démarche, en particulier par la régularité de ses constructions et par une assez bonne séparation des concepts introduits.

Les auteurs constituent un sous-groupe du groupe "Programmation et Langages" de l'AFCET (Association Française pour la Cybernétique Economique et Technique). Lors des réunions de travail, la passion des débats et la vivacité des critiques auraient pu laisser présager le pire ; les auteurs sont pourtant devenus amis !

De nombreux collègues ont largement contribué à améliorer la qualité de cet ouvrage en nous adressant leurs encouragements, leurs critiques pertinentes et parfois leurs vigoureuses contestations. Qu'ils en soient ici remerciés, en particulier Mmes M.J. PEDRONO et M. QUERE, MM. J. ANDRE, J.C. BOUSSARD, D. KAYSER, G. LOUCHARD, M. LUCAS, B. MEYER, J.L. REMY et P.C. SCHOLL.

Nous tenons également à remercier toutes les personnes qui nous ont aidés dans la réalisation matérielle de cet ouvrage, et plus spécialement Mlles S. CAVANI et F. LE MARECHAL qui en ont assuré la frappe finale.

Signalons enfin que, si les passages écrits dans une typographie différente et en interligne simple peuvent être ignorés en première lecture, le chapitre 12 consacré aux exemples constitue une illustration et une synthèse des chapitres précédents, il est donc destiné à en faciliter la compréhension.

SOMMAIRE

## CHAPITRE 1

INFORMATIQUE, ORDINATEURS, PROGRAMME

L'INFORMATIQUE est une technique nouvelle encore un peu mystérieuse à laquelle chacun d'entre nous est confronté de plus en plus fréquemment.

C'est l'ORDINATEUR le maître d'oeuvre de cette technique et il a tendance à devenir pour chacun d'entre nous un interlocuteur de plus en plus omniprésent et exigeant. C'est lui qui établit des documents parfois désagréables mais souvent importants : feuilles d'impôts, factures d'électricité, résultats de baccalauréat. C'est indirectement à lui que nous nous adressons lorsque nous répondons à des enquêtes, remplissons des formulaires ou demandons une réservation de place de train. Mais surtout, c'est l'ordinateur qui, dans tous les cas de communication entre lui-même et l'homme, prend en charge les opérations en fonction du problème à traiter (facturation, réservation, ...) et des données fournies.

La PROGRAMMATION est le moyen de définir puis de spécifier à un ordinateur l'ensemble des opérations à exécuter pour traiter un problème donné. L'ambition de cet ouvrage est de faire découvrir au lecteur l'informatique dont on ne connaît bien souvent que certains effets secondaires (retards de paiement, atteinte à la vie privée, utilisations publicitaires abusives, sondages) en lui montrant comment construire des programmes pour ordinateur.

1.1. NOTION DE PROGRAMME

Comme Monsieur Jourdain faisait de la prose sans le savoir, nous avons tous déjà exécuté les instructions d'un programme, mais sans les identifier comme telles. Il en est ainsi lorsqu'on suit, par exemple, un modèle de tricot, une recette de cuisine ou les instructions de montage fournies avec un "kit" ; de même lorsque nous indiquons son chemin à une personne :
- prendre la rue de la poste,
- tourner à droite au troisième feu...,
nous précisons une suite d'instructions d'un certain programme.

Quelles sont les premières caractéristiques communes à ces quelques exemples intuitifs de programmes ?

On y retrouve l'idée d'instructions exécutées par un agent (dans les exemples donnés, c'est un agent humain), et ceci dans un certain ordre. Tricoter un pull-over, confectionner un gâteau, construire un bateau ou retrouver un certain endroit, sont des tâches qui doivent être décomposées en sous-tâches compréhensibles pour l'agent qui les réalise.

Cette décomposition est une partie très importante du travail du programmeur. Dans le cas de la construction d'un programme pour ordinateur, ce processus peut être répété plusieurs fois, jusqu'à l'obtention d'instructions exécutables par la machine.

On peut noter d'autres caractéristiques de ces exemples. Chacun utilise un vocabulaire différent, et on peut même parler de langage spécifique. Qui n'a jamais fait de couture ne comprend rien à un patron ! Il y a aussi une question de niveau de détail. A une cuisinière expérimentée, il suffit de dire "préparez un court-bouillon", mais au débutant il faut également donner des instructions pour sa préparation. On voit que les instructions doivent être spécifiées dans un langage parfaitement compréhensible par celui qui obéit.

Remarquons enfin que l'utilisation d'une machine comme agent nécessite une précision absolue qui peut agacer l'utilisateur. Pour l'oeil humain, une simple faute de frappe n'empêche pas la compréhension d'un texte, mais ce genre d'erreur n'est pas accepté, en règle générale, par les ordinateurs.

La construction d'un programme permettant de résoudre un problème donné se déroule, très schématiquement, en deux phases.

La première comporte la recherche et la rédaction d'une solution explicite, que nous appelons algorithme ; cette étape est généralement connue sous le terme d'analyse du problème.

La seconde phase est celle de l'expression de l'algorithme dans le langage de l'ordinateur, c'est à dire son codage en un programme ; c'est ce qu'on nomme généralement la programmation.

Nous allons préciser ces notions en examinant un premier exemple élémentaire.

1.2. ETAPES DE LA RESOLUTION D'UN PROBLEME

Plaçons-nous dans la position de l'étudiant anxieux qui, connaissant ses notes du premier et du deuxième trimestre, souhaite calculer la note minimale qu'il doit obtenir au troisième trimestre pour avoir la moyenne sur l'année. On précise que le coefficient associé aux deux premiers trimestres est 1 et que celui du troisième trimestre est 3.

Nous pouvons formuler plus rigoureusement ce problème en **utilisant le** vocabulaire mathématique.

1. Connaissant les notes t_1, t_2, nombres entiers compris entre 0 et 20, déterminer la note minimum, soit notemin, telle que :

$$\frac{t_1 + t_2 + 3 \text{ notemin}}{5} \geq 10$$

Nous venons ainsi de préciser l'énoncé implicite du problème, c'est-à-dire un énoncé qui caractérise notemin sans immédiatement permettre, ni de déterminer sa valeur, ni de le transformer en un algorithme décrivant le calcul effectif de notemin.

2. Etant donnés t_1, t_2 compris entre 0 et 20, notemin est le plus petit entier supérieur ou égal à :

$$\frac{10 \times 5 - (t_1 + t_2)}{3}.$$

Il peut se calculer par :

$$\text{notemin} = \frac{10 \times 5 - (t_1 + t_2) + 2}{3},$$

la barre de fraction représentant la division entière.

La codification de cet algorithme pour l'ordinateur nécessite plus de détails dans la présentation:

3. *proc calculnotemin = (ent t1, t2) ent : (10 * 5 - (t1 + t2) + 2) ÷ 3*

Nous avons ainsi défini un morceau de programme appelé procédure. On constate que son écriture, comme c'est souvent le cas en calcul numérique, est voisine de celle de l'algorithme 2. La forme générale d'une procédure sera étudiée plus tard, mais précisons-en tout de suite quelques caractéristiques.

Pour la procédure *calculnotemin*, *t1* et *t2* sont des paramètres d'entrée auxquels on doit donner une valeur avant d'effectuer le calcul. Le terme *ent* indique que ces deux paramètres et le résultat sont de type entier, le signe ÷ indiquant la division entière. Disposant de cette procédure, le programmeur peut, par exemple, demander la note minimale correspondant aux valeurs *7* pour *t1* et *9* pour *t2* en écrivant une instruction de la forme :

calculnotemin (7, 9)

qui est un appel de la procédure *calculnotemin*. Son exécution provoque un calcul de la note cherchée dont le résultat est *12*. On peut représenter cet appel de *calculnotemin* par un dessin dans lequel la procédure est une "boîte noire" qui transforme les valeurs d'entrée en une valeur de sortie.

En conclusion, nous pouvons résumer la démarche suivie pour la résolution du problème posé, par le schéma suivant :

Problème → énoncé implicite → algorithme → programme → calculs
              1   2   3

            analyse   programmation exécution

Ceci n'est bien sûr qu'une vue très schématique et la résolution d'un problème particulier conduit bien souvent à la construction de plusieurs énoncés intermédiaires avant d'obtenir l'algorithme. La lecture de la suite de l'ouvrage permettra de préciser cette idée.

D'autre part, la spécification de la nature des objets manipulés (*ent t1, t2*) dans la définition de la procédure a pu paraître curieuse et superflue au lecteur. Nous allons justifier cette pratique, puis aborder le problème général de la nature des données manipulées par un programme.

1.3. NATURE DES DONNÉES

Les paramètres et le résultat de la procédure *calculnotemin* sont définis comme des entiers (par l'introduction du terme *ent*). Si le programmeur souhaite envisager d'autres résultats que des entiers, il pourra par exemple définir le résultat de la procédure comme un réel en écrivant :

proc calculnotemin = (ent t1, t2) réel : (50 − (t1 + t2)) / 3

L'appel *calculnotemin (7, 8)* fournit alors le résultat $\frac{35}{3}$ qui pour l'informaticien est dit de type *réel*.

Cette répartition des nombres en deux ensembles (les "entiers" spécifiés par *ent* et les "réels" spécifiés par *réel*) est due au fait que leurs représentations en machine ne suivent pas les mêmes règles, ce qui conduit à une réalisation différente des opérations associées. Ainsi 1515 se représente par une suite finie de chiffres, mais avec une suite finie de chiffres on ne peut représenter qu'une approximation d'un nombre tel que $\sqrt{2}$. De même l'opération a^b, par exemple, est décrite de façon différente selon que b est entier ou réel.

Mais la nécessité de spécifier la nature des objets manipulés dans un programme dépasse largement le simple cadre numérique. Bien sûr l'ordinateur moderne est un outil indispensable pour traiter la plupart des problèmes numériques : physique nucléaire, météorologie, construction d'avions, calcul d'orbites spatiales, etc... Cependant ses principales utilisations actuelles concernent des travaux non essentiellement numériques, tels que gestion d'entreprise, réservation de places d'avion ou contrôle de processus dans les usines. Il est alors nécessaire de considérer des objets plus complexes que les nombres (bons de commande, fiches de paie, bulletins de réservation...). Ces objets constituent des données de type différent manipulées par des programmes spécifiques de diverses applications de l'informatique. Ces programmes diffèrent en général davantage par la forme de leurs données que par celles de leurs instructions.

Pour préciser cette notion de données complexes, considérons l'exemple du système de réservation de places dans les avions :

Une grande compagnie accepte des réservations une centaine de jours avant le vol. Elle assure quelques centaines de vols par jour, par exemple 500. Chaque vol comporte en moyenne 200 places. Ceci fait 10 000 000 de places que doit gérer l'ordinateur à tout moment.

Pour une réservation la donnée reçue est formée d'un ensemble d'informations qui sont au minimum :

- le nom de la personne,
- le numéro de vol et la date,
- les aéroports de départ et d'arrivée (certains passagers n'effectuant pas le vol complet).

Aucun de ces objets n'est un simple nombre mais certains peuvent être codés comme s'ils en étaient. Par exemple, la date 10 mars 1977 peut se coder sous la forme 77 03 10 ; on peut aussi la représenter sous la forme de la chaîne de caractères "10 mars 77" ou d'un triplet (77, 03, 10). Une autre manière enfin de représenter cette date est d'utiliser une représentation dite en forme d'arbre :

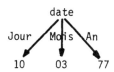

Remarquons que si pour chaque réservation il faut au moins stocker 50 caractères, il est indispensable de disposer d'une capacité de stockage de 500 millions de caractères.

Cet exemple montre bien la nécessité de traiter des informations de types différents telles que noms des passagers et des aéroports (chaînes de caractères), prix et date (entiers), etc... Ces informations doivent être structurées en fonction des besoins logiques. Par exemple, il est nécessaire que le service des réservations accède facilement aux informations concernant les différents passagers d'un même vol. On peut être ainsi conduit à choisir la <u>structure de données</u> sous la forme suivante :

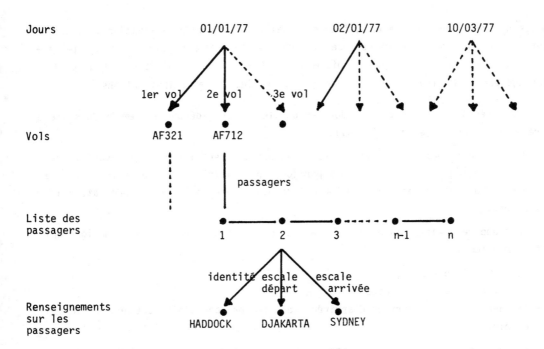

Mais cette structure n'est pas très utile au responsable des plans de vols qui doit connaître les différentes escales de chaque vol. Une structuration des vols plus adaptée à la fois aux problèmes de réservation et de planification peut être de la forme :

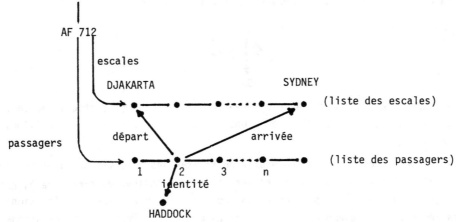

La recherche de la structure des données est donc un élément fondamental dans la résolution d'un problème. Après l'avoir choisie, il s'agit de représenter cette

structure "logique" en utilisant les types de données offerts par le langage de programmation utilisé. On peut ainsi établir, toujours très schématiquement, un parallèle
entre la conception d'un programme et la détermination de la structure de données associée.

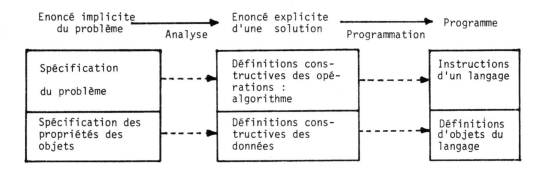

Dans l'exemple précédent, nous nous sommes posé la question de la structuration
d'un ensemble de données adaptées à la résolution de certains problèmes particuliers.
Mais il faut noter que l'informatique actuelle utilise des ensembles de fichiers de
plus en plus grands, souvent regroupés en banques de données (états de stocks, fiches
de personnel, systèmes documentaires, etc...) pour lesquels on doit résoudre une
grande variété de problèmes. De plus, ces informations peuvent se trouver éparpillées
dans des ordinateurs différents situés en des lieux géographiquement éloignés. La
maîtrise de leur stockage, le transfert des données vers des endroits appropriés avec
des contrôles de validité et de discrétion posent des problèmes fondamentaux aux informaticiens. Ainsi, celui de la sécurité des informations est l'un des plus importants : il faut non seulement les protéger contre des destructions accidentelles, mais
également contre des altérations criminelles ou des indiscrétions volontaires. De
nombreux romanciers ont exploité le thème de l'ordinateur, instrument de l'asservis-
sement de l'homme. Si nous n'en sommes heureusement pas encore là, il importe de
prendre conscience de la puissance donnée par la possession d'informations de sources
multiples. L'ordinateur, "prolongement du cerveau humain", est un outil au service
de tous et la responsabilité des informaticiens est fortement engagée pour qu'il ne
soit rien de plus.

1.4. LES ORDINATEURS

Avant d'approfondir l'étude de la programmation, il est souhaitable de présenter quelques notions concernant la structure et les capacités de l'ordinateur. Nous
donnons ici une description schématique de son architecture globale.

Les composants principaux de l'ordinateur sont l'unité de traitement, les mémoires et les moyens de communication, organisés de la façon suivante :

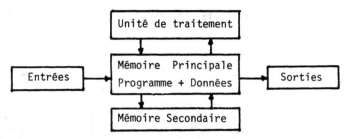

Les flèches représentent les mouvements d'informations.

Pour qu'un programme puisse être exécuté, il faut que les instructions et les données correspondantes se trouvent dans la mémoire principale : on dit que le programme est enregistré. Ceci est possible puisque la mémoire principale peut être considérée comme un ensemble de cases, chacune pouvant contenir une instruction élémentaire ou une donnée simple. Schématiquement une donnée simple est un nombre ou une chaîne de caractères, une instruction élémentaire correspond à une opération simple telle qu'une addition, une division, etc...

Ce concept de programme enregistré a révolutionné le calcul et mené aux ordinateurs modernes. Grâce à lui un ordinateur peut "traiter" n'importe quel problème... pourvu qu'on lui fournisse le programme de résolution ! Plus exactement, le programme dirige le travail de l'unité de traitement qui trouve dans des cases successives de la mémoire principale la suite des instructions élémentaires à exécuter. Ainsi ce n'est pas l'ordinateur qui résoud un problème puisqu'il se "contente" d'exécuter le schéma de résolution qu'est un programme. Mais ce rôle modeste d'exécutant, il l'accomplit scrupuleusement et surtout très rapidement : pour les plus rapides des ordinateurs actuels, l'exécution d'une instruction élémentaire dure quelques dizaines de nanosecondes (1 nanoseconde = 10^{-9} seconde). Ainsi, en une seconde, une telle machine peut effectuer de l'ordre de 10 000 000 d'additions. On peut noter que cette vitesse est environ 100 000 fois celle des ordinateurs d'il y a vingt ans.

Les unités d'entrée et de sortie assurent la communication avec le monde extérieur. Ce sont, par exemple, des lecteurs de cartes, des imprimantes, des machines à écrire, etc... Les lecteurs de cartes courants acceptent de 200 à 600 cartes par minute. A raison de 80 caractères par carte, ils emmagasinent donc au plus 800 caractères à la seconde. Une imprimante classique écrit de l'ordre de 1200 lignes de 132 caractères par minute, c'est à dire 2640 caractères par seconde. Bien que ces vitesses soient élevées à l'échelle humaine, elles sont très faibles par rapport à celle de l'unité de traitement. Ainsi, en reprenant l'exemple de la procédure calculnotemin, il faut environ 1 microseconde pour calculer $(50-(t_1+t_2))/3$; pour lire t_1, t_2 il faut disons 0,01 seconde, soit 10^4 fois plus. Pour ramener ceci à notre échelle, le rapport des vitesses est le même que celui obtenu en calculant $(50 - (t_1 + t_2))/3$ en 1 minute et en lisant t_1, t_2 en une semaine. Cette discordance est réduite par l'association de plusieurs unités d'entrée et de sortie à une même unité de traitement, c'est pourquoi des terminaux de type clavier sur lesquels les meilleures dactylos frappent au maximum 10 caractères par seconde peuvent être connectés en grand nombre à un même ordinateur dont on dit qu'il travaille en temps partagé.

Dans notre analyse du problème de réservation de places dans un avion, nous avons constaté qu'il fallait stocker environ 10 millions de places, à 50 caractères par place. Or, les mémoires principales actuelles contiennent de quelques dizaines de milliers à plusieurs millions de cases, mais ne peuvent certainement pas conserver 500 millions de caractères. Cette limitation a conduit à créer des mémoires secondaires que l'on peut comparer à des bibliothèques dont un ou plusieurs livres se trouvent dans la mémoire principale à un moment donné. Une telle mémoire secondaire peut être constituée par des bandes magnétiques, des disques (comme pour un électrophone automatique), ou d'autres formes de support physique. Les quantités d'informations disponibles à un moment donné sont très variables, mais un milliard de caractères est un chiffre courant. Evidemment, un nombre illimité de bandes ou de disques peut être tenu en bibliothèque, prêt à être monté.

Après cette brève présentation de la structure d'un ordinateur, nous pouvons préciser la notion de langage de programmation.

1.5. CODAGE DE L'ALGORITHME

Nous avons construit plus haut une procédure *calculnotemin* :

proc calculnotemin = (ent t1, t2) réel : $(5 * 10 - (t1 + t2))/3$

Elle est écrite dans un langage dont les instructions sont trop générales pour être exécutées directement par l'ordinateur. Tout programme écrit dans un tel langage doit être traduit dans le langage accepté par l'unité de traitement et appelé langage machine. Par exemple, la procédure *calculnotemin* peut se traduire par la suite d'instructions :

```
CH   R1 , T1      charger t₁ dans le registre R1 (case de travail de l'unité de
                  traitement)
AD   R1 , T2      additionner t₂ à R1 (résultat dans R1)
CH   R2 , '10'    charger la valeur 10 dans le registre R2
MU   R2 , '5'     multiplier R2 par la valeur 5 (résultat dans R2)
SO   R2 , R1      soustraire R1 de R2 (résultat dans R2)
DI   R2 , '3'     diviser R2 par 3 (résultat dans R2)
RA   R2 , RESULTAT  ranger la valeur de R2 dans la case de mémoire RESULTAT
```

La traduction en langage machine est assurée par un programme spécial, le compilateur. Pour l'utilisateur, le langage de communication avec l'ordinateur est celui accepté par le compilateur de son choix. Les différents compilateurs disponibles font partie des programmes de base, toujours disponibles, qui forment "l'interface" entre l'homme et la machine. Cet ensemble de programmes constitue le logiciel de base.

Depuis vingt ans les informaticiens ont inventé des centaines de langages différents, mais seulement un petit nombre d'entre eux a été utilisé à grande échelle, par suite du soutien des grands constructeurs. Ils se nomment FORTRAN, COBOL et PL/1. Les langages universitaires les plus connus sont de la famille ALGOL, dont ALGOL 60 a été (en 1960) le premier à être explicité en pratique ; PASCAL en fait aussi partie. Les programmes de cet ouvrage sont écrits dans un langage de cette famille appelé ALGOL 68, car nous estimons que ce langage convient mieux à l'enseignement que la plupart des autres. D'autre part, l'expérience prouve qu'une fois maîtrisée la programmation dans un langage de ce style, il est aisé de s'adapter à un autre.

Un langage de programmation est un langage artificiel dont la définition est très stricte. Le texte d'un programme doit être codé exactement dans la forme prévue et la moindre erreur provoque son rejet au moment de la traduction (compilation). Il peut être pénible de subir cette rigueur constante, mais le seul remède actuel est de se discipliner dès le début ; ainsi, l'expérience aidant, on se conforme aux règles grâce à des réflexes conditionnés.

Cette rigueur résulte des limitations des ordinateurs et des compilateurs actuels. Un lecteur humain, en face d'une simple faute de frappe, reconstitue automatiquement l'intention du rédacteur, souvent sans même remarquer l'erreur. Par contre, une faute de frappe dans le texte d'un programme infirme tout. Ceci n'est pas d'ailleurs la seule limitation de la machine. Par exemple, les cases de la mémoire principale peuvent contenir des données qui sont codées habituellement en chiffres binaires. Une case comporte par exemple 32 positions binaires. Un nombre entier plus grand que 2^{32} (soit 4 294 967 296) ne peut pas être représenté directement dans une seule case, faute de place.

On peut se demander aussi ce qui se passerait si l'on essayait de communiquer avec l'ordinateur dans une langue naturelle comme le français. Ainsi, la phrase "Une vieille dame est introduite dans l'avion et le pilote ferme la porte", est ambiguë. En fait, les chercheurs essaient depuis vingt ans de traduire des langues naturelles entre elles, avec des résultats décevants qui ne s'améliorent que lentement. Nous continuerons donc certainement longtemps à écrire nos programmes dans un langage artificiel.

1.6. UN EXEMPLE

Afin de montrer la démarche d'un programmeur confronté à un problème, nous allons faire jouer l'ordinateur. Le jeu choisi est une simplification d'un jeu de société existant depuis de nombreuses années. Il oppose deux joueurs disposant chacun de 6 pions de couleurs différentes, les deux ensembles de pions étant identiques. Le premier joueur, appelé joueur A, choisit quatre pions qu'il place dans un ordre quelconque dans un cadre. Son adversaire, le joueur B, ne voit pas ce cadre et son but est de déterminer la couleur des pions du cadre et leurs positions respectives.

Pour ce faire, le joueur B procède par essais successifs. Il commence par un choix arbitraire de 4 pions qu'il place dans un cadre similaire à celui du joueur A et visible de ce dernier. Celui-ci donne des informations concernant la justesse du choix de la façon suivante : en face de chaque pion bien placé, il met un témoin blanc. En face d'un pion qui est de la même couleur que l'un des siens, mais à une place différente, il met un témoin noir. Par exemple, on pourrait avoir l'essai suivant :

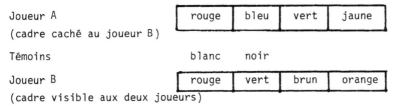

| Joueur A (cadre caché au joueur B) | rouge | bleu | vert | jaune |

Témoins   blanc   noir

| Joueur B (cadre visible aux deux joueurs) | rouge | vert | brun | orange |

Le joueur B tente de déterminer la configuration cachée en faisant le nombre minimal d'essais.

Le déroulement d'une partie apparait comme une suite d'états constitués :

- du contenu du cadre du joueur A, que l'on appelle configuration a,
- du contenu du cadre du joueur B, que l'on appelle configuration b,
- de la valeur des témoins que l'on appelle réponse

Le problème posé consiste donc à définir l'algorithme, puis le programme qui simule le déroulement d'une partie dans laquelle l'ordinateur prend alternativement la place du joueur A et du joueur B. On est donc conduit à résoudre deux sous-problèmes:

- passage d'un état à un autre,
- enchaînement de ces passages et arrêt de la partie.

Le passage d'un état à un autre peut lui-même se décomposer en deux :

- c'est au joueur A de jouer : il faut alors déterminer la réponse correspondant à la dernière proposition du joueur B,
- c'est au joueur B de jouer : en fonction des réponses antérieures il doit définir une nouvelle configuration.

Nous pouvons donc préciser l'énoncé du problème sous forme de trois "sous-énoncés" complémentaires :

1. Problème du jeu du joueur A : étant donné un état, déterminer une nouvelle réponse dans laquelle des témoins blancs correspondront aux pions bien placés de la configura-

tion b, des témoins noirs aux pions de la configuration b existant dans la configuration a mais mal placés.

2. Problème du jeu du joueur B : étant données les informations obtenues, déterminer une nouvelle configuration b pour laquelle la réponse correspondante apportera de nouvelles informations.

3. Problème de l'enchaînement du jeu : définir l'état initial puis, tant que la réponse n'est pas constituée par 4 témoins blancs, faire jouer le joueur B puis le joueur A.

Notons que pour spécifier cet énoncé, nous sommes conduits à préciser les données considérées :

configuration a = {pion a_1, pion a_2, pion a_3, pion a_4}

configuration b = {pion b_1, pion b_2, pion b_3, pion b_4}

qui sont deux sous-ensembles ordonnés de l'ensemble des pions :

{pion bleu, pion vert, pion rouge, pion jaune, pion brun, pion orange}

Réponse est un ensemble de témoins {témoin$_1$, témoin$_2$, témoin$_3$, témoin$_4$}

Témoin$_i$ est soit témoin blanc, soit témoin noir, soit témoin vide.

Dans ce paragraphe, nous analysons et programmons le jeu le plus simple, celui du joueur A. L'analyse du problème complet est plus complexe, notamment en ce qui concerne le jeu du joueur B puisqu'il s'agit de définir une tactique de jeu. Elle est présentée, avec sa programmation, au chapitre 12 (cf. 12.3).

Nous parlons donc, ici, de l'énoncé 1 précédent et nous le précisons en le transformant en énoncé explicite en remarquant que le placement des témoins correspond aux règles suivantes :

quel que soit j entre 1 et 4 :

a) pion a_j = pion b_j ⇒ témoin$_j$ = témoin blanc

b) Quel que soit i entre 1 et 4

i ≠ j et pion a_i = pion b_j ⇒ témoin$_j$ = témoin noir

c) pion a_i ≠ pion b_j pour tout i entre 1 et 4 ⇒ témoin j = témoin vide

Ceci constitue le nouvel énoncé indiquant la réponse à fournir à partir d'un état.

Cet énoncé est encore très "statique", c'est-à-dire qu'il est plus descriptif que constructif. Pour en déduire un algorithme, on transforme cette formulation mathématique en une formulation informatique où l'on explicite l'ordre dans lequel i et j parcourent l'intervalle [1,4]. Une expression possible des différentes étapes de l'algorithme - dans laquelle on précise que pour chaque pion de la configuration b, on cherche si son analogue figure dans la configuration a est alors :

a) *pour chaque* j *(j variant de 1 à 4)*

    faire

        si configuration a_j = configuration b_j

            alors témoin$_j$ = témoin blanc

        fsi

    fait

b) *pour chaque* j *(j variant de 1 à 4)*

    faire

    pour chaque i *(i variant de 1 à 4)*

        faire

            si configuration a_i = configuration b_j *et* $i \neq j$

                alors témoin$_j$ = témoin noir

            fsi

        fait

    fait

c) *pour chaque* j *(j variant de 1 à 4)*

    faire

        si configuration $a_1 \neq$ configuration b_j

        et configuration $a_2 \neq$ configuration b_j

        et configuration $a_3 \neq$ configuration b_j

        et configuration $a_4 \neq$ configuration b_j

            alors témoin$_j$ = témoin vide

        fsi

    fait

Le quantificateur "quelque que soit " est remplacé par *pour chaque*, le texte auquel il se rapporte est entouré de *faire* et *fait* (le mathématicien aurait mis des parenthèses). L'implication c $\Rightarrow$ d s'exprime par une instruction conditionnelle *si* c *alors* d *fsi* où *fsi* (fin si) indique la fin de d.

Pour obtenir un programme ALGOL 68, cet algorithme doit encore subir plusieurs transformations. D'une part il est nécessaire de l'exprimer en respectant les règles de syntaxe du langage ALGOL 68, d'autre part, il est fondamental de regrouper certains traitements afin d'éviter des redites. Nous présentons, sans explications, un programme que l'on peut obtenir après ces transformations :

    pour j *depuis* 1 *pas* 1 *jusqu'à* 4

    faire

        configuration [j] := témoin vide

    fait ;

    pour j *depuis* 1 *pas* 1 *jusqu'à* 4

    faire pour i *depuis* 1 *pas* 1 *jusqu'à* 4

```
faire si configuration a [i] = configuration b [j]
    alors réponse [j] := si i = j
                        alors témoin blanc
                        sinon témoin noir
                        fsi
        fsi
    fait
fait
```

La construction de ce morceau de programme très partiel et incomplet (il ne concerne qu'une partie du problème posé et n'explicite pas la définition des données) illustre une partie du travail de programmation. On peut essayer de se convaincre qu'il résoud bien le sous-problème du jeu du joueur A (on dit alors qu'il "tourne" dans le jargon des programmeurs), en demandant à un ordinateur de l'exécuter pour des données particulières. Il est bien évident cependant qu'une telle exécution, si elle fournit le résultat attendu, n'est pas un gage de la validité du programme tout comme la vérification d'un théorème sur un exemple n'est pas une démonstration. Il faut alors se donner des moyens de s'assurer de la validité des programmes construits. Ce problème est succinctement abordé dans la suite du livre.

1.7. CONTENU DE LA SUITE DE L'OUVRAGE

Dans l'exemple précédent nous avons laissé le programme au moment où le reste du traitement, à savoir l'exécution du programme, devient entièrement automatique. Aussi allons-nous nous efforcer maintenant de préciser la suite des étapes qui mènent de l'énoncé initial au programme le résolvant.

La grande question à laquelle nous souhaitons répondre est : étant donné un problème, comment le résoudre ? Il est clair qu'une réponse constructive à une question aussi générale est impossible à fournir (elle risquerait d'ailleurs de réduire au chômage tous ceux dont le métier est précisément de résoudre des problèmes) et plus modestement nous allons essayer, en faisant le plus possible appel au bons sens et à la logique, d'apporter quelques outils aidant à résoudre certains problèmes informatiques.

La première idée pour résoudre un problème auquel on est confronté peut consister à se demander si on connaît une solution immédiate. Dans l'affirmative il ne reste plus qu'à appliquer cette solution. Mais si, au contraire, aucune solution connue ne se présente, on peut essayer de se ramener à des problèmes plus simples en décomposant le problème initial en sous-problèmes. C'est ainsi que la résolution d'un système linéaire de deux équations à deux inconnues ne nécessite aucune invention dès qu'on a les connaissances mathématiques suffisantes; par contre la résolution du problème de jeu du paragraphe précédent est obtenue par décomposition du problème initial.

On peut constater qu'il existe plusieurs types de décomposition d'un problème : dans certains cas la solution du problème de départ est la solution du dernier élément d'une suite de sous-problèmes qu'il faut résoudre dans un certain ordre (par exemple le calcul d'un salaire net nécessite celui du salaire brut correspondant) ; dans d'autres cas, la solution du problème de départ est celle d'un sous-problème si certaines conditions sont vérifiées et d'un autre sous-problème si d'autres conditions le sont (ainsi la résolution d'une équation du 2ème degré dépend du signe du discriminant) ; dans d'autres cas encore, la solution du problème initial est une suite d'objets, chacun d'eux étant solution d'un même sous-problème portant sur des données différentes (dans l'exemple du paragraphe précédent, la solution est une suite d'états de jeu). Une fois le problème décomposé et les différents sous-problèmes résolus, l'expression de l'algorithme s'obtient en composant ces différentes solutions par un mode de construction associé à la décomposition choisie. Ainsi, à une suite ordonnée de sous-problèmes différents correspond la composition séquentielle (chapitre 3) ; à un ensemble de sous-problèmes dépendant des conditions correspond la composition conditionnelle (chapitre 7) ; à une suite de solutions du même sous-problème correspond la composition récursive (chapitres 8 et 9) dont un cas particulier est la composition itérative (chapitre 10). Aux chapitres 3, 4, 5, 7, 8, 9, 10, nous présentons les principales manières de composer des solutions de sous-problèmes en les associant aux types de décomposition correspondants. Nous donnons ainsi des outils de construction d'algorithmes mais sans présenter, par contre, de méthode systématique de décomposition d'un problème en sous-problèmes. A ce sujet, nous nous contentons, plus modestement, de présenter quelques exemples d'une telle décomposition espérant ainsi donner au lecteur le moyen de choisir, pour un problème donné, la décomposition la plus appropriée (si elle existe !).

D'autre part, nous avons déjà remarqué qu'il est aussi important de pouvoir définir les données sur lesquelles porte un algorithme que l'algorithme lui-même. Parallèlement à la définition de modes de compositions d'algorithmes, nous présentons des moyens de composer les données aux chapitres 6 et 11, le chapitre 2 étant consacré à la définition des données élémentaires.

Au niveau de chaque chapitre (du chapitre 2 au chapitre 11), nous avons essayé de distinguer les concepts intrinsèques à l'algorithmique de ceux qui dépendent plus particulièrement du langage ALGOL 68.

Ceci est réalisé pratiquement par le regroupement, pour chaque chapitre, des concepts généraux dans un paragraphe intitulé LOGIQUE ainsi que des possibilités particulières d'ALGOL 68 dans un paragraphe TECHNIQUE. De plus, un chapitre commence par un paragraphe BUT présentant succinctement les objectifs du chapitre. Ces buts sont suivis d'un paragraphe ILLUSTRATION qui donne une idée intuitive des concepts présentés dans le chapitre en introduisant des exemples non strictement limités à l'informatique ; les analogies proposées dans ce paragraphe sont à considérer avec toutes les réserves d'usage. Enfin, chaque chapitre se termine par un paragraphe d'EXEMPLES informatiques suivi d'un résumé des principales notions introduites.

Le chapitre 12 présente quatre exemples de problèmes complètement traités.

CHAPITRE 2

VALEURS SIMPLES, EXPRESSIONS, IMPRESSION

2.1. Buts

Dans ce chapitre nous décrivons les premiers objets utilisables en tant que données dans un programme. Il s'agit :
- des nombres (par exemple 3,14159 ou 1024)
- des chaînes de caractères ("a", "mour toujours")
- des valeurs booléennes ou valeurs logiques (vrai, faux).

Pour pouvoir manipuler ces objets dans des algorithmes, il faut leur associer
des opérations. La définition et l'emploi de ces valeurs et de ces opérations sont généralement conformes à l'usage courant.

L'aspect technique (notation effective des valeurs et des opérations) est d'une
certaine importance dès que l'on veut réaliser un programme : la plupart des notations
sont influencées par les habitudes et paraissent très naturelles, cependant certaines
contraintes comme l'écriture linéaire des expressions doivent être respectées.

Contrairement aux machines à calculer de bureau, l'ordinateur n'affiche pas automatiquement le résultat de chaque opération. Pour obtenir un résultat, il est nécessaire
d'utiliser une instruction spécifique appelée commande d'impression.

2.2. Logique

Un ensemble de valeurs sur lesquelles on peut effectuer certaines opérations est
appelé un mode (ou type). Ainsi nous distinguons différents modes :
Mode entier

Ses valeurs sont des nombres entiers (positifs, négatifs ou nul). Le nombre de
positions binaires disponibles (dans chaque case de la mémoire d'un ordinateur) pour
représenter un nombre entier est fini. Les valeurs dites "de mode entier" ne sont donc
pas à confondre avec l'ensemble des entiers défini en mathématiques : le mode entier
correspond à un intervalle fini de l'ensemble des entiers. Au mode entier sont associées les opérations usuelles (addition, soustraction,...).

Par exemple, sur un ordinateur où les nombres sont codés sur 32 positions binaires, on peut, en tenant compte du signe, représenter les entiers de l'intervalle -2^{31},
$2^{31}-1$. Ainsi le nombre $13 = 8+4+1 = 2^3+2^2+2^0$ est représenté par 0...01101.

La limite de capacité d'un calculateur a des conséquences sur les opérateurs utilisés qui ne vérifient plus exactement les propriétés usuelles telles que l'associativité ou la commutativité ; par exemple, si m est le plus grand entier représentable en machine, on aura :

$$(m - m) + 1 = 1$$

alors que

$$(m + 1) - m \quad \text{n'est pas défini.}$$

Mode réel

Il s'agit d'un ensemble fini de valeurs qui est une approximation de l'ensemble des nombres réels défini en mathématiques. Nous utilisons les opérations arithmétiques habituelles sur les réels ainsi que des fonctions usuelles (fonctions trigonométriques, logarithme, exponentielle,...).

Notons que les valeurs dites "de mode réel" ne remplissent même pas un intervalle borné de l'ensemble des nombres réels (le nombre π par exemple ne peut être représenté que par une approximation). Alors que sur les entiers les opérations, si elles sont définies, donnent des résultats exacts, les opérations effectives sur les réels donnent des résultats approchés. Etant en effet effectuées sur des représentations binaires de nombres, leur résultat est en général obtenu en tronquant systématiquement les chiffres les moins significatifs. Ainsi le résultat de $\frac{4,21 \times 1,24}{1,24}$ ne sera pas nécessairement 4,21, mais par exemple 4,20999998.

Mode chaîne

Les chaînes sont des suites de caractères. Une opération courante sur les chaînes est la concaténation notée + : le résultat de la concaténation de deux chaînes est la chaîne obtenue en les plaçant bout à bout. On peut aussi répéter une chaîne : le produit d'une chaîne par un entier n est la concaténation de n exemplaires de cette chaîne.

Mode booléen

Il n'existe que deux valeurs booléennes (du nom du mathématicien BOOLE) signifiant : vrai ou faux, oui ou non, vérifié ou pas. Les valeurs booléennes sont résultats de certaines expressions : par exemple *10 > 5* a la valeur booléenne "vrai". Des expressions booléennes plus complexes peuvent être construites au moyen des opérations logiques usuelles (non, et, ou).

Modes, opérations

Comme nous venons de l'indiquer, les opérations sont associées à des modes ; il est impossible par exemple d'envisager la division entière de deux nombres réels et la concaténation ne peut être effectuée qu'entre chaînes. Cependant, certaines opérations peuvent porter sur des opérandes de modes différents, conformément aux habitudes courantes. Ces opérations sont autorisées, ainsi l'addition de l'entier 3 et du réel 3,14 a pour résultat le réel 6,14.

2.3. TECHNIQUE

Indiquons les règles d'écriture des valeurs simples et des expressions. Les exemples que nous utilisons sont conformes aux règles du langage ALGOL 68 et peuvent être aisément transcrits dans un autre langage de programmation.

1. Valeurs simples

L'écriture des valeurs simples se différencie peu de l'usage mathématique courant.

Notation d'entiers

On utilise la notation décimale.

Exemple : *273*

Notation de réels

Elle comporte une <u>mantisse</u> (partie entière suivie d'une partie décimale où le point décimal anglo-saxon remplace la virgule) éventuellement suivie par un <u>ex-posant</u> (puissance de 10).

Exemple : *124.8 e - 10* est l'écriture de 124,8 x 10^{-10}.

Notation de chaînes

Une chaîne est une suite de caractères (tous significatifs, y compris les espaces) encadrée de guillemets.

Exemple : *"Voyage au centre de la terre"*.

Notation de booléens

Les deux valeurs booléennes sont notées : *vrai, faux*.

2. Expressions

L'écriture d'une expression est toujours linéaire ; par exemple, $\frac{4}{8}$ se note 4/8. Cette différence avec la notation usuelle nécessite certaines précautions.

Exemple : l'expression *4 + 8/2* signifie-t-elle $\frac{4+8}{2}$ ou $4 + \frac{8}{2}$?

Pour éviter de telles ambiguïtés, tout langage indique des règles précisant l'ordre d'évaluation des opérations composant une expression. Indiquons une manière très classique de procéder. A chaque opérateur est associée une <u>priorité</u>. Ceci permet de classer les opérateurs entre eux et d'énoncer des règles comme les suivantes :

- une opération est à évaluer avant celles qui lui sont immédiatement adjacentes (à gauche et à droite), si sa priorité est supérieure aux leurs.

    Exemple : l'évaluation de *4 + 8/2* commence par celle de *8/2.*(cf. tableau page suivante)

- En cas d'égalité des priorités, l'évaluation a lieu de gauche à droite.

    Exemple : l'évaluation de *4 - 8 + 5* commence par celle de *4 - 8*.

- Il est toujours possible de mettre entre parenthèses des expressions pour forcer l'ordre d'évaluation.

    Exemple : l'évaluation de *3 * (7 + 2)* commence par celle de *7 + 2*

- Les opérateurs à un opérande (<u>unaires</u>) sont prioritaires sur les opérateurs à 2 opérandes (<u>binaires</u>).

    Exemple : *- 3 + 2* donne la valeur *- 1*.

La figure ci-dessous présente l'ordre des priorités d'opérateurs adopté dans le langage ALGOL 68.

Opérateurs unaires	+ - *non*	
Opérateurs binaires	**	élévation à la puissance
	* / ÷	multiplication, division, division entière
	+ -	addition, soustraction
	≥ > < ≤ = ≠	Opérateurs de relations
	et *ou*	Opérateurs logiques

Figure 1 : Table des principaux opérateurs (classés par ordre de priorité décroissante de haut en bas)

L'application des règles précédentes fixe l'ordre des calculs à effectuer (c'est pour cela qu'il n'y a pas d'ambiguïtés). Les dépendances entre les divers calculs peuvent se schématiser par une structure arborescente ; soit par exemple l'expression arithmétique (3 + 4 * 6)/2 :

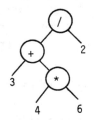

la première opération que l'on peut réaliser est la multiplication, d'où 4 x 6 = 24.
Il est alors possible de faire l'addition : 3 + 24 = 27.
Il reste à diviser cette valeur par 2 : 27/2 = 13,5.

En examinant la table des opérateurs, nous pouvons distinguer trois groupes :
- les opérateurs admettant des opérandes de plusieurs modes. Le mode du résultat dépend des modes des opérandes. Ces modes se rapportent à des nombres ou à des chaînes.
  Exemples : 3 + 10 donne la valeur entière *13*
  1.23 * *0.49* donne la valeur réelle *0.6027*
  "tra" + 2 * *"la"* donne la valeur de mode chaîne *"tralala"*
  (+ et * sont les opérateurs de concaténation et de répétition de chaînes)
- les opérateurs de relation comparant deux valeurs et fournissant un résultat de mode booléen.

Exemple : *3 * 2 >-1* donne la valeur booléenne *vrai*.

- les opérateurs logiques dont les opérandes et le résultat sont de mode booléen.
Exemple : *3.8 > 1.91 * 2 ou 22/7 > 3.1416* donne la valeur booléenne *vrai* car
le deuxième opérande de l'opérateur *ou* donne la valeur booléenne *vrai*.

3. Fonctions standard

Dans les exemples et exercices qui suivent nous utilisons des "fonctions standard" du langage.

L'effet de chaque fonction standard est de calculer la valeur d'une certaine
fonction mathématique pour la valeur de l'argument mis entre parenthèses.

Exemples :

sin(3) calcule le sinus de 3 radians

rac2(49) calcule la racine carrée de 49

ln(3.5/2) calcule le logarithme népérien de 1,75

Exercice 1 : Ecrire une expression, aussi courte que possible, dont le résultat soit
la chaîne :

bbaabbaabbaabbaaababababababab

Exercice 2 : Traduire en écriture courante les expressions suivantes :

1. *1/(2 + 1/(3 + (1/4)))*
2. *1/2.7 ** - (3**2*2**2)*

Exercice 3 : Inversement, écrire les expressions ALGOL 68 qui correspondent aux formules suivantes, en évitant toute parenthèse redondante.

1. $$\frac{12,7 + \sqrt{12,7^2 - 4 \times 7,03 \times 9,48}}{2 \times 7,03}$$

2. $$2 \sin \frac{1,27 + 0,703}{2} \cos \frac{1,27 - 0,703}{2}$$

3. $$\frac{15}{\frac{3}{2}}$$

2.4. IMPRESSION

Le but final de l'exécution d'un programme est très souvent l'impression des
résultats évalués par les calculs. Avant d'indiquer comment écrire la commande d'impression, décrivons, de façon très schématique, le mécanisme logique de l'impression.

1. Logique

Nous supposons ici que le dispositif de sortie est une imprimante : le rôle
d'une imprimante consiste à frapper des lignes de caractères dans l'ordre où elles se
présentent (on dit souvent "séquentiellement"). Dans un magasin d'entrée est placée
une réserve continue de papier vierge. Ce papier est divisé en pages pouvant contenir
chacune un certain nombre de lignes. Le dispositif d'impression écrit chaque ligne
transmise à l'imprimante sur la première ligne disponible. On obtient ainsi une succession de lignes imprimées dans le même ordre que celui des commandes d'impression.

Figure 2 : Imprimante

Notons qu'à un instant donné, l'impression ne peut avoir lieu que sur la première ligne disponible ; une fois cette ligne remplie, le passage à la ligne suivante
est automatique (ce qui signifie qu'il n'y a pas de retour en arrière).

2. Technique

La commande d'impression s'écrit simplement :

$$imprimer \ (\xi)$$

où ξ représente l'expression dont on veut imprimer le résultat.

Exemple :

$imprimer \ (3**2*5)$ provoque l'impression de la valeur entière +45 (la valeur imprimée est précédée d'un signe + ou −).

Généralement les langages permettent de n'utiliser qu'une seule commande d'impression lorsque l'on désire imprimer les résultats de plusieurs expressions. Dans ce cas ξ représente une suite d'expressions (e1, e2,...,en) fournissant chacune un résultat. Les résultats sont imprimés dans l'ordre des expressions.

Exemple :

imprimer (("le carré de ", 11111, " est ", 11111**2))

provoque l'impression de :

LE CARRE DE +11111 EST +123454321

Remarquons que le langage ALGOL 68 impose l'emploi de deux paires de parenthèses lorsque l'ordre d'impression contient plusieurs expressions fournissant les valeurs à imprimer.

Le nombre de caractères disponibles sur une ligne est évidemment limité et dépend du matériel utilisé. Il est nécessaire de prévoir dans quelles conditions il y a changement de ligne : l'ordre *à la ligne* que l'on peut insérer dans l'ordre d'impression provoque un passage au début de la ligne suivante. De plus, conformément au bon sens, le passage à la ligne est automatique dans les cas suivants :

- l'information à imprimer occupe exactement une ligne,
- l'information à imprimer est numérique et utilise plus de positions que le nombre de positions disponibles sur la ligne courante ("on ne va pas à la ligne au milieu d'un nombre").

Le changement de page est provoqué par l'ordre *à la page* ; il est automatique après l'impression de la dernière ligne d'une page.

Exercice 4 : Q'obtient-on sur imprimante après exécution des ordres d'impression suivants ?

1. *imprimer (3*"hip " + "hourra")*

2. *imprimer ((3*" ", 10, à la ligne)) ;*
   imprimer ((2*" " + "x", 432, à la ligne)) ;
   imprimer ((" " + 8*"*", à la ligne)) ;
   imprimer ((3*" ", 10*432))

(On suppose ici qu'un entier est imprimé sous la forme de 6 caractères, par exemple 32 sera représenté par : ⊔ ⊔ ⊔ +₃₂).

(3 caractères blancs)

2.5. Exemples

1.

> *début*
>> *imprimer ("logarithme et exponentielle sont réciproques :");*
>> *imprimer ((à la ligne, 2, ln(2), exp(2), ln(exp(2)), exp(ln(2))))*
> *fin*

L'exécution de ce programme provoque l'impression de :

```
LOGARITHME ET EXPONENTIELLE SONT RECIPROQUES :
   +2 +6.931470E -1 +7.389058E +0 +1.999998E +0 + 1.999997E +0
```

2.

Un étudiant a obtenu en français 10/20, en mathématiques 6/20 et en sciences 12/20. Imprimer ces notes ainsi que la moyenne, en attribuant les coefficients respectifs de 3, 3 et 2.

> *début*
>> *imprimer (("la note en français est :", 10, à la ligne)) ;*
>> *imprimer (("la note en math   est :", 6, à la ligne)) ;*
>> *imprimer (("la note en sciences est :", 12, à la ligne,"   la moyenne",*
>>   *" est :", (10*3+6*3+12*2)/(3+3+2), " sur 20"))*
> *fin*

Résultat :

```
LA NOTE EN FRANCAIS EST :      +10
LA NOTE EN MATH     EST :       +6
LA NOTE EN SCIENCES EST :      +12
        LA MOYENNE  EST : +9.000000E +0 SUR 20
```

3.

> *début*
>> *imprimer ("convergence de (1+1/n)**n :") ;*
>> *imprimer ((" e=", exp(1))) ;*
>> *imprimer ((" n=25", (1+1/25)**25))*
> *fin*

Résultat :

```
CONVERGENCE DE (1+1/N)**N : E= +2.718283E +0 N=25 +2.665812E +0
```

4.

```
début
    imprimer (2*("tra" + 7*"la") + 2*"la" + 2*("tra" + 5*"la") + "la" + 2*"ha");
    imprimer (à la ligne) ;
    imprimer (("extrait de la ronde des paysans", à la ligne,
              "scène 2 acte 1", à la ligne,
              "damnation de Faust", à la ligne,
              "Hector Berlioz"))
fin
```

Résultat :

TRALALALALALALALATRALALALALALALALALALALATRALALALALALATRALALALALALALAHAHA
EXTRAIT DE LA RONDE DES PAYSANS
SCENE 2 ACTE 1
DAMNATION DE FAUST
HECTOR BERLIOZ

2.6. RÉSUMÉ

Modes :

On peut traiter des valeurs de différents modes ; on distingue des valeurs de mode entier, réel, chaîne de caractères et booléen.

Notations :

Pour les nombres réels : un point sépare partie entière et décimale. On peut introduire un exposant. Pour une chaîne on place le texte à écrire entre guillemets. Un booléen est noté vrai ou faux.

Expressions :

On peut écrire des expressions numériques, des expressions traitant des chaînes, des expressions à résultat booléens (en utilisant les opérateurs de relation ou les opérateurs booléens).

L'annexe 4 donne la liste des opérateurs et fonctions usuelles.

Règles sur les expressions :

- Les modes des opérandes doivent être compatibles avec l'opérateur
- L'évaluation tient compte des parenthèses et des priorités entre opérateurs
- A priorité égale et en l'absence de parenthèses, l'évaluation se fait de gauche à droite.

Ordres relatifs aux impressions :

imprimer (e) *imprimer* ((e$_1$,..., e$_n$))	impressions : e, e$_1$,..., e$_n$ sont des expressions ou des commandes *à la ligne, à la page.*
à la ligne	changement de ligne
à la page	changement de page

2.7. PROBLÈMES

1. Ecrire un programme imprimant les racines de l'équation du second degré :
$$22\ x^2 + 45x - 3 = 0$$

2. Ecrire un programme imprimant la table de multiplication par trois.

2.8. SOLUTION DES EXERCICES

Exercice 1 :

$$4 * "bbaa" + 7 * "ab"$$

Exercice 2 :

1.
$$\cfrac{1}{2 + \cfrac{1}{3 + \frac{1}{4}}}$$

2.
$$\frac{1}{2,7 - (3^2 \times 2^2)}$$

Exercice 3 :

1. *(12.7 + rac2 (12.7 * * 2 − 4 * 7,03 * 9,48))/(2 * 7.03)*
2. *2 * sin ((1.27 + 0.703)/2) * cos ((1.27 − 0.703)/2)*
3. *15/(3/2)*

Exercice 4 :

1. | H | I | P | | H | I | P | | H | I | P | H O U R R A |

2.

						+	1	0	
		X			+	4	3	2	
	*	*	*	*	*	*	*	*	
			+	4	3	2	0		

## CHAPITRE 3

COMPOSITION SÉQUENTIELLE, IDENTIFICATION, LECTURE

3.1. BUTS

Certains problèmes peuvent se décomposer en sous-problèmes qui doivent être résolus dans un ordre bien précis. L'algorithme de résolution est alors composé de la suite ordonnée des algorithmes résolvant chaque sous-problème : on dit que cette composition est séquentielle. Ainsi la composition séquentielle spécifie l'ordre dans lequel doivent être exécutés les calculs.

Dans ce type de décomposition, comme plus généralement dans toutes les décompositions de problèmes que nous verrons, chaque sous-problème définit souvent des résultats utilisés dans les sous-problèmes qui le suivent. Dans ce cas, il faut pouvoir désigner ces résultats pour pouvoir les manipuler ; ceci se fait à l'aide d'identificateurs. Ainsi la définition des racines d'une équation du deuxième degré utilise celle du discriminant que l'on est donc conduit à désigner par un identificateur, par exemple "delta".

Enfin, une donnée extérieure au programme, obtenue par une commande de lecture peut être désignée elle aussi par un identificateur. Ceci permet de rendre la résolution d'un problème indépendante d'une valeur particulière des données.

3.2. ILLUSTRATIONS

1. Le fonctionnement d'une imprimante est, comme nous l'avons vu au § 2.4, de type séquentiel : si deux commandes d'impression se succèdent, les résultats correspondants seront imprimés à la suite l'un de l'autre.

2. De nombreuses activités se décomposent en des tâches à traiter dans un ordre séquentiel. Proposons-nous par exemple de "planter un arbre" ; ce travail P pourra se décomposer en quatre parties :

P
- P1 : creuser un trou
- P2 : placer l'arbre dans le trou
- P3 : reboucher le trou
- P4 : arroser

De façon naturelle, nous avons présenté P1, P2, P3, P4 dans un certain ordre :

ainsi pour commencer P on peut commencer P1, mais il n'est pas possible de commencer P2, P3, P4 ; à la fin de P1 on peut commencer P2, mais ni P3, ni P4 . En bref, pour traiter P, l'ordre représenté par le schéma suivant :

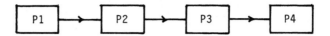

doit être absolument respecté.

3. Nous retrouvons des situations analogues dans des problèmes informatiques. Soit par exemple, à calculer le salaire net de M. Gagnepetit (fonctionnaire) ; ce salaire est la différence entre le salaire brut et les retenues qui s'élèvent à 1/10 du salaire brut.

Ici la décomposition en sous-problèmes rend nécessaire l'introduction de résultats intermédiaires : la valeur du salaire brut (déduite de la valeur du point et du nombre de points) est utilisée pour calculer les retenues et le salaire net ; c'est un résultat intermédiaire dont on peut conserver la valeur en lui associant un identificateur, par exemple *salbrut*. De même, les retenues sont nécessaires au calcul du salaire net. Nous avons fait apparaître les sous-problèmes suivants :

P1 : calcul du salaire brut et désignation du résultat par *salbrut*
P2 : calcul des retenues et désignation du résultat par *retenues*
P3 : calcul du salaire net

L'ordre de traitement est donc :

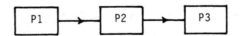

3.3. LOGIQUE

La résolution d'un problème informatique nécessite le calcul de certains résultats décrits de façon plus ou moins formelle à partir de données. Lorsque l'on ne peut pas définir directement les résultats à partir des données, on peut chercher à introduire des sous-problèmes et des résultats intermédiaires. Deux questions se posent alors :

1. Comment ordonner les sous-problèmes en vue du calcul effectif du résultat ?

2. Comment nommer les résultats intermédiaires ?

1. Composition séquentielle

Supposons qu'un problème P soit décomposé en sous-problèmes. Si P1,..., Pi-1 sont des sous-problèmes déjà ordonnés, pour choisir Pi parmi les sous-problèmes restants il suffit de vérifier la condition suivante que nous appelons "principe de La Palice" :

($\mathcal{L}$) : les résultats intermédiaires utilisés dans Pi doivent être définis dans les sous-problèmes déjà ordonnés (P1,...,Pi-1).

En particulier, le premier sous-problème ordonné P1 ne doit utiliser aucun résultat intermédiaire (il ne peut donc utiliser que des données de P).

Reprenons en exemple le calcul du salaire net de M. Gagnepetit qui se décompose en :
- calcul du salaire brut
- calcul des retenues
- calcul du salaire net

"Calcul du salaire brut" n'utilise que les données du problème (nombre de points, valeur du point) ; nous pouvons le placer en premier :

P1 : calcul du salaire brut

Le calcul du salaire net utilise les retenues ; celles-ci ne sont pas définies par P1 : la règle $\mathcal{L}$ nous impose donc de placer le calcul des retenues en deuxième position :

P2 : calcul des retenues

Enfin, "calcul du salaire net" utilise seulement le salaire brut et les retenues définis dans P1 et P2 :

P3 : calcul du salaire net.

2. Identificateurs

Le rôle d'un identificateur est de désigner des résultats, intermédiaires ou non. A chaque identificateur, on associe les caractéristiques suivantes :

- sa dénomination : elle doit être judicieuse et ne pas prêter à confusion (en particulier des résultats différents sont désignés par des identificateurs différents).
  Exemple : "delta" est plus parlant que "zazie" pour désigner un discriminant. Si plusieurs discriminants sont utilisés, il faut les distinguer, par exemple par "delta 1", "delta 2", etc...

- son <u>mode</u> : c'est l'ensemble auquel appartient la valeur qu'il désigne.
Exemple : il est naturel qu'un discriminant "delta" soit de mode réel et qu'un
plus grand commun diviseur "pgcd" soit de mode entier.

- son <u>domaine d'existence</u> : il permet de limiter l'utilisation de cet identificateur au morceau de programme dans lequel il est nécessaire (cf. §3.4.4).

3.4. Technique

1. Identificateur et déclaration d'identité

Un identificateur est représenté par une suite de lettres ou de chiffres commençant par une lettre.

Exemple : *Henri 4* est un identificateur, *2ème Symphonie* n'en est pas un.

<u>Remarque</u> :

Certains langages (ALGOL 68 notamment) autorisent l'emploi d'espaces dans l'écriture d'unidentificateur!
Exemple : *deuxième dicton*

Une déclaration d'identité sert à nommer une valeur au moyen d'un identificateur. Pour cela on écrit :

<u>m</u> *id* = *exp*

où <u>m</u> est un mode, *id* un identificateur et *exp* une construction dont l'évaluation
fournit la valeur de mode <u>m</u> que l'on désire nommer.

Exemples :

<u>chaîne</u> *u* = *"malin"* est une déclaration d'identité qui associe à l'identifica-
teur *u* la valeur *"malin"* de mode <u>chaîne</u>. De même :

<u>chaîne</u> *dicton* = *"à " + u + ", " + u + " et demi"*

permet de nommer la valeur de mode <u>chaîne</u> :

"à malin, malin et demi" au moyen de l'identificateur *dicton*.

Toute utilisation dans la suite du programme d'un identificateur déclaré ainsi
revient à une utilisation de la valeur qu'il nomme.

En réalité, il est généralement permis que la valeur à nommer ne soit pas exactement du mode précisé dans la déclaration. En effet, des écritures comme <u>*réel*</u> *x* = *2*
sont autorisées, la notation d'entier *2* étant transformée en une valeur réelle avant
d'être associée à *x*. Dans une telle situation, les modes utilisés (celui demandé et
celui propre à la valeur) sont dits concordants. Ces règles de concordance ne permettent pas en ALGOL 68 d'écrire, par exemple <u>*ent*</u> *y* = *vrai* ou <u>*ent*</u> *z* = *3.2*.

2. Composition séquentielle

Dans un programme, la manière d'exprimer la séquentialité de plusieurs traitements (c'est-à-dire l'obligation de les exécuter successivement dans un ordre déter-
miné) dépend du langage de programmation. Comme dans de nombreux langages, le symbole
";" est utilisé en ALGOL 68 comme séparateur de ces traitements et marque la séquentialité. Autrement dit, pour indiquer que les traitements S1, S2 et S3 sont à exécuter
dans cet ordre on écrit :

   S1 ; S2 ; S3

Une telle écriture s'appelle une <u>série</u>.

La règle de La Palice nous impose de toujours placer une déclaration d'identité
avant la première utilisation de l'identificateur associé. Si le dernier constituant
d'une série était une déclaration, il serait impossible d'utiliser l'identificateur correspondant dans la série. Cette déclaration étant de ce fait parfaitement inutile, on
impose que le dernier composant d'une série ne soit pas une déclaration.

Une série est donc une suite de <u>phrases</u> ou de déclarations séparées par des
points-virgules et se terminant par une phrase. Par phrase nous entendons toute construction (autorisée par le langage) qui n'est pas une déclaration.

Exemple :

Intéressons-nous au programme correspondant au calcul du salaire net de M. Gagnepetit. Sachant que cette personne a totalisé 300 points et que la valeur du point est
7,60 francs, on peut écrire :

   début
      <u>*réel*</u> *salbrut = 300 * 7.60 ;*
      <u>*réel*</u> *retenues = salbrut/10 ;*
      imprimer (("salaire brut =",salbrut," francs")) ;
      imprimer (("net à payer=",salbrut-retenues," francs"))
   <u>*fin*</u>

Exercice 1 : Corriger les petits programmes suivants :

1. *début*
      <u>*ent*</u> *x = 2 * 3 * 4 * 5 * 6 * 7 ;*
      <u>*ent*</u> *y = 1/(1 + x + x**2 + x**3) ;*
      imprimer (x - y)
   <u>*fin*</u>

2. *début*
      <u>*chaîne*</u> *u = "sos nous coulons" ;*
      imprimer ((v, à la ligne));
      <u>*chaîne*</u> *v = 1001 * u ;*
      imprimer ("trop tard")
   <u>*fin*</u>

Exercice 2 : Les déclarations d'identité dans le programme suivant sont-elle correctes ?

> *début*
>> *ent* x = 44 ; *réel* y = x/3 ;
>>
>> *chaîne* chap = "annexe" ; *réel* text = chap ;
>>
>> *réel* m = 3*2 ; *ent* k = y ;
>>
>> *imprimer* ("fin")
>
> *fin*

Exercice 3 : Soit un troupeau de 20 moutons et de 32 vaches, le prix unitaire de chaque tête étant respectivement de 300 F et 4500 F. Construire un programme qui imprime le prix des moutons, celui des vaches et celui du troupeau dans cet ordre ; chacun de ces prix ne doit être calculé qu'une seule fois.

3. Lecture

Dans l'exemple du calcul du salaire de M. Gagnepetit, si la valeur du point est modifiée, le programme, tel qu'il est écrit, n'est plus utilisable quoique la nature de la suite des traitements reste la même. Désirant remédier à cela, nous sommes amenés à distinguer :

- d'une part le traitement proprement dit (calcul d'un salaire),
- d'autre part les valeurs manipulées que l'on appelle des données.

Pour adapter le programme, il suffit que la valeur du point soit lue sur un organe extérieur. Une déclaration d'identité nous permet alors de conserver cette donnée.

Intéressons-nous à une unité d'entrée particulière : le lecteur de cartes. C'est un dispositif qui, à l'aide d'un système optique ou mécanique, lit sur des cartes des perforations correspondant à la codification d'un jeu de caractères.

Une carte perforée contient 80 colonnes. Un caractère est représenté sur une colonne par un ou plusieurs trous. Une carte peut donc contenir 80 caractères. Les données sont perforées les unes à la suite des autres et séparées, par exemple, par une ou plusieurs colonnes sans perforation.

Comme l'imprimante, le lecteur de cartes fonctionne de façon séquentielle ; les données sont transmises les unes après les autres au calculateur à l'occasion de commandes de lecture. De même qu'une ligne écrite sur l'imprimante ne peut être effacée, une donnée lue ne peut être relue ; c'est la donnée suivante qui est prise en considération si une nouvelle commande de lecture est exécutée.

Les commandes de lecture sont :
lirent, lireréel, lirechaîne et *lirebool*.

Ce sont des fonctions standard (définies dans le langage) qui fournissent respectivement comme résultat une valeur de mode *ent, réel, chaîne* et *bool*.

Exemple :

Afin de rendre plus général le programme calculant le salaire net de M. Gagne-petit, nous allons faire lire la valeur du point, le nom du salarié et son nombre de points. Ces données sont perforées sur une ou plusieurs cartes comme celle de la figure 1.

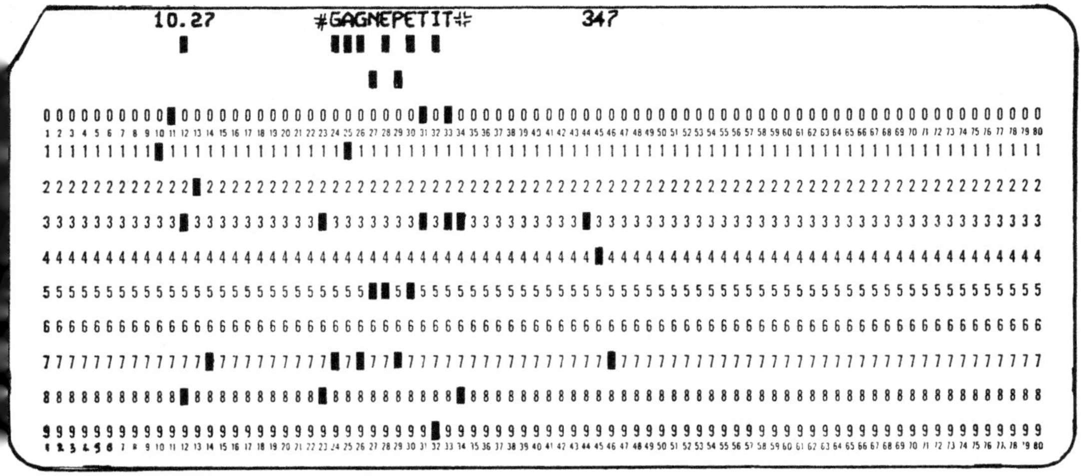

Figure 1 : Exemple de données perforées sur carte

Le 7 est représenté par une perforation en ligne 7, le point est représenté par trois perforations et une chaîne est encadrée par des symboles #.

On obtient le programme suivant :

début
  réel valpoint = lireréel ; *chaîne* nom = lirechaîne ;
  réel nbpoints = lireréel ; *réel* salbrut = nbpoints*valpoints ;
  réel retenues = salbrut/10 ;
  imprimer ((nom, à la ligne)) ;
  imprimer (("salaire brut=",salbrut," francs", à la ligne)) ;
  imprimer (("net à payer=",salbrut-retenues," francs"))
fin

Exercice 4 : Soit le programme :

début
  ent i = lirent ; *réel* y = liréeel ;
  chaîne p = lirechaîne ; *chaîne* q = lirechaîne ;
  ent k = lirent ;
  imprimer (i*p+k*q) ; imprimer (y**(i+k))
fin

Décrire l'exécution de ce programme pour une évaluation sur le jeu de données suivant :

   12   410.5 # bleu #   # blanc #   # rouge #

4. Bloc, domaine d'existence des déclarations

Lorsqu'un traitement nécessite l'exécution séquentielle de plusieurs phrases ou déclarations, on place très souvent cette série entre les symboles *début* et *fin* ou *(* et *)*, comme nous l'avons déja fait, afin d'indiquer que ce bloc est l'expression du traitement. S'il est censé fournir une valeur, c'est celle provenant de l'évaluation de la dernière phrase qui est prise en compte.

Nous verrons d'autres possibilités pour exprimer la décomposition d'un traitement. De telles constructions sont généralement appelées des structures de contrôle.

Exemple :

   ent âge = (ent année = lirent ; imprimer (année) ; 1977-année)

La valeur entière finalement désignée par le nom *âge* est celle résultant de l'évaluation de *1977-année*.

Dans l'exemple ci-dessus, l'identificateur *année* ne nous intéresse plus après le calcul de la valeur désignée par *âge*. Il est donc normal que ce nom ne soit connu que dans le bloc. Dans la majorité des langages ayant une telle "structure de blocs", le domaine d'existence d'un identificateur est le bloc contenant sa déclaration.

Ainsi dans

   ent âge = (ent année = lirent ; 1977-année) ;
   imprimer (année)

imprimer (année) est incorrect car l'identificateur *année* n'a plus d'existence en ce point du programme.

Exercice 5 : Décrire la valeur et le mode des expressions suivantes :

1. *début*
      chaîne x = "stop " ;
      chaîne y = "je t'aime toujours " ;
      chaîne z = "reviens vite " ;
      20(y+y+x+z+z+x)*
   fin

2. *3+(ent y = 10 ; 104-y**2)*

3.5. Exemples

1. Lire quatre coefficients entiers a_0, a_1, a_2, a_3 et une valeur réelle v afin d'imprimer la valeur du polynôme $a_0 + a_1 x + a_2 x^2 + a_3 x^3$ pour x = v.

On peut vouloir minimiser le nombre de multiplications en utilisant la forme $a_0 + x (a_1 + x (a_2 + x\, a_3))$ dite de Horner. On construit alors aisément le programme :

> *début*
>> *ent* a0 = lirent ; *ent* a1 = lirent ; *ent* a2 = lirent ;
>> *ent* a3 = lirent ; *réel* v = lireréel ;
>> *réel* t1 = a2 + v * a3 ;
>> *réel* t2 = a1 + v * t1 ;
>> *réel* t3 = a0 + v * t2 ;
>> imprimer (("la valeur du polynôme est :", t3))
> *fin*

L'emploi des identificateurs auxiliaires t1, t2, t3 n'est évidemment pas indispensable, mais permet de mettre en évidence la structure récurrente de la solution.

2. Lire le radical d'un verbe régulier du premier groupe et imprimer sa conjugaison aux trois premières personnes du présent.

> *début*
>> *chaîne* radical = lirechaîne ;
>> imprimer (("je " + radical + "e", à la ligne,
>>   "tu " + radical + "es", à la ligne,
>>   "il " + radical + "e", à la ligne))
> *fin*

3. On veut un programme décodant des dates codées par des entiers : les données lues sont des entiers entre 10100 et 311299 ; les résultats imprimés sont des triplets (*jour, mois, an*). Les ans correspondent aux unités et dizaines, les mois aux centaines et milliers, les jours aux dizaines et centaines de mille. Notons a *mod* b l'opération qui produit le reste de la division de a par b.

> *début*
>> *ent* k = lirent ;
>> *ent* an = 1900 + k *mod* 100 ;
>> *ent* mois = (k *mod* 10000) ÷100 ;
>> *ent* jour = k÷10000 ;
>> imprimer (jour) ; imprimer (mois) ; imprimer (an)
> *fin*

4. Calculer le volume d'un cylindre dont la partie supérieure est tronquée par une calotte sphérique comme l'indique le schéma suivant :

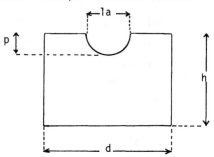

Les données sont le diamètre d du cylindre, sa hauteur h, la profondeur p de la calotte et la largeur la de la calotte (on suppose $2p \leq la$).

Analysons ce problème. Le volume v résultat dépend du volume total du cylindre vcyl et du volume vcal de la calotte :

P1 : v = vcyl - vcal

Il faut déterminer vcyl et vcal :

P2 : $vcyl = \frac{1}{4} \pi d^2 h$

P3 : $vcal = \pi (\frac{2}{3} r^3 - r^2 lg + \frac{lg^3}{3})$

où r est le rayon de la calotte spérique et lg la distance du centre de la sphère au plan supérieur du cylindre.

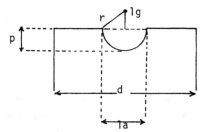

Pour lg on trouve :

P4 : lg = r - p

Le rayon r s'exprime facilement en fonction de la profondeur p et de la largeur la de la calotte :

P5 : $r = \frac{la^2}{8p} + \frac{p}{2}$

Ainsi, de proche en proche, les résultats s'expriment en fonction des données. Notons que pour résoudre ce problème simple, nous pourrions supprimer tous les résultats intermédiaires et condenser les formules P1 à P5 en une seule formule exprimant le volume v à partir des données. Cependant la formule obtenue serait plus compliquée, plus délicate à vérifier et difficile à établir directement. Représentons au moyen de flèches entre les différents P_i la relation suivante : P_i est relié à P_j si le résultat de P_i est utilisé dans P_j.

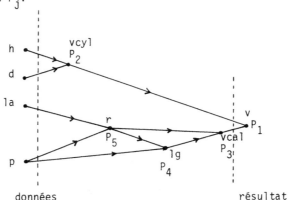

données   résultat

A partir de ce schéma, nous pouvons déterminer un ordre de calcul des différents résultats que nous pouvons représenter par :

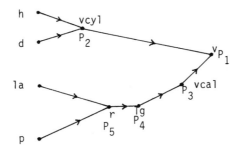

Nous avons ici simplement omis des flèches correctes mais inutiles (comme celle qui reliait r à vcal) puisque la relation "doit suivre" est nécessairement transitive.

Pour établir un programme, il reste essentiellement à ordonner $P_1,\ldots,P_5$ de façon séquentielle. Le principe de La Palice nous conduit, par exemple, à l'ordre suivant :

Dans la rédaction du programme, il ne faut pas oublier que les données sont lues et que le résultat est imprimé (on peut également imprimer quelques résultats intermédiaires que l'on désire connaître). Notons que la valeur approchée de π utilisée pour le calcul est désignée par un identificateur. Voici un programme possible :

```
début
    réel pi = 3.141592654 ;
    réel h = lireréel ; réel d = lireréel ; réel la = lireréel ; réel p = lireréel ;
    réel vcyl = pi*d**2*h/4 ;
    réel r = la**2/(8*p) + p/2 ;
    réel lg = r - p ;
    réel vcal = pi*(r**2*(2*r/3-lg) + lg**3/3) ;
    réel v = vcyl - vcal ;
    imprimer (("volume du cylindre=", vcyl, à la ligne,
              "volume de la calotte=", vcal, à la ligne,
              "volume sans calotte=", v))
fin
```

Exercice 6 : Trouver d'autres ordres séquentiels sur $P_1, \ldots, P_5$ compatibles avec la figure précédente.

5. Lors d'un examen, un étudiant a quatre notes d'écrit et deux notes d'oral. On veut imprimer son total d'écrit, d'oral et son total général. Ceci peut s'écrire :

```
début
    ent écrit1 = lirent ; ent écrit2 = lirent ;
    ent écrit3 = lirent ; ent écrit4 = lirent ;
    ent écrit = écrit1 + écrit2 + écrit3 + écrit4 ;
    imprimer (("la note d'écrit est:", écrit, à la ligne)) ;
    ent oral1 = lirent ; ent oral2 = lirent ;
    ent oral = oral1 + oral2 ;
    imprimer (("la note d'oral est:", oral, à la ligne)) ;
    imprimer (("la note totale est:", écrit + oral))
fin
```

3.6. RÉSUMÉ

Les calculs qui doivent être exécutés dans un certain ordre sont présentés dans cet ordre sur le papier et ils sont séparés par des points-virgules. Les symboles *début* et *fin* ou des parenthèses peuvent entourer une série (suite de phrases ou de déclarations) afin d'en faire un bloc ou un programme. Le résultat final et le mode d'une série sont ceux de la dernière phrase.

Une déclaration d'identité permet la désignation des résultats intermédiaires ou des données avec le schéma suivant :

m   <identificateur> = <expression de mode m>

Cette déclaration associe à l'identificateur la valeur de l'expression. La validité d'une telle déclaration est limitée à la série qui la contient.

L'introduction des données est provoquée par les commandes

lirent   lireréel   lirechaîne   lirebool

selon le mode de la donnée.

3.7. PROBLÈMES

1. En s'inspirant du problème 1 du paragraphe 2.7 , construire un programme qui imprime les racines de l'équation $ax^2 + bx + c = 0$ où a, b, c sont des entiers lus vérifiant $b^2 - 4ac > 0$ et $a \neq 0$.

2. Imprimer la surface totale de la figure ci-dessous où a, b, c, d, e, f sont des données à lire. On s'attachera, comme dans l'exemple 4, à décomposer le problème en sous-problèmes simples. On peut,. par exemple, trouver ici des sous-problèmes dont la solution est une variante évidente du calcul de la surface d'un rectangle .

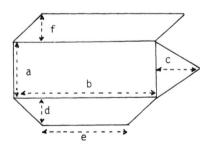

3.8. SOLUTION DES EXERCICES

Exercice 1 :

1. Le calcul de l'expression définissant y ne donne pas un résultat entier ; remplacer <u>*ent*</u> y par <u>*réel*</u> y.

2. On ne peut imprimer v qu'après l'avoir défini, ce qui donne :

<u>*début*</u>
    <u>*chaîne*</u> u = *"sos nous coulons ";*
    <u>*chaîne*</u> v = *1001 $\star$ u ;*

```
        imprimer  ((v, à la ligne));
        imprimer ("trop tard")
    fin
```

Exercice 2 :

Les déclarations *réel text = chap* et *ent k = y* sont erronées car les modes mis en jeu dans ces deux déclarations ne sont pas concordants, *chap* est de mode *chaîne* et *y* est *réel*.

Exercice 3 :

```
    début
        ent prixmoutons = 20 * 300 ;
        ent prixvaches  = 32 * 4500 ;
        imprimer (("prix des moutons=", prixmoutons, à la ligne,
                "prix des vaches =", prixvaches, à la ligne,
                "prix total      =", prixmoutons + prixvaches))
    fin
```

Exercice 4 :

```
    i désigne 12
    y désigne 410.5
    p désigne la chaîne "bleu"
    q désigne la chaîne "blanc"
```

La donnée disponible est la chaîne *"rouge"* qui n'est pas un entier, l'exécution est donc abandonnée sur la déclaration *ent k = lirent*.

Exercice 5 :

1. Expression de mode chaîne dont la valeur est la chaîne, 20 fois répétée :

"je t'aime toujours je t'aime toujours stop reviens vite reviens vite stop"

2. Expression entière de valeur 7.

Exercice 6 :

Dans tous les cas, P_5, P_4, P_3, P_1 doivent figurer dans cet ordre ; par contre, P_2 peut être inséré en n'importe quelle place antérieure à P_1 ce qui donne 4 ordres séquentiels possibles :

```
P2      P5      P4      P3      P1
P5      P2      P4      P3      P1
P5      P4      P2      P3      P1
P5      P4      P3      P2      P1
```

## CHAPITRE 4

REPETITION

4.1. Buts

La décomposition d'un problème peut conduire à un sous-problème qui doit être résolu un certain nombre de fois. L'algorithme de résolution d'un tel problème s'écrit alors comme la répétition, un certain nombre de fois, de l'algorithme de résolution du sous-problème associé.

Si le nombre de répétitions est grand, 1001 par exemple, il serait fastidieux d'exprimer cette répétition en écrivant explicitement n fois le même algorithme. Une telle écriture est même impossible si n n'est pas connu d'avance, ce qui est le cas lorsqu'il est une donnée. Nous introduisons ici un nouveau type de composition des algorithmes : la composition répétitive ou répétition.

4.2. Illustrations

1. Pour abaisser un pont-levis, il faut que la roue de levage effectue 10 tours. L'action "donner un tour de roue" doit donc être effectuée 10 fois.

2. Mettre 3 gouttes dans le nez nécessite d'appuyer 3 fois sur la poire du flacon.

3. Calculer le salaire de 6343 employés d'une entreprise nécessite de répéter 6343 fois le même calcul (avec certaines données différentes).

4.3. Logique

La répétition est un type de composition séquentielle où il s'agit de résoudre successivement n fois le même sous-problème de solution S ; le nombre n de répétitions est donc un entier positif.

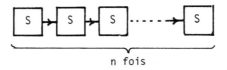

n fois

Le chapitre 10 détaille la logique des itérations dont les répétitions sont un cas particulier.

4.4. TECHNIQUE

La répétition s'exprime en écrivant :

jusqu'à E faire S fait

S est une série (suite de phrases et de déclarations éventuellement réduite à une seule phrase).

E est une phrase évaluée une seule fois, fournissant un résultat n de mode entier. Si n est strictement positif *S* est exécutée n fois sinon *S* n'est pas exécutée.

La répétition, qui est une structure de contrôle permettant de répéter un certain nombre de fois l'exécution d'une série, ne fournit pas de résultat (par convention).

La construction *faire S fait* joue le rôle d'un bloc, *faire* et *fait* étant les symboles de parenthésage.

4.5. EXEMPLES

1. Impression des carrés de 100 nombres entiers lus en données. Le programme s'écrit :

jusqu'à 100
  faire
    ent a = lirent ;
    *imprimer ((a**2, à la ligne))*
  fait

2. Le calcul de la paie dans une entreprise de 6343 employés est un calcul répétitif : c'est le calcul de la paie d'un employé répété 6343 fois sur des données différentes. Supposons que la valeur du point soit la même pour tous les employés, il suffit de la lire une seule fois. L'impression des bordereaux de paie nécessitant une identification, le nom de chaque employé est une donnée supplémentaire.

Quand un problème se complique, il faut le décomposer : il est essentiel que cette décomposition se retrouve clairement dans le programme correspondant.

Une technique utile dans ce cas est l'emploi de commentaires : ceux-ci n'influent en rien sur l'évaluation du programme mais servent à sa compréhension. Un commentaire est une suite quelconque de caractères encadrée par des # .

Voici deux schémas représentant les premiers niveaux de la construction du programme :

Schéma 1 :

> *# Calcul de paies avec même valeur du point : #*
>> *début*
>>> *Définition de la valeur du point ;*
>>> *jusqu'à 6343*
>>>> *faire Calcul d'une paie fait*
>> *fin*

Schéma 2 :

> *# Calcul d'une paie : #*
> *Lecture du nom et du nombre de points ;*
> *Calcul du salaire brut et des retenues ;*
> *Impression du nom, du salaire brut, des retenues et du salaire net*

Programme P :

> *# Calcul de paies avec même valeur du point : #*
>> *début*
>> *# Définition de la valeur du point : #*
>>> *réel valpoint = lireréel ;*
>>> *jusqu'à 6343*
>>>> *faire # Calcul d'une paie : #*
>>>> *chaîne nom = lirechaîne ; ent nbpoint = lirent ;*
>>>> *réel salbrut = nbpoint * valpoint ;*
>>>> *réel retenues = salbrut/10 ;*
>>>> *imprimer ((nom, à la ligne,*
>>>>> *"salaire brut=", salbrut," francs", à la ligne,*
>>>>> *"net à payer =", salbrut - retenues," francs", à la ligne))*
>>>> *fait*
>> *fin*

3. Si l'on désire que le nombre d'employés soit également une donnée à lire, il suffit d'utiliser le schéma suivant :

> *# Calcul de paies avec même valeur du point : #*
>> *début*
>>> *Définition de la valeur du point ;*

Définition du nombre d'employés ;
  jusqu'à nombre d'employés
    faire Calcul d'une paie fait
fin

Il suffit alors de remplacer la cinquième et la sixième ligne du programme P par :

Définition du nombre d'employés :
ent nbemployés = lirent ;
jusqu'à nbemployés
  faire ## Calcul d'une paie ##

4. Conjuguer un nombre n (lu en donnée) de radicaux de verbes réguliers du premier groupe aux trois premières personnes du présent.

Dans l'exemple 2 du chapitre 3, nous avons traité le problème pour un radical, il suffit donc de répéter n fois ce calcul, ce qui s'écrit :

début
  ent n = lirent ;
  jusqu'à n
    faire
      chaîne radical = lirechaîne ;
      imprimer (("je " + radical + "e", à la ligne,
                "tu " + radical + "es", à la ligne,
                "il " + radical + "e", à la ligne))
    fait
fin

Exercice 1 : Construire un programme qui imprime le cadre d'une table, avec les caractéristiques suivantes :
  - il y a c colonnes, séparées par une ligne verticale pleine
  - chaque colonne doit contenir q caractères en largeur
  - la table doit contenir p lignes
  - la table est entièrement encadrée par des lignes pleines

c colonnes

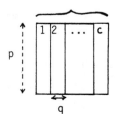

Les seuls caractères à imprimer sont "-", "|" et le blanc.

Exercice 2 : Corriger le petit programme suivant :

> *début*
> > *ent* cote = *lirent* ; *réel* pondération = 0.5 ;
> > *jusqu'à* cote * pondération
> > > *faire*
> > > imprimer ((à la ligne, "Dorénavant, j'étudierai",
> > > > "mieux les leçons de grammaire."))
> > *fait*
> *fin*

Exercice 3 : En supposant qu'en données on possède les valeurs 1 2 3 4 5 6 7 8 9 présentées dans cet ordre, écrire un programme qui imprime la table de multiplication par 5.

4.6. Résumé

La répétition E fois d'une suite de phrases S s'indique par :

jusqu'à E *faire* S *fait*

E est une expression entière qui indique le nombre de fois que l'on exécute S.

Les commentaires, sans effet sur l'exécution d'un programme, sont très utiles à sa compréhension. Ce sont des suites quelconques de caractères encadrés par des # .

4.7. Problèmes

1. La donnée est une liste de 40 noms, chacun étant encadré par des symboles #. On veut imprimer toutes les 10 lignes les phrases suivantes en y incluant à la place de X le nom lu en donnée.

```
********************************************************************
    MONSIEUR X A GAGNE UN TRANSISTOR,
    LE RETIRER A LA MAIRIE, SE MUNIR DU PRESENT BON
********************************************************************
```

2. Adapter le programme de l'exercice 1 de façon à tracer toutes les d lignes une ligne horizontale pleine, d étant un entier à lire.

4.8. SOLUTION DES EXERCICES

Exercice 1 :

Schéma :

> *Définir c, q, p ;*
> *Tracer une ligne de "_" ;*
> *jusqu'à p*
>   *faire Tracer une ligne fait ;*
> *Tracer une ligne de "-"*

A partir du schéma on construit le programme suivant :

> *début*
>   *ent c = lirent ; ent q = lirent ; ent p = lirent ;*
>   *chaîne trait = (c*q+c+1)*"-" ;*
>   *imprimer ((trait, à la ligne)) ;*
>   *jusqu'à p*
>   *faire # le nombre de traits imprimés est compris entre 1 et p   : #*
>   *imprimer ((c*("|"+q*" ") + "|", à la ligne))*
>   *fait ;*
>   *imprimer ((trait, à la ligne))*
> *fin*

Exercice 2 :

    cote * pondération ne fournit pas un nombre entier. On pourrait corriger le programme en utilisant l'un des opérateurs *arrd* ou *entier* (cf. Annexe I).

Exercice 3 :

> *début*
>   *imprimer (("table de multiplication par 5", à la ligne, à la ligne)) ;*
>   *jusqu'à 9*
>   *faire*
>   *ent x = lirent ;*
>   *imprimer (("5 fois ", x," font ", 5 * x, à la ligne))*
>   *fait*
> *fin*

## CHAPITRE 5

COMPOSITION COLLATERALE

5.1. Buts

Au chapitre 3 nous avons envisagé le cas où les sous-problèmes résultant de la décomposition d'un problème donné doivent être traités dans un ordre bien précis. Nous examinons ici le cas où les résolutions de ces sous-problèmes sont indépendantes les unes des autres. Il est alors inutile de spécifier un ordre pour l'exécution des algorithmes associés aux sous-problèmes : on dit qu'on compose collatéralement ces algorithmes.

Entre ces deux extrêmes que sont la dépendance stricte et l'indépendance complète des sous-problèmes d'un problème donné, le programmeur pourra rencontrer des décompositions pour lesquelles certains sous-problèmes sont indépendants entre eux et certains autres sont dépendants. L'utilisation conjointe de la composition séquentielle et de la composition collatérale permet d'en rendre compte.

A partir de ce chapitre, nous introduisons également un vocabulaire permettant de caractériser précisément les différents types de composition étudiés dans ce livre. Ceci permet de définir plus rigoureusement le sens des algorithmes que l'on construit; on dit encore qu'on définit la sémantique du langage. Outre l'exigence de précision qu'elles apportent, de telles notations peuvent permettre de justifier l'adéquation d'un algorithme au problème qu'il est censé résoudre, c'est-à-dire de construire correctement l'algorithme et d'en prouver l'exactitude.

5.2. Illustrations

1. Avant l'apparition des ordinateurs, il existait des bureaux de calcul pour le traitement des gros problèmes numériques (de telles organisations de travail subsistent encore pour des tâches non automatisées : groupe de dessinateurs d'un architecte,...). Dans ces bureaux, les tâches étaient séparées entre différents "calculateurs" qui travaillaient de façon simultanée : on confiait aux uns et aux autres le traitement de sous-problèmes indépendants. Naturellement, il n'y aurait pas eu d'inconvénient logique à traiter séquentiellement des sous-problèmes indépendants (et donc à n'utiliser qu'un seul calculateur), mais sur un plan pratique, le gain de temps est évident.

2. Supposons que "se préparer chaque matin" comprenne seulement les tâches suivantes :

R : se raser

D : se doucher

H : s'habiller

E : écouter de la musique

Il est disons, convenable, que H soit réalisé après D. On peut, par contre, exécuter dans un ordre quelconque, soit D suivi de H, soit R, soit E. Il peut même y avoir simultanéité entre R et E, cu entre D suivi de H, et E (simple question de liberté individuelle !).

Nous dirons que le problème posé a une solution collatérale :

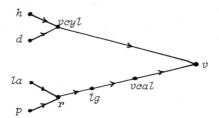

où la flèche symbolise la séquentialité, et un cadre en pointillé la collatéralité.

Cette solution inclut comme cas particuliers toutes les compositions comprenant une ou plusieurs parties séquentielles.

3. Reprenons le calcul du volume v d'un cylindre tronqué (3.5.4). L'analyse nous avait conduit à fixer un ordre pour le calcul des différents résultats :

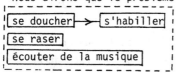

Un tel schéma peut être représenté de façon collatérale :

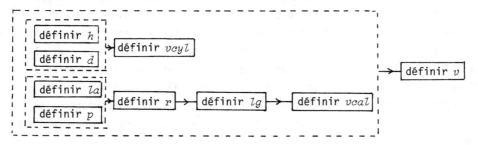

5.3. LOGIQUE

1. Collatéralité et séquentialité

Faisons l'hypothèse qu'un problème P a été décomposé en n sous-problèmes P_1,..., P_n. L'analyse conduit à déterminer une relation d'ordre partiel A entre les sous-problèmes :

$P_i A P_j$ signifie "P_i doit être traité avant P_j"

Le principe de La Palice (voir § 3.3) permet d'ordonner P_1,..., P_n suivant un ordre séquentiel (ou total) S compatible avec .

Un ordre S <u>séquentiel</u> est caractérisé par rapport à un ordre partiel par le fait que deux sous-problèmes quelconques sont toujours ordonnés, c'est-à-dire que pour tout i et j distincts :

$P_i S P_j$ <u>ou</u> $P_j S P_i$ (c'est-à-dire que soit P_i précède P_j, soit P_j précède P_i)

De plus, dire que S est <u>compatible</u> avec A signifie que chaque fois que deux sous-problèmes sont dans un certain ordre pour A ils sont dans le même ordre pour S; autrement dit, pour tout i et tout j :

$$P_i A P_j \Longrightarrow P_i S P_j$$

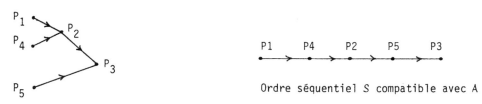

Exemple d'ordre partiel A

Ordre séquentiel S compatible avec A

<u>Figure 1</u> : Exemple d'ordre partiel et séquentiel

Un ordre séquentiel S construit à partir d'un ordre partiel A oblige à mettre **en relation** certains sous-problèmes qui sont en fait indépendants (sur la figure 1 par exemple on a $P_1 S P_4$ alors que les sous-problèmes P_1 et P_4 ne sont pas reliés par A) ; il est donc intéressant de rechercher un ordre collatéral C compatible avec A et qui préserve l'indépendance des sous-problèmes.

Avant de donner un exemple, présentons intuitivement la construction de C : convenons qu'une famille de problèmes Q <u>précède</u> une famille R s'il existe un sous-problème de Q qui doit être traité avant un sous-problème de R et si aucun sous-problème de R n'est à traiter avant un sous-problème de Q. On construit alors C de la manière suivante

- décomposer le problème initial en deux familles de sous-problèmes Q et R qui sont soit indépendantes, soit telles que l'une précède l'autre

- relier par C tout sous-problème de Q avec tout sous-problème de R si Q précède R

Naturellement, lors de la décomposition on essaie de faire apparaître chaque fois que possible des sous-problèmes indépendants.

Exemple :

Prenons le problème P décomposé en P_1, P_2, P_3, P_4, P_5 ordonné par A (cf. figure 1). Plaçons dans un cadre en trait plein les problèmes à décomposer et, comme au paragraphe précédent, mettons dans un même cadre pointillé les sous-problèmes indépendants :

Séparons le problème initial en P_3 d'une part et P_1, P_2, P_4, P_5 d'autre part : nous avons P_2 A P_3 et P_5 A P_3 d'où :

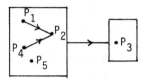

Les problèmes P_5 d'une part, P_1, P_2 et P_4 d'autre part sont indépendants :

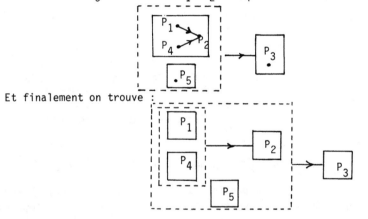

Et finalement on trouve :

Remarquons qu'une flèche d'un cadre 1 à un cadre 2 signifie simplement que tout sous-problème du cadre 1 est relié à tout sous-problème du cadre 2. La relation d'ordre que l'on retrouve ici est tout simplement la relation A initiale ; mais ceci n'a rien de général : si par exemple le problème P avait été séparé en P_1, P_4 d'une part, P_2, P_3, P_5 d'autre part, on aurait pu trouver une autre décomposition et un autre ordre toujours compatible avec A (voir figure 2) mais comportant quelques flèches inutiles.

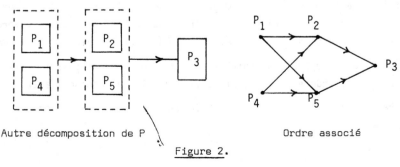

Autre décomposition de P   Ordre associé

Figure 2.

2. Conditions initiales et finales

L'exécution d'un problème P est une transformation qui permet de passer des données aux résultats. Les données vérifient certaines conditions (par exemple si une donnée est un nombre de points, c'est nécessairement un entier positif,...) de même les résultats vérifient des propriétés qui permettent de les caractériser par rapport aux données (par exemple : "s est le salaire de M. Gagnepetit", "v est le volume du cylindre de diamètre d, de hauteur h, tronqué par une calotte sphérique de largeur la et de profondeur p") ; notons INIT(P) la condition initiale portant sur les données de P et de même FINAL(P) la condition finale portant sur les résultats. Selon le degré de précision souhaité, ces conditions sont décrites de façon plus ou moins formalisée ; pour le problème :

P : planter un arbre

nous pouvons proposer :

INIT(P) : l'arbre n'est pas planté mais il est prêt

FINAL(P): l'arbre est planté

tandis que pour le problème :

Q : calculer le plus grand commun diviseur x des entiers a et b,

nous pouvons écrire les conditions initiales et finales de façon plus stricte :

INIT(Q) : $a \in \mathbb{N}$ et $b \in \mathbb{N}$ (où $\mathbb{N}$ est l'ensemble des entiers relatifs)

FINAL(Q): x divise a et x divise b et $\forall y((y$ divise a et y divise $b) \Rightarrow x \geq y)$

Finalement, un problème P peut donc être entièrement spécifié grâce à des conditions initiales et finales ; lorsqu'on décompose P en sous-problèmes $P_1,...,P_n$, chaque P_i peut à son tour être caractérisé par des conditions initiales et finales ; toutes ces conditions ne sont pas complètement indépendantes mais liées par des relations qui expriment que $P_1,...,P_n$ sont des sous-problèmes de P et qui traduisent aussi l'ordre à respecter dans la résolution des P_i.

Donnons deux exemples dont la simplicité permet d'éviter de longs développements et qui montrent les différences entre une résolution collatérale et une résolution séquentielle.

Exemples :

1. Soit à calculer la moyenne arithmétique, la moyenne harmonique et la moyenne géométrique de deux nombres a et b donnés. Ce problème P se décompose en trois sous-problèmes :

$$P \begin{cases} P1 : \text{calcul de la moyenne arithmétique} \\ P2 : \text{calcul de la moyenne harmonique} \\ P3 : \text{calcul de la moyenne géométrique} \end{cases}$$

Les conditions initiales et finales sont faciles à décrire :

INIT(P) : a et b sont deux nombres donnés

FINAL(P) : les trois moyennes de a et b sont calculées

INIT(P1) $\equiv$ INIT(P2) $\equiv$ INIT(P3) $\equiv$ INIT(P)

FINAL(P1) : la moyenne arithmétique de a et b est calculée

FINAL(P2) : la moyenne harmonique de a et b est calculée

FINAL(P3) : la moyenne géométrique de a et b est calculée

Ces conditions vérifient les relations suivantes :

(1) INIT(P) $\Rightarrow$ INIT(P1) et INIT(P2) et INIT(P3)

(2) FINAL(P1) et FINAL(P2) et FINAL(P3) $\Rightarrow$ FINAL(P)

Ces relations traduisent simplement que la résolution de P se ramène à celle de P_1, P_2, P_3 et que ces sous-problèmes peuvent être traités indépendamment les uns des autres.

2. Reprenons l'exemple naïf de la plantation d'un arbre (nous supposons ici que le temps est à la pluie, ce qui évite l'arrosage final) :

P
$\begin{cases}
\text{P1 : creuser un trou} \\
\text{P2 : placer l'arbre dans le trou} \\
\text{P3 : reboucher le trou}
\end{cases}$

On peut décrire les conditions initiales et finales de la façon suivante :

INIT(P) : l'arbre et la bêche sont disponibles

FINAL(P) : l'arbre est planté

INIT(P1) : la bêche est disponible

INIT(P2) : l'arbre est disponible et le trou creusé

INIT(P3) : les racines sont dans le trou

FINAL(P1) : l'arbre et la bêche sont disponibles et le trou est creusé

FINAL(P2) : la bêche est disponible et l'arbre est juste placé dans le trou

FINAL(P3) : la bêche est disponible et l'arbre est planté

Bien que ces conditions ne soient pas entièrement formalisées, nous pouvons convenir ici que les relations suivantes sont vérifiées :

(1) INIT(P) $\Rightarrow$ INIT(P1) et non INIT(P2) et non INIT(P3)

(2) FINAL(P1) $\Rightarrow$ INIT(P2) et non INIT (P3)

(3) FINAL(P2) $\Rightarrow$ INIT(P3)

(4) FINAL(P3) $\Rightarrow$ FINAL(P)

Ces relations traduisent simplement l'ordre séquentiel imposé pour le traitement ; (1) oblige à commencer par P1, (2) indique que P2 doit suivre directement P1,...

Résumons les constatations faites sur ces deux exemples. Supposons qu'un problème P se décompose en deux sous-problèmes Q et R [(*)] :

_____

(*) La généralisation au cas de n sous-problèmes est immédiate.

1. Les relations suivantes :

INIT(P)$\Longrightarrow$INIT(Q) et INIT(R)

FINAL(Q) et FINAL(R)$\Longrightarrow$FINAL(P)

traduisent une décomposition collatérale, c'est-à-dire que Q et R sont indépendants.

2. Les relations suivantes :

INIT(P)$\Longrightarrow$ INIT(Q) et non INIT(R)

FINAL(Q)$\Longrightarrow$ INIT(R)

FINAL(R)$\Longrightarrow$ FINAL(P)

traduisent que Q doit être traité avant R dans la décomposition de P.

Exercice 1 : Décrire avec des conditions initiales et finales le calcul du salaire de M. Gagnepetit (cf. §3.2.3) et préciser les relations liant ces conditions.

5.4. TECHNIQUE

Dans un langage on peut distinguer deux types de collatéralité.

1. Collatéralité imposée par le langage

Le cas le plus classique est celui des expressions. Les règles de priorité ne fixent pas totalement l'ordre d'évaluation.

Exemple :

Considérons l'expression suivante :

$a * b + c/d$

Les règles de priorité indiquent que la multiplication et la division doivent avoir lieu avant l'addition. En conséquence, les opérandes de la multiplication sont a et b, ceux de la division c et d, et ceux de l'addition $a * b$ et c/d. Cependant, rien n'indique qu'il faille, par exemple, calculer $a * b$ avant c/d.

Il est évident qu'une expression doit toujours donner le même résultat quel que soit l'ordre d'évaluation des opérandes qui doivent donc être indépendants.

En effet, considérons le programme (stupide) suivant :

début

    ent z = (ent x = lirent ; x) - (ent y = lirent ; y) ;

    imprimer (z)

fin

Si les valeurs en entrée sont les entiers 4 et 2, ce programme peut imprimer + 2 ou - 2 suivant l'ordre d'évaluation des opérandes (non indépendants) de la soustraction.

Exercice 2 : Donner une version correcte de ce programme.

Comme autre exemple de collatéralité imposée par le langage, signalons la commande d'impression d'une liste de valeurs.

L'ordre dans lequel ces valeurs doivent être imprimées est imposé, mais pour réaliser cette impression, il faut d'abord évaluer les phrases qui fournissent toutes ces valeurs. L'ordre de ces calculs n'est pas fixé.

Les phrases doivent être indépendantes pour que le résultat de la commande d'impression soit toujours le même.

Exemple :

imprimer (((ent x = lirent ; x) , "supérieur à" , (ent y = lirent ; y)))

          phrase   phrase   phrase

Avec les valeurs 4 et 2 en entrée, la commande imprime *+4 SUPERIEUR A +2* ou *+2 SUPERIEUR A +4* car la première et la dernière phrase ne sont pas indépendantes. Nous verrons apparaître par la suite d'autres cas où la collatéralité est imposée.

2. Collatéralité permise par le langage

Lorsque la résolution d'un problème conduit à n traitements indépendants, il est possible lors de l'écriture du programme de ne pas préciser l'ordre de ces traitements.

Deux cas sont à considérer :

- ces traitements concernent des déclarations d'identité (les évaluations des valeurs que l'on cherche à nommer sont indépendantes). Il suffit de séparer les déclarations par des virgules.

Exemple :

réel pi = 3.14, réel deux et demi = 2.5

Nous pouvons aussi écrire :

réel $pi = 3.14$, *deuxetdemi* $= 2.5$

en "mettant en facteur" le mode commun *réel*.

- ces traitements sont des phrases et forment un ensemble dont l'évaluation est nécessaire pour la suite.

Nous en verrons de nombreux exemples dans les chapitres suivants.

Comme dans la commande d'impression où il est nécessaire de calculer d'abord toutes les valeurs, la collatéralité s'exprime en séparant les phrases par des virgules et en encadrant l'ensemble par les symboles (et) ou *début* et *fin*.

La construction ainsi obtenue est une nouvelle structure de contrôle appelée une collatérale.

Exemple :

Soit l'identificateur x représentant une valeur réelle et soit à imprimer le carré et l'inverse de cette valeur. Les deux calculs étant indépendants, on écrit :

imprimer $((x * x, 1/x))$

collatérale

Remarque :

Cette construction explique le double parenthésage de la commande d'impression dans le cas d'une liste.

5.5. EXEMPLES

1. Impression du résultat d'un étudiant à un examen.

Les calculs des moyennes de l'écrit et de l'oral sont indépendants, par contre l'impression ne peut se faire qu'après ce calcul. Le schéma des dépendances est donc :

```
┌─────────────────────┐
│ ┌─────────────────┐ │     ┌─────────────────────────┐     ┌────────────┐
│ │ calcul de écrit │ │     │                         │     │            │
│ └─────────────────┘ │ ──► │ calcul de (écrit+oral)/2│ ──► │ impression │
│ ┌─────────────────┐ │     │                         │     │            │
│ │ calcul de oral  │ │     └─────────────────────────┘     └────────────┘
│ └─────────────────┘ │
└─────────────────────┘
```

d'où le programme :

```
début
    réel écrit = (8 + 14 + 6 + 13)/4,
        oral = (11 + 10)/2 ;
    réel moyenne = (écrit + oral)/2 ; imprimer ((écrit, oral, moyenne))
fin
```

2. Etant donnés deux nombres réels a et b, on veut calculer le produit p = a x b et le quotient $q = \frac{a}{b}$ afin d'imprimer les écarts d'une part entre a et $\sqrt{p \times q}$, d'autre part entre b et$\sqrt{\frac{p}{q}}$.

> *début*
>> *réel* a = *lireréel* ; *réel* b = *lireréel* ;
>> *réel* p = a * b,
>>   q = a/b ;
>> *imprimer* ((a - rac2(p * q), b - rac2(p/q)))
> *fin*

5.6. RÉSUMÉ

Lorsque les solutions des sous-problèmes $P_1,...,P_n$ résolvant le problème P n'interfèrent pas entre elles, la résolution des P_i est collatérale.

Chaque problème est caractérisé par des conditions initiale et finale . Pour une décomposition collatérale, la condition initiale de P implique la condition initiale de chaque P_i et toutes les conditions finales des P_i entraînent la condition finale de P.

Le symbole virgule marque la collatéralité dans les programmes. Une collatérale est une suite de phrases séparées par des virgules, le tout encadré par des parenthèses.

5.7. SOLUTION DES EXERCICES

Exercice 1 :

Le problème P se décompose de la façon suivante (cf. § 3.2.3) :

$$P \begin{cases} P1 \text{ calcul du salaire brut} \\ P2 \text{ calcul des retenues} \\ P3 \text{ calcul du salaire net} \end{cases}$$

On peut décrire les conditions initiales et finales de la façon suivante :

INIT(P)   : seuls le point et la valeur du point sont connus
FINAL(P) : le salaire net est calculé
INIT(P1) : le point et la valeur du point sont connus
INIT(P2) : le salaire brut est connu
INIT(P3) : le salaire brut et les retenues sont connus
FINAL(P1) : seul le salaire brut est calculé
FINAL(P2) : le salaire brut et les retenues sont calculés
FINAL(P3) : le salaire net est calculé

Ces définitions conduisent aux relations suivantes :

INIT(P) $\Longrightarrow$ INIT(P1) et non INIT(P2) et non INIT(P3)
FINAL(P1) $\Longrightarrow$ INIT(P2) et non INIT(P3)
FINAL(P2) $\Longrightarrow$ INIT(P3)
FINAL(P3) $\Longrightarrow$ FINAL(P)

Exercice 2 :

début

    ent x = *lirent* ; *ent* y = *lirent* ;

    ent z = x - y ;

    imprimer (z)

fin

## CHAPITRE 6

MODES ET STRUCTURES

6.1. BUTS

Les chapitres précédents concernaient surtout la construction d'algorithmes. Nous abordons ici la construction des données (traitées dans un problème) à partir de données plus élémentaires.

Une première façon de construire des données consiste à hiérarchiser un ensemble fini de données élémentaires en permettant d'accéder depuis un élément aux éléments de niveaux inférieurs. On obtient ainsi un objet composé appelé structure.

D'autre part, il est logique de pouvoir regrouper dans un même ensemble, ou mode, tous les objets construits de la même manière. La définition d'un mode permet à un identificateur de désigner ce mode.

6.2. ILLUSTRATIONS

1. A priori une date est composée du jour de la semaine, du quantième dans le mois, du mois et de l'année. Selon le contexte on peut décrire une date de différentes façons. Par exemple, dans un en-tête de lettre, nous pouvons omettre le jour ou l'année, sur un chèque nous pouvons remplacer le mois par un numéro. Cependant des écritures telles que :

"samedi 8 mai 1945"

ou encore

"le 25 décembre"

reflètent une structure sous-jacente : (jour, quantième, mois, année) ou encore (quantième, mois).

2. Un nombre complexe peut être décomposé en parties réelle et imaginaire ou en module et argument. En pratique on peut utiliser globalement des nombres complexes ("soient deux nombres complexes conjugués z et z',..."), mais on peut aussi utiliser les composantes ("la partie réelle de z est égale à la partie imaginaire de z',...").

3. Dans un problème de gestion du personnel, on peut convenir qu'un employé est caractérisé par son état civil, sa qualification et son ancienneté ; l'état civil se décom-

pose lui-même en date de naissance, adresse, situation de famille ; de même l'ancienneté peut comporter des années et des mois,... Le degré de finesse de la décomposition
dépend naturellement du problème à traiter.

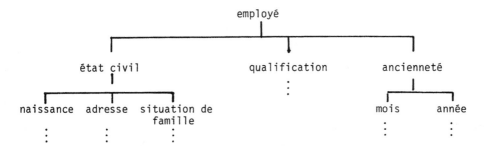

La construction de nouveaux types d'informations (de nouveaux modes) est une
étape importante dans la résolution des problèmes. Les modes structurés sont un exemple d'une telle construction. Nous avons vu au chapitre 1 d'autres exemples de structures similaires.

6.3. LOGIQUE

L'utilisation d'informations composées conduit à définir de nouveaux modes appelés modes structurés.

Définir un mode structuré revient à définir chacune de ses composantes appelées
champs.

Le choix des champs dépend du problème traité ; comme nous l'avons vu au paragraphe précédent, le mode date peut, pour des problèmes d'état civil, comporter quatre
champs (nom, quantième, mois, année) tandis que, pour des anniversaires, on peut définir un autre mode date à deux champs seulement (quantième, mois).

Les champs d'un mode structuré sont en nombre fini et décrits de façon explicite ;
ils sont caractérisés :

- par un mode (lui-même simple ou composé)
- par un sélecteur qui permet de choisir un champ sans ambiguïté.

Nous avons déjà vu qu'aux différents modes sont associées des opérations permettant de réaliser des calculs. Chaque fois que l'on définit un nouveau mode, il est
donc intéressant de définir de nouvelles opérations sur ce mode ; par exemple, après
la définition du mode "complexe", il est intéressant de définir l'addition de deux
nombres complexes. Les moyens de définir de telles opérations seront étudiés au chapitre 8.

6.4. TECHNIQUE

1. Définition

La <u>définition</u> d'un mode décrit sa structure en précisant les modes des différents champs avec les sélecteurs qui les désignent. Ainsi dans la déclaration de mode :

$$\underline{mode} \quad \underline{date} = \underline{struct} \; (\underline{ent} \; quantième,$$
$$\underline{chaîne} \; mois,$$
$$\underline{ent} \; année)$$

l'indicateur de mode <u>date</u> (qui est un identificateur souligné) désigne un mode à trois champs : *quantième, mois* et *année* respectivement de mode <u>ent</u>, <u>chaîne</u> et <u>ent</u>.

Citons encore comme exemple :

$$\underline{mode} \; \underline{complexe} = \underline{struct} \; (\underline{réel} \; module, \; \underline{réel} \; argument)$$

module et *argument* sont les sélecteurs des champs réels du mode *complexe*.

Le mode d'un champ peut être aussi un mode structuré.

Exemple :

$$\underline{mode} \; \underline{état \; civil} = \underline{struct} \; (\underline{date} \; date \; de \; naissance,$$
$$\underline{struct} \; (\underline{chaîne} \; ville, \; \underline{ent} \quad code \; postal) \; lieu \; de \; naissance)$$

Exercice 1 : Définir le mode "personne" comprenant les informations suivantes, pouvant elles-mêmes être structurées :
- identité (nom, prénom)
- sexe
- date de naissance

L'<u>identification</u> d'une information composée (souvent appelée elle-même, par abus de langage, une structure) se fait par la déclaration habituelle :

$$\underline{date} \; jour \; j = (6, \; "juin", \; 1944),$$
$$\underline{complexe} \; i = (1, \; 3.1416/2)$$

Dans ces exemples, la valeur est donnée par une collatérale dont les éléments correspondent un à un, dans le même ordre, aux différents champs.

2. Utilisation

L'identificateur s'emploie seul chaque fois que l'on veut traiter l'information globale ; par exemple *imprimer (jour j)* provoque l'impression de +6 JUIN +1944, <u>*complexe*</u> $k = i$ fait désigner par k la valeur désignée par i.

L'accès à un champ d'une structure se fait grâce à l'opérateur de sélection <u>de</u>. Ainsi *module* <u>de</u> *i* vaut *1*, *mois* <u>de</u> *jour j* vaut *"juin"*.

Exercice 2 : Un programme comporte la déclaration de mode suivante :

    mode point = struct (réel abscisse, réel ordonnée)

et la déclaration de deux identificateurs de ce mode, *a* et *b*.

    Ecrire celle de l'identificateur *c* désignant le point symétrique de *a* par rapport à *b*.

6.5. EXEMPLES

1. Déterminer si le triangle formé de trois points A, B et C, est rectangle en C.

    Une solution simple consiste à calculer les distances entre ces points puis, en appliquant le théorème de Pythagore, à déterminer si le triangle ABC est rectangle en C. Le seul résultat que l'on désire obtenir est *vrai* ou *faux*.

    La solution exige trois fois le calcul de la distance de deux points. Il est commode de construire une opération "distance" entre deux points qui, à deux informations de mode *point* associe un résultat de mode *réel*. Cette construction sera précisée au chapitre 8.

    Le programme s'écrit alors :

début
    mode point = struct (réel abscisse, réel ordonnée) ;
    # On suppose avoir défini l'opérateur distance tel que p distance q
    soit la distance entre les deux points p et q. #
    réel a1 = liréréel ; réel a2 = liréréel ; réel b1 = liréréel ;
    réel b2 = liréréel ; réel c1 = liréréel ; réel c2 = liréréel ;
    point a = (a1, a2), b = (b1, b2), c = (c1, c2) ;
    réel ab = a distance b,
        bc = b distance c,
        ca = c distance a ;
    *imprimer (("Il est ",ab**2 = bc**2 + ca**2,*
          "que le triangle de sommets", à la ligne,
          " a = ", a, à la ligne, " b = ", b, à la ligne,
          " c = ", c, à la ligne, "est rectangle en c."))
    fin

Remarque :
    imprimer (3 > 2) provoque l'impression de 1 puisque la valeur de cette expression est *vrai* ; *imprimer (2 = 3)* fait imprimer 0.

Exercice 3 : Ecrire le programme (de même commencement que le précédent) qui calcule et imprime le périmètre et les coordonnées du centre de gravité de ce triangle.

2. Reprenons l'exemple des places d'avion discuté dans le chapitre 1. Réserver une place d'avion revient à établir une relation entre une personne donnée et un vol donné. Supposons qu'une personne soit décrite par son nom, son adresse et son sexe, et qu'un vol le soit par son numéro, sa date et les aéroports de départ et d'arrivée. L'établissement de la relation entre une personne et un vol peut alors s'exprimer par la création d'une structure composée du nom de la personne et de la description du vol. Si l'on représente par un ordre d'impression la mise en mémoire de la réservation, on arrive sans difficultés au programme suivant :

```
début
# Définition des types de données personne, vol, place : #
    mode personne = struct (chaîne nom, adresse adr, bool féminité),
    mode adresse  = chaîne,
    mode vol      = struct (chaîne numéro, date d,
                            aéroport départ, arrivée),
    mode date     = ent    # pour abréger : voir exemple 3 du chap. 3 #,
    mode aéroport = chaîne # tout aéroport est codé par trois lettres #,
    mode place    = struct (chaîne person, vol flight) ;
# Lecture d'une personne et d'un vol donnés : #
    personne p = (chaîne np = lirechaîne ; adresse ap = lirechaîne ;
                  bool sp  = lirebool ; (np, ap, sp)) ;
    vol v      = (chaîne nv = lirechaîne ; date dv = lirent ;
                  aéroport dev = lirechaîne ; aéroport arv = lirechaîne ;
                  (nv, dv, dev, arv)) ;
# Réservation d'une place : #
    place p sur v = (nom de p, v) ;
# Communication de la réservation : #
    imprimer (p sur v)
fin
```

Ce sont des programmes de ce genre qui peuvent causer les malheurs des vacanciers arrivant à un hôtel dont les chambres sont réservées plusieurs fois pour la même période : il n'y a en effet aucun contrôle qu'une réservation n'est faite que s'il reste des places libres !

Notons que *imprimer (p sur v)* provoque l'impression des champs composant la structure *p sur v*, un par un et de gauche à droite.

3. Dans une course internationale, les coureurs peuvent être caractérisés par leur nom, leur pays, et leur performance. La définition du type correspondant à ces infor-

mations peut s'écrire comme suit :

> *mode coureur = struct (chaîne nom, chaîne nationalité, arrivée performance),*
>
> *mode arrivée = struct (durée temps, ent place),*
>
> *mode durée = struct (ent heures, minutes, secondes)*

Un coureur donné peut alors être défini par :

> *coureur poupou = ("Poulidor", "F", ((97, 34, 28),2))*

6.6. RÉSUMÉ

La structure d'une information est décrite par son mode qui peut être nommé par un indicateur de mode.

Cette description comporte la nature (mode) et la désignation (sélecteur) des composantes, ou champs, suivant la forme :

> *mode x = struct (m1 s1, m2 s2,...)*

Les valeurs des structures sont données par des collatérales.

On désigne globalement une information composée par un identificateur tel que *id* on accède à une de ses composantes par la sélection d'un champ , par exemple *s1 de id*.

6.7. PROBLÈMES

1. Définir le mode *cartegrise* sachant que celle-ci comprend les informations suivantes, elles-mêmes structurées :

- date d'immatriculation
- numéro d'immatriculation
- identité (nom, adresse) du propriétaire

On dispose de n cartes grises (n entier donné). Indiquer pour chacune de ces cartes grises la cohérence (vraie ou fausse) entre le département du code postal de l'adresse et le département du numéro d'immatriculation.

2. Donner les définitions de modes correspondant aux deux façons suivantes de définir une date : 770318 ; (18, 3,77). Trouver les schémas des algorithmes de conversion entre ces deux représentations ; lire les données et imprimer les résultats.

6.8. SOLUTION DES EXERCICES

Exercice 1 :

> *mode* *nom* = *struct* (*chaîne* nom, *chaîne* prénom),
> *mode* *date* = *struct* (*ent* qtième, *chaîne* mois, *ent* an) ;
> *mode* *personne* = *struct* (*nom* identité, *bool* féminité, *date* naissance)

Exercice 2 :

> *point* c = (2 * abscisse *de* b − abscisse *de* a, 2 * ordonnée *de* b − ordonnée *de* a)

Exercice 3 : Remplacer à partir de "imprimer" par :

> *imprimer* (("le triangle de sommets", a,b,c, à la ligne,
> "a pour périmètre", ab+bc+ca, à la ligne,
> "et pour centre de gravité, le point",
> (abscisse *de* a + abscisse *de* b + abscisse *de* c)/3,
> (ordonnée *de* a + ordonnée *de* b + ordonnée *de* c)/3))

## CHAPITRE 7

COMPOSITION CONDITIONNELLE

7.1. BUTS

Dans les différents types de composition d'algorithmes introduits jusqu'à présent, toutes les solutions des divers sous-problèmes doivent être exécutées. Nous nous intéressons, ici, à une autre catégorie de problèmes pour lesquels, selon les valeurs prises par une partie des données initiales, la solution du problème de départ est la solution d'un seul des sous-problèmes obtenus par décomposition.

La composition conditionnelle permet de construire l'algorithme de résolution d'un tel problème "conditionnel" en spécifiant, selon les valeurs de certaines conditions, quel est le sous-algorithme qui doit être exécuté.

7.2. ILLUSTRATIONS

1. Le problème du choix d'un vêtement se pose chaque fois que nous sortons : limitons l'état du temps à trois possibilités : "froid", "pluvieux", "doux" et convenons que les seules solutions sont "mettre un manteau", "mettre un imperméable", "rester en chemise". La résolution du problème peut s'exprimer par :

 - mettre un manteau, si le temps est froid
 - mettre un imperméable, si le temps est doux et pluvieux
 - rester en chemise, si le temps est doux et non pluvieux

Ce problème a comme donnée l'état du temps. Toutefois, comme souvent dans les problèmes humains, il peut se glisser ici des incertitudes : "le temps est à moitié pluvieux", "l'orage menace",...

En informatique, nous devons exclure ces incertitudes, c'est-à-dire qu'aux questions comme "le temps est-il pluvieux ?" nous devons pouvoir répondre par "oui" ou par "non".

2. Proposons-nous de définir le résultat final obtenu par un étudiant à un examen, sachant que celui-ci comporte un écrit et un oral notés sur 20 et que pour être reçu il faut obtenir une moyenne générale de 10/20 sans que la note d'écrit soit inférieure à 8. Supposons de plus qu'un étudiant admis avec une moyenne supérieure ou égale à 12 bénéficie d'une mention.

Ce problème se décompose en les sous-problèmes suivants :

- *calcul de la moyenne* (que nous n'explicitons pas)
- *calcul du résultat*

Un examen attentif du problème permet de distinguer les trois résultats possibles : *éliminé, reçu sans mention, reçu avec mention* qui dépendent des valeurs de la moyenne m et la note d'écrit e. Pour m trois cas sont possibles (selon la position de m par rapport à 10 et 12), pour e deux cas sont à envisager (e < 8, e ≥ 8). Regroupons ces différents cas dans un tableau :

	$0 \le m < 10$	$10 \le m < 12$	$12 \le m \le 20$
$0 \le e < 8$	éliminé	éliminé	éliminé
$8 \le e \le 20$	éliminé	reçu sans mention	reçu avec mention

En regroupant les cas conduisant au même résultat, la solution peut s'exprimer :

- éliminé si écrit < 8 <u>ou</u> moyenne < 10
- reçu sans mention si 8 ≤ écrit <u>et</u> 10 ≤ moyenne <u>et</u> moyenne < 12
- reçu avec mention si 8 ≤ écrit <u>et</u> 12 ≤ moyenne.

Certains problèmes, par exemple en gestion, conduisent à des conditions assez compliquées : ces conditions sont décrites de façon systématique par des tableaux appelés tables de décision.

7.3. LOGIQUE

Un problème conditionnel P est un problème dont la solution se ramène à la solution d'un des sous-problèmes $P_1,...,P_n$ régis par des conditions $C_1,...,C_n$ (si C_i est vrai, résoudre P revient à résoudre P_i).

Il est fortement recommandé que le problème P se ramène dans tous les cas à l'un des P_i, c'est-à-dire que l'une des C_i au moins soit vraie. Ceci s'exprime encore par la règle logique :

C_1 <u>ou</u> C_2 <u>ou</u> ... <u>ou</u> C_i ... <u>ou</u> C_n = <u>vrai</u>

que l'on note
$$\bigcup_i C_i = \underline{vrai}$$

Il est également commode de supposer que dans tous les cas P se ramène au plus à l'un des P_i, c'est-à-dire que les conditions s'excluent mutuellement deux à deux ; ce que l'on peut exprimer par :

$(\forall i, j) (i \ne j \Rightarrow C_i$ <u>et</u> $C_j = \underline{faux})$

La démarche d'analyse consiste alors à déterminer des sous-problèmes et les conditions associées en vérifiant que pour toutes les données il y a toujours au moins une, et une seule, condition vraie.

Les relations portant sur les conditions initiales et finales sont faciles à établir :

$$INIT(P) \text{ et } C_i \implies INIT(Pi)$$
$$FINAL(Pi) \implies FINAL(P)$$

7.4. TECHNIQUE

1. Conditionnelle

Soit un problème P régi par deux conditions C_1 et C_2 contrôlant l'exécution respective de P_1 et P_2, les deux conditions s'excluant mutuellement, on a $C_2 = \text{non } C_1$. Si C_1 est déterminée, C_2 le devient aussi, ce qui permet de rendre C_2 implicite et d'écrire la conditionnelle :

si C_1 *alors* P_1 *sinon* P_2 *fsi*

La conditionnelle est une nouvelle structure de contrôle définissant des domaines d'existence correspondant aux parenthésages suivants :

si C_1 *alors* P_1 *sinon* ≠ *non* C_1 ≠ P_2 *fsi*

C_1, P_1 et P_2 sont des séries. L'évaluation de C_1 fournit toujours un résultat de mode booléen.

Cas particulier : dans le cas (assez fréquent) où un sous-problème P_1 doit être résolu seulement si une condition est vérifiée, on écrit :

si C_1 *alors* P_1 *fsi*

De manière plus générale, si un problème P se décompose en ensemble de sous-problèmes P_1, P_2,...,P_n contrôlés respectivement par C_1, C_2,...,C_n, qui vérifient les conditions logiques 7.3 alors le problème prend la forme :

si C_1 *alors* P_1
    sinon si C_2 *alors* P_2
       . . .
         si C_{n-1}*alors* P_{n-1}
           sinon si C_n *alors* P_n *fsi*
        fsi
    . . .
    fsi
fsi

En pratique $\underline{si}$ C_n $\underline{alors}$ P_n $\underline{fsi}$ est généralement remplacé par P_n

Lorsque $\underline{sinon}$ $\underline{si}$ d'une part, et les deux $\underline{fsi}$ correspondants d'autre part, se suivent immédiatement, on peut condenser par $\underline{sinsi}$ et retirer un $\underline{fsi}$. Cette règle peut s'appliquer plusieurs fois :

$\underline{si}$ C_1 $\underline{alors}$ P_1
  $\underline{sinsi}$ C_2 $\underline{alors}$ P_2
  $\vdots$
  $\underline{sinsi}$ C_{n-1} $\underline{alors}$ P_{n-1}
  $\underline{sinsi}$ C_n $\underline{alors}$ P_n
$\underline{fsi}$

Exemple : En utilisant l'analyse développée dans le paragraphe 7.2 , on construit directement un programme éditant les résultats d'examen d'un étudiant.

$\underline{début}$
  $\not\!\!\#$ *Lecture des deux notes :* $\not\!\!\#$
  $\underline{ent}$ *écrit = lirent ;* $\underline{ent}$ *oral = lirent ;*
  $\not\!\!\#$ *Calcul de la moyenne :* $\not\!\!\#$
  $\underline{réel}$ *moyenne = (écrit + oral)/2 ;*
  $\not\!\!\#$ *Impression du résultat selon les cas analysés :* $\not\!\!\#$
  $\underline{si}$ *écrit < 8* $\underline{ou}$ *moyenne < 10* $\underline{alors}$ *imprimer ("éliminé")*
  $\underline{sinsi}$ *8 ≤ écrit* $\underline{et}$ *10 ≤ moyenne* $\underline{et}$ *moyenne < 12*
                          $\underline{alors}$ *imprimer ("reçu sans mention")*
  $\underline{sinsi}$ *8 ≤ écrit* $\underline{et}$ *12 ≤ moyenne* $\underline{alors}$ *imprimer ("reçu avec mention")*
  $\underline{fsi}$
$\underline{fin}$

Exercice 1 : Simplifier les conditions dans la conditionnelle de l'exemple ci-dessus, compte tenu de l'ordre strictement séquentiel des tests requis par les $\underline{sinsi}$ successifs. Localiser au maximum le choix entre l'impression de *"sans"* ou de *"avec"*. Le programme résultat utilise seulement deux conditionnelles de la forme $\underline{si}$ ... $\underline{alors}$... $\underline{sinon}$... $\underline{fsi}$.

Dans le cas où tous les C_i sont de la forme Q = i, Q de mode entier et i prenant toutes les valeurs entre 1 et n, c'est-à-dire :

$\underline{si}$ $Q = 1$ $\underline{alors}$ P_1
  $\underline{sinsi}$ $Q = 2$ $\underline{alors}$ P_2
  $\vdots$
  $\underline{sinsi}$ $Q = n$ $\underline{alors}$ P_n
$\underline{fsi}$

On peut écrire cette conditionnelle sous la forme d'un "aiguillage", à condition que les P_i soient des phrases (ce qu'on peut obtenir par des parenthèses).

cas Q *dans* P_1,
$\qquad\qquad P_2$,
$\qquad\qquad \vdots$
$\qquad\qquad P_{n-1}$,
$\qquad\qquad P_n$.
fcas

Plus généralement, si Q peut prendre des valeurs hors de l'intervalle [1,n] on définit un traitement P_{n+1} à effectuer dans ces cas-là en écrivant :

cas Q *dans* $P_1,\ldots,P_n$
$\qquad$ *autrement* P_{n+1}
fcas

Exercice 2 : Exprimer la dernière construction en explicitant chaque condition.

Exemple :

Imprimer, si cela est possible, le libellé d'un jour de la semaine, selon une donnée lue. Cette donnée est supposée représenter le rang d'un jour dans la semaine (en commençant par lundi) :

début
$\quad$ *ent* jour = *lirent* ;
$\quad$ *cas* jour *dans* imprimer ("lundi"),
$\qquad\qquad\qquad\qquad$ imprimer ("mardi"),
$\qquad\qquad\qquad\qquad$ imprimer ("mercredi"),
$\qquad\qquad\qquad\qquad$ imprimer ("jeudi"),
$\qquad\qquad\qquad\qquad$ imprimer ("vendredi"),
$\qquad\qquad\qquad\qquad$ imprimer ("samedi"),
$\qquad\qquad\qquad\qquad$ imprimer ("dimanche")
$\qquad$ *autrement* imprimer ("erreur")
$\quad$ *fcas*
fin

2. Résultat d'une conditionnelle

Lorsque l'évaluation d'une conditionnelle

si C *alors* P_1 *sinon* P_2 *fsi*

délivre un résultat, celui-ci est fourni suivant la valeur de la condition par l'exécution de P_1 ou de P_2. Les deux résultats possibles ont donc un mode commun qui détermine le mode de la conditionnelle.

Ainsi les lignes qui suivent les déclarations dans le programme éditant les résultats d'examen peuvent prendre une forme plus concise dans laquelle la conditionnelle est de mode *chaîne*.

imprimer (si moyenne < 10 ou écrit < 8
    alors "éliminé"
    sinsi moyenne ≥ 12
        alors "reçu avec mention"
        sinon "reçu sans mention"
fsi)

La conditionnelle *si* C *alors* P_1 *fsi* ne délivre pas de résultat si la condition est fausse. Il ne faut donc pas l'utiliser lorsqu'un résultat est attendu.

De manière analogue le résultat de l'aiguillage

cas Q *dans* $P_1, \ldots, P_n$ *autrement* P_{n+1} *fcas*

est celui de P_i si Q = i et $1 \le i \le n$, sinon c'est celui de P_{n+1}. Le mode commun des P_i détermine le mode de l'aiguillage.

Exercice 3 : Réécrire le programme imprimant le libellé d'un jour de la semaine en utilisant une seule commande d'impression.

7.5. EXEMPLES

1. Maximum de deux nombres

Le programme s'écrit :

début
    ent a = lirent ; ent b = lirent ;
    imprimer (("le maximum de ",a," et de ",b," est",
        si a ≥ b alors a sinon b fsi))
fin

2. Maximum de quatre nombres

On peut généraliser l'exemple précédent à quatre nombres, en remarquant que le maximum des quatre nombres est aussi le maximum de deux couples distincts de ces nombres :

début
    ent a = lirent ; ent b = lirent ; ent c = lirent ; ent d = lirent ;
    ent m1 = si a ≥ b alors a sinon b fsi,
        m2 = si c ≥ d alors c sinon d fsi ;

imprimer (("le maximum de",a,",",b,",",c," et ",d," est :",
si m1 ≥ m2 alors m1 sinon m2 fsi))
fin

3. Résolution d'une équation du second degré

La donnée de ce problème est un triplet de nombres réels a, b, c supposés être les coefficients de l'équation $ax^2 + bx + c = 0$.

Avant d'entreprendre la résolution proprement dite, le programme doit vérifier que le triplet considéré constitue bien les coefficients d'une équation du second degré, au sens strict, c'est-à-dire que le premier nombre n'est pas nul. Sinon l'équation est dégénérée et doit être traitée comme une équation du premier degré.

Si l'équation est vraiment du deuxième degré, il faut distinguer si les racines sont réelles ou complexes, selon le signe du discriminant.

En exprimant cette analyse en termes de conditions initiales et finales, nous trouvons :

INIT(P) : a, b, c réels
FINAL(P) : valeurs imprimées = résultats de la résolution

Conditions C	Conditions finales
a = 0 et b = 0 et c = 0	"équation indéterminée"
a = 0 et b = 0 et c ≠ 0	"équation impossible"
a = 0 et b ≠ 0	x = - c/b
a ≠ 0 et $b^2 - 4ac \geq 0$	$x_1 = \dfrac{-b + \sqrt{b^2 - 4ac}}{2a}$ $x_2 = \dfrac{-b - \sqrt{b^2 - 4ac}}{2a}$
a ≠ 0 et $b^2 - 4ac < 0$	$x_1 = \dfrac{-b}{2a} + \dfrac{i\sqrt{-(b^2 - 4ac)}}{2a}$ $x_2 = \dfrac{-b}{2a} - \dfrac{i\sqrt{-(b^2 - 4ac)}}{2a}$

Les 5 conditions sont bien toutes exclusives et recouvrent bien toutes les possibilités pour a, b, c : en effet, a = 0 et ((b = 0 et (c = 0 ou c ≠ 0)) ou b ≠ 0) ou a ≠ 0 est toujours vrai.

L'analyse ci-dessus conduit directement au programme suivant :

début
 # Lecture des coefficients et impression du titre : #
    réel a = lireréel ; réel b = lireréel ; réel c = lireréel ;
    imprimer (("La résolution de l'équation : ",a,"x2",b,"x",c, à la ligne));
 # Calcul auxiliaire du discriminant : #
    *réel delta = b * b - 4 * a * c ;*
 # Impression du résultat selon les cas : #
    si a = 0 et b = 0 et c = 0 alors imprimer ("est indéterminée")
    sinsi a = 0 et b = 0 et c ≠ 0 alors imprimer ("est impossible")
    sinsi a = 0 et b ≠ 0   alors imprimer (("se réduit à une équation
                                          linéaire de racine :",- c/b))
    sinsi a ≠ 0 et delta ≥ 0 alors imprimer (("donne 2 racines réelles :",
                                  *(-b + rac2(delta))/(2 * a),*
                                  *(-b - rac2(delta))/(2 * a)))*
    sinsi a ≠ 0 et delta < 0 alors mode complexe = struct (réel r, réel i) ;
                    *complexe r1 = (-b/(2*a), rac2 (-delta)/(2*a)),*
                            *r2 = (-b/(2*a),-rac2 (-delta)/(2*a)) ;*
                    imprimer (("donne 2 racines complexes:",r1,r2))
    fsi
fin

Exercice 4 : Modifier le programme de l'exemple ci-dessus de façon à :

- simplifier les conditions des *sinsi* en tenant compte de l'ordre séquentiel de leur évaluation
- ne calculer qu'une seule fois *rac2(delta)* ou *rac2(-delta)* et une seule fois *-b/(2*a)* ; utiliser l'opérateur standard *abs* s'il y a lieu
- ne pas définir d'identificateurs auxiliaires avant que ce ne soit nécessaire.

7.6. Résumé

Un problème conditionnel est un problème de choix entre plusieurs sous-problèmes, chaque sous-problème est régi par une condition C_i. Toutes les possibilités doivent être envisagées. D'autre part, tous les cas doivent s'exclure mutuellement, ce qui évite la duplication de sous-problèmes.

Les deux constructions correspondantes sont :

Conditionnelle : $\underline{si}$ C $\underline{alors}$ P_1 $\underline{sinon}$ P_2 $\underline{fsi}$
Aiguillage : $\underline{cas}$ Q $\underline{dans}$ P_1, P_2,..., P_n $\underline{autrement}$ P_{n+1} $\underline{fcas}$

On peut éventuellement ne pas avoir de parties $\underline{sinon}$ ou $\underline{autrement}$.

Lorsqu'un $\underline{si}$ suit un $\underline{sinon}$ on peut abréger l'écriture :

$\underline{si}$ C_1 $\underline{alors}$ P_1 $\underline{sinon}$ $\underline{si}$ C_2 $\underline{alors}$ P_2 $\underline{sinon}$ P_3 $\underline{fsi}$ $\underline{fsi}$

devient :

$\underline{si}$ C_1 $\underline{alors}$ P_1 $\underline{sinsi}$ C_2 $\underline{alors}$ P_2 $\underline{sinon}$ P_3 $\underline{fsi}$

Soit P une conditionnelle de conditions C_i et de branches P_i. Pour chaque i, la condition initiale de P et la condition C_i entraînent la condition initiale de P_i, et la condition finale de P_i entraîne celle de P.

7.7. PROBLÈME

Calcul du lendemain : chaque date est représentée par trois entiers repérant dans l'ordre, le quantième du jour dans le mois, le numéro du mois, l'année.

Nous supposerons que le problème ne concerne que les années de 365 jours. On écrira un programme qui, après avoir accédé à une date, calcule la date suivante.

On remarque que la longueur d'un mois peut être délivrée par un aiguillage.

7.8. SOLUTION DES EXERCICES

Exercice 1 :

```
début
    ent écrit = lirent ; ent oral = lirent ;
    réel moyenne = (écrit + oral)/2 ;
    si écrit < 8 ou moyenne < 10
      alors imprimer ("éliminé")
      sinon ## moyenne ≥ 10 et écrit ≥ 8 ##
        imprimer ("reçu "+
                si moyenne < 12
                  alors "sans"
                  sinon "avec"
                fsi +" mention")
    fsi
fin
```

Exercice 2 :

    si Q = 1 *alors* P$_1$
    sinsi Q = 2 *alors* P$_2$
       ⋮
       ⋮
    sinsi Q = n *alors* P$_n$
      sinon P$_{n+1}$
  fsi

Exercice 3 :

    Chaque sous-problème est du type imprimer une chaîne ; d'une manière générale, à un aiguillage est attribué un résultat. Il suffit de construire un aiguillage à résultat chaîne.

    Le programme s'écrit alors :

    début
       ent jour = lirent ;
     imprimer (*cas* jour *dans* "lundi",
                         "mardi",
                         "mercredi",
                         "jeudi",
                         "vendredi",
                         "samedi",
                         "dimanche"
               autrement "erreur"
          fcas)
  fin

Exercice 4 :

    début *réel* a = lireréel ; *réel* b = lireréel ; *réel* c = lireréel ;
       imprimer (("la résolution de l'équation:" ,a, "x2" ,b, "x" ,c, àlaligne)) ;
      si a = 0 *alors*
              si b = 0 *alors* *si* c = 0 *alors* imprimer ("est indéterminée")
                                    sinon imprimer ("est impossible")
                    fsi
              sinon imprimer (("se réduit à une équation de degré 1,
                              de racine :",-c/b))
         fsi
      sinon *si* *réel* delta = b*b-4*a*c, p = -b/(2*a) ;
         réel d = rac2 (*abs* delta)/(2*a) ;

    delta ≥ 0
    <u>alors</u> imprimer (("donne 2 racines réelles", p+d, p-d))
    <u>sinon</u> <u>mode</u> <u>complexe</u> = <u>struct</u> (<u>réel</u> r, <u>réel</u> i) ;
        <u>complexe</u> r1 = (p,d), r2 = (p,-d) ;
        imprimer (("donne 2 racines complexes", r1, r2))
    <u>fsi</u>
  <u>fsi</u>
<u>fin</u>

L'utilisation de l'opérateur standard <u>*abs*</u> qui donne la valeur absolue permet de calculer *d* quel que soit le signe de *delta*.

Remarquons que si cette nouvelle version du programme diminue le nombre de calculs, elle ne facilite pas la lecture du programme.

## CHAPITRE 8

PROCÉDURES

8.1. BUTS

Dans les chapitres précédents il nous est arrivé fréquemment de nommer les différents sous-problèmes obtenus lors d'une analyse ("calcul d'une paie", "calcul du salaire brut","placer l'arbre dans le trou", etc...), ce qui permettait de disjoindre l'utilisation d'un algorithme de sa construction. La notion de fonction standard relève également de la même idée ; ainsi écrire $ln(2.5)$ revient à calculer une valeur approchée du logarithme népérien de 2,5) sans qu'il soit nécessaire d'en préciser l'algorithme de calcul. C'est également une habitude de la vie courante qui consiste à nommer un ensemble d'actions pour éviter de le redécrire explicitement chaque fois qu'on y fait référence (prendre de l'essence, faire une vinaigrette,...).

Au chapitre 3, nous avons vu l'intérêt de travailler sur un identificateur plutôt que sur l'objet qu'il désigne ; nous nous intéressons ici à la notion de procédure qui donne au programmeur le moyen d'utiliser des identificateurs désignant une suite d'instructions. De plus, une telle suite agissant sur des données (que nous appellerons paramètres) et fournissant un résultat, il est normal de préciser ces objets dans la déclaration de procédure.

Une telle association "identificateur-suite d'instructions-paramètres-résultat" est un outil remarquablement puissant pour la conception d'un algorithme :

- l'analyse d'un problème se décompose en général en l'analyse de sous-problèmes disjoints qui sont caractérisés par des conditions portant sur leurs données et par la relation existant entre données et résultats (voir le calcul du volume du cylindre et celui du volume de la calotte sphérique). On est conduit à traiter indépendamment chaque sous-problème (qui peut d'ailleurs se décomposer à son tour en sous-sous-problèmes qui ...) par un algorithme que l'on peut représenter par une procédure. Une telle démarche permet en particulier d'utiliser plusieurs personnes pour résoudre un gros problème découpé en sous-problèmes correctement définis.

- Lors de la résolution d'un problème, il arrive que l'on constate la nécessité de résoudre plusieurs fois un même sous-problème (avec éventuellement quelques variantes sur les données) ce qui conduit naturellement à introduire une procédure spécifique. Cette démarche est fondamentale : non seulement on gagne de la place en n'écrivant qu'une seule fois un texte utilisable à plusieurs endroits, mais on économise également le temps d'analyse en constatant que plusieurs problèmes peuvent se résoudre de la même manière.

Un cas particulier important d'analyse est celui où apparaît, lors de la décomposition du problème, un sous-problème qui se ramène au problème initial mais appliqué à des données plus "simples" (ce qui évite un cercle vicieux). La notion de procédure permet d'écrire l'algorithme obtenu par une telle analyse. Le chapitre 9 sera consacré à cet important type de problème.

8.2. ILLUSTRATIONS

1. Le fastidieux travail des copistes du Moyen-Age disparut lors de l'invention de l'imprimerie. Les photocopieuses permettent maintenant de résoudre de "nombreuses fois" le sous-problème "reproduction de documents". Par exemple, la photocopieuse "Super Dupe 007" du service d'état civil de la mairie de Prélenfrey apparaît comme une procédure à la disposition des employés : pour utiliser cet appareil, il suffit de préciser :
- le document à photocopier (en le plaçant sur la machine)
- le nombre de photocopies (en tournant le bouton ad hoc),
mais l'utilisateur n'a pas à connaître le fonctionnement interne de la machine puisque ce fonctionnement est complètement autonome : seul un mode d'emploi est nécessaire ; ce mode d'emploi précise la façon d'introduire le "document" et le "nombre de copies" qui sont les paramètres ; il indique aussi les propriétés des copies obtenues qui forment le résultat. Notons enfin, qu'en principe, il est possible d'utiliser l'appareil autant de fois que l'on veut avec des paramètres différents.

2. Nous avons présenté au chapitre 1 une procédure dont l'objet est de calculer à partir de deux notes trimestrielles, la note minimale qui permet d'obtenir la moyenne sur l'année. Ici le "mode d'emploi" doit spécifier, d'une part les conditions sur les paramètres (les deux notes t_1 et t_2):

$$0 \le t_1 \le 20 \quad \text{et} \quad 0 \le t_2 \le 20$$

et d'autre part, la condition sur le résultat notemin : notemin est le plus petit entier tel que :

$$\frac{t_1 + t_2 + 3 \times \text{notemin}}{5} \ge 10$$

Ces conditions, qui ne préjugent en rien de la façon dont la note minimale sera calculée, suffisent à l'utilisateur.

8.3. LOGIQUE

1. Généralités

Spécifier une procédure revient à préciser :
- la condition d'entrée portant sur les paramètres
- la condition de sortie portant sur les paramètres et le résultat.

Proposons-nous par exemple de caractériser une procédure *max* qui calcule le maximum de deux nombres réels x_1 et x_2 :

condition d'entrée : x_1, x_2 sont des réels
condition de sortie : x_1 , x_2 sont des réels <u>et</u> ($r = x_1$ <u>ou</u> $r = x_2$)
<u>et</u> $x_1 \leq r$ <u>et</u> $x_2 \leq r$

Déterminer les spécifications d'une procédure ne suffit pas pour la <u>construire</u>, il faut de plus :
- décrire le texte d'un algorithme correspondant aux spécifications et lui associer un identificateur p qui permet de désigner la procédure dans un programme,
- préciser conjointement les liens avec "l'extérieur". De façon analogue aux fonctionsen mathématiques, une procédure s'applique à des <u>paramètres</u> (valeurs obtenues par des calculs antérieurs et transmises à la procédure) et fournit des <u>résultats</u> (valeurs transmises à la suite du programme après exécution de la procédure). Dans la suite de ce paragraphe, nous noterons x les paramètres et r les résultats. Lorsqu'il y a plusieurs paramètres et plusieurs résultats, x et r sont des vecteurs :

$$x = (x_1, \ldots, x_n) \; ; \; r = (r_1, \ldots, r_m)$$

Une telle définition s'appelle une <u>déclaration de procédure</u> (paragraphe 2).

Il faut également préciser l'utilisation d'une procédure : l'<u>appel</u> de la procédure (désignée par) p pour le paramètre x et le résultat r est l'exécution effective de la suite d'instructions, désignée par p, qui permet de construire r à partir de x. Nous le notons provisoirement : appel (p, x, r) (paragraphe 3). Remarquons la similitude entre procédure et programme : les différences essentielles portent sur les mécanismes de communication avec l'extérieur:

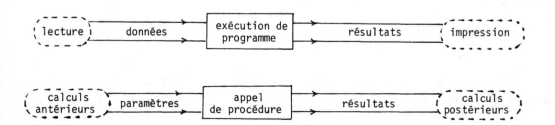

2. Définition d'une procédure

Prenons l'exemple de la photocopieuse. Le fabricant peut spécifier la condition d'entrée par :

- le document à reproduire doit se trouver sur une feuille dont les dimensions sont inférieures ou égales à 21 x 29,7
- le nombre de copies que l'on peut obtenir en une activation est compris entre 1 et 25

et la condition de sortie par :

- le résultat d'un appel est le nombre souhaité de duplicata du document initial.

En abrégé, si x_1 est le document à reproduire, x_2 le nombre de copies souhaitées et r le résultat, ces conditions notées CE et CS s'écrivent :

$CE(p,(x_1,x_2))$: x_1 est une feuille de format au plus égal à 21 x 29,7 et $1 \leq x_2 \leq 25$
$CS(p,(x_1,x_2),r)$: r est formé de x_2 duplicata de x_1

Plus généralement, une spécification de procédure est formée de deux conditions $CE(p,x)$ et $CS(p,x,r)$.

CE et CS ont donc vis-à-vis des procédures un rôle analogue aux conditions $INIT(P)$ et $FINAL(P)$ qui permettent de caractériser un morceau de programme P.

Reprenons l'exemple du calcul du maximum de deux nombres :

$CE (max, (x_1, x_2))$: x_1, x_2 sont des réels
$CS (max, (x_1, x_2), r)$: $(r = x_1$ $\underline{ou}$ $r = x_2)$ $\underline{et}$ $x_1 \leq r$ $\underline{et}$ $x_2 \leq r$

La condition de sortie peut encore s'écrire :

$CS (max, (x_1, x_2), r)$: $(x_2 \leq x_1$ $\underline{et}$ $r = x_1)$ $\underline{ou}$ $(x_1 \leq x_2$ $\underline{et}$ $r = x_2)$

dont on peut déduire le texte de la procédure:

$$T \begin{cases} r = \underline{si} \ x2 \leq x1 \ \underline{alors} \ x1 \\ \quad \underline{sinsi} \ x1 \leq x2 \ \underline{alors} \ x2 \ \underline{fsi} \end{cases}$$

ce qui se transforme en :

$$\underline{si} \ x2 \leq x1 \ \underline{alors} \ x1 \ \underline{sinon} \ x2 \ \underline{fsi}$$

Il est évident que T fournit bien le résultat souhaité : on dit encore que T est correct par rapport à $CE (max, (x_1, x_2))$ et $CS (max, (x_1, x_2), r)$.

<u>Exercice 1</u> : Donner des spécifications CE et CS pour des procédures qui calculent :

- le plus grand commun diviseur de deux entiers
- le plus petit commun multiple de deux entiers
- les racines (réelles ou complexes selon les cas) d'une équation du second degré.

3. Appel d'une procédure

Lors de la définition d'une procédure, la désignation des paramètres et résultats
sert à exprimer le passage des conditions initiales aux conditions finales : on dit
alors que ces paramètres et résultats sont formels.

L'utilisation d'une procédure porte au contraire sur des valeurs déjà calculées :
nous dirons que paramètres et résultats utilisés dans un appel sont effectifs. L'appel
d'une procédure p consiste à exécuter l'algorithme désigné par p en considérant que les
paramètres et résultats formels (x, r) de la définition sont remplacés par les paramètres et résultats effectifs (e, v) de l'appel.

Revenons sur l'exemple de la photocopieuse :
- la première page manuscrite de l'Offrande Musicale de J.S. Bach ,
- le nombre 12

peuvent être des paramètres effectifs, le résultat effectif étant formé de 12 duplicata de cette page.

De même, si *336/107* et *3.1416* sont des paramètres effectifs de la procédure *max*,
le résultat effectif est *3.1416*.

Un appel de procédure est une phrase comme une autre ; il est donc caractérisé
par des conditions de début et de fin :
- au début de l'appel, les paramètres effectifs doivent vérifier les conditions
  d'entrée :
  INIT (appel (p, e,v)) $\equiv$ CE (p,e)
- à la fin de l'appel, les conditions de sortie sont vérifiées:
  FINAL (appel (p, e,v)) $\Rightarrow$ CS (p, e, v)

Exercice 2 :

1. Les appels suivants des procédures de l'exercice 1 ont-ils un sens ?
   - pgcd (35, 105)
   - pgcd (3.5, 42)
   - ppcm (27, 12)

2. Dans chaque cas où l'appel est défini, donner les conditions de fin qui s'y rapportent.

4. Appel et collatéralité

Les paramètres effectifs d'un appel, de manière analogue aux opérandes d'une
opération, sont calculés de façon collatérale.

Exemple :
   appel (max, (3+8x2), 9/2/2+3), v) s'exécute par :

(a) évaluation collatérale de tous les paramètres effectifs

(b) calcul du maximum des résultats précédents

Il est bien clair cependant que les phases (a) et (b) doivent être exécutées dans cet ordre. En particulier, il est possible de composer des appels de procédure de façon analogue à la notation de la composition des fonctions en mathématiques. Par exemple, pour déterminer le maximum du sinus de 3,14 et du cosinus de 2,25, on peut écrire l'appel de procédure :

appel (max, sin (3,14), cos (2,25), v).

Une telle composition correspond à une évaluation commençant par les appels de procédure les plus internes.

8.4. TECHNIQUE

1. Définition d'une procédure

Reprenons l'exemple du calcul du maximum de deux nombres ; ce problème simple est résolu par le programme suivant qui imprime le maximum de deux nombres lus :

> *début*
>   *réel x1 = lireréel ; réel x2 = lireréel ;*
>   *réel r = si x2 ≤ x1 alors x1 sinon x2 fsi ;*
>   *imprimer (r)*
> *fin*

Il est aussi possible d'écrire une procédure *max* très similaire à ce programme, deux différences concernent alors les transmissions d'information :

- les paramètres, contrairement aux données, ne sont pas lus mais spécifiés en tête de la procédure
- le résultat n'est pas imprimé mais peut être utilisé dans la suite du programme appelant.

Pour simplifier les notations et revenir aux habitudes d'écriture, la valeur obtenue par l'appel p(e) sera le résultat de la procédure. On écrit la déclaration de *max* sous la forme :

> *proc max = (réel x1, réel x2) réel : si x1 ≥ x2 alors x1 sinon x2 fsi*

La déclaration d'une procédure à deux paramètres se présente de la façon suivante :

$$\underline{proc}\ p\ =\ (\underline{m1}\ x1,\ \underline{m2}\ x2)\ \underline{m}\ :\ \mathcal{F}$$

où p est l'identificateur de la procédure.

$x1,x2$ sont des identificateurs désignant les paramètres formels (de modes respectifs $\underline{m1},\underline{m2}$)

$\underline{m}$ est le mode du résultat

$\mathcal{F}$ est le corps de la procédure qui fournit un résultat de mode $\underline{m}$; il doit se terminer par la définition du résultat.

Si $\mathcal{F}$ est la composition séquentielle de plusieurs phrases (série), on doit parenthéser le texte par $\underline{début}\ \underline{fin}$ ou $($ et $)$ afin de constituer un bloc (cf. § 3.4).

Remarques :

La déclaration de procédure précédente est une forme abrégée de déclaration d'identité (cf. chapitre 3). Il peut être opportun de considérer une procédure comme une autre sorte de valeur que l'on peut manipuler dans un programme. Ceci est nécessaire, par exemple, lorsqu'on souhaite considérer les procédures comme paramètres d'autres procédures : par exemple, une procédure d'intégration peut admettre pour paramètres une procédure (la fonction à intégrer) et deux réels qui sont les bornes du domaine considéré.

Une procédure étant une valeur, elle appartient à un nouveau mode : le mode procédure. En fait, il faut distinguer plusieurs modes procédure selon les modes des paramètres et du résultat. Ainsi le mode de la procédure max est $\underline{proc}\ (\underline{réel},\ \underline{réel})\ \underline{réel}$; le mode de la procédure p ci-dessus est $\underline{proc}\ (\underline{m1},\ \underline{m2})\ \underline{m}$.

La déclaration de procédure p peut donc s'écrire :

$$\underline{proc}\ (\underline{m1},\ \underline{m2})\ \underline{m}\ p\ =\ (\underline{m1}\ x1,\ \underline{m2}\ x2)\ \underline{m}\ :\ \mathcal{F}$$

qui est la forme habituelle d'une déclaration d'identité. Il est heureux que l'on s'autorise à utiliser la forme abrégée que nous avons présentée auparavant.

Dans la partie logique, nous avions supposé qu'une procédure pouvait avoir plusieurs résultats : cela reste possible car le mode $\underline{m}$ peut être un mode structuré dont les différents champs représentent les différents résultats.

Par contre, il n'est pas obligatoire qu'une procédure fournisse un résultat ; c'est le cas, par exemple, de procédures de mise en page. On convient que de telles procédures ont un "résultat" de mode $\underline{neutre}$. Définissons, par exemple, une procédure $saut$ qui provoque des sauts de ligne sur l'imprimante :

$$\underline{proc}\ saut\ =\ (\underline{ent}\ n)\ \underline{neutre}\ :$$
$$\underline{jusqu'à}\ n\ \underline{faire}\ imprimer\ (à\ la\ ligne)\ \underline{fait}$$

L'appel $saut(4)$ déclenche un saut de 4 lignes sur l'imprimante.

<u>Exercice 3</u> : Ecrire la déclaration d'une procédure résolvant un système de deux équations à 2 inconnues ; dans le cas d'indétermination ou d'impossibilité, le résultat est (0,0) et on imprime un libellé.

2. Appel

L'appel de la procédure p définie en 1. s'écrit :

$$p \ (\mathcal{E}_1, \ \mathcal{E}_2)$$

. $\mathcal{E}_1$, $\mathcal{E}_2$ sont des expressions jouant le rôle de paramètres effectifs
. la valeur de $p(\mathcal{E}_1, \ \mathcal{E}_2)$ est le résultat (de mode $\underline{m}$) de la procédure ; on retrouve ainsi les notations habituelles des fonctions.

L'effet d'un tel appel est d'exécuter la suite d'instructions désignée par p en supposant que $x1$ et $x2$ sont les valeurs délivrées par les évaluations de $\mathcal{E}_1$, $\mathcal{E}_2$; $p(\mathcal{E}_1, \mathcal{E}_2)$ représente la valeur obtenue à l'issue de ce calcul.

Plus précisément, on peut comprendre cet appel comme étant en gros la substitution à $p(\mathcal{E}_1, \ \mathcal{E}_2)$ du bloc :

$$\underline{début} \ \underline{m1} \ x1 = \mathcal{E}_1, \ \underline{m2} \ x2 = \mathcal{E}_2 \ ; \mathcal{F} \ \underline{fin}$$

suivie de son exécution.

Les règles d'écriture de déclarations et d'appels de procédures que nous avons présentées avec des procédures à deux paramètres s'étendent immédiatement au cas d'un nombre quelconque de paramètres.

Exemple :

Il est loisible d'utiliser des fonctions comme paramètres. Ceci permet de programmer simplement des procédures qui soient des fonctionnelles. Voici une procédure calculant l'accroissement d'une fonction en un point :

$\underline{mode} \ \underline{fonction} = \underline{proc} \ (\underline{réel}) \ \underline{réel} \ ;$
$\underline{proc} \ petitaccroisse = (\underline{fonction} \ f, \ \underline{réel} \ x, \ \underline{réel} \ eps) \ \underline{réel} :$
$\qquad (\ f \ (x + eps) - f \ (x))/eps$

Un appel $petitaccroisse \ (ln, \ 1.412, 1e - 20)$ équivaut à :

$\underline{début} \ \underline{fonction} \ f = ln, \ \underline{réel} \ x = 1.412, \ eps = 1e - 20 \ ; \ (f \ (x + eps) - f \ (x))/eps \ \underline{fin}$

c'est-à-dire à :

$(ln \ (1.412 + 1e - 20) - ln \ (1.412))/1e - 20$

<u>Exercice 4</u> : Dans un examen, trois notes a, b et c interviennent. Pour obtenir la note finale, on calcule les six moyennes pondérées suivantes :

- a compte pour 20 %, b pour 30 % et c pour 50 %
- a compte pour 20 %, b pour 50 % et c pour 30 %
- a compte pour 30 %, b pour 50 % et c pour 20 %

    etc...

La note finale est la plus grande des six moyennes. Ecrire une expression du calcul de la note finale en faisant intervenir des procédures.

8.5. OPÉRATEURS

Proposons-nous d'écrire un programme résolvant un problème de géométrie vectorielle. Il semble utile de définir avant tout les objets que l'on souhaite manipuler (les vecteurs dans un espace à deux dimensions) ; on introduit donc un mode vecteur :

   mode vecteur = struct (réel coord1, réel coord2)

Mais, de plus, il est indispensable de préciser les traitements élémentaires qu'on souhaite appliquer à ces objets : addition, produit scalaire, calcul de la norme, etc...

On peut ainsi définir une procédure d'addition par :

   proc add = (vecteur v1, vecteur v2) vecteur :
          (coord1 de v1 + coord1 de v2, coord2 de v1 + coord2 de v2)

L'appel de *add* se présente alors sous la forme :

   add (e1, e2) où *e1, e2*   sont deux vecteurs.

Cependant, nos habitudes de calcul vectoriel nous conduisent à noter la somme de deux vecteurs : *e1 + e2* plutôt que sous la forme d'un appel de procédure. Il est donc agréable de définir un nouvel opérateur, appelé par exemple *plus*, qui permet d'écrire :*e1 plus e2* à la place de *add (e1, e2)*. En plus des opérateurs standard, nous avons à notre disposition un moyen de définir de nouveaux opérateurs. Une telle définition est très semblable à celle d'une procédure.

Dans l'exemple précédent, l'opérateur *plus* sera défini par :

   op plus = (vecteur v1, vecteur v2) vecteur :
          (coord1 de v1 + coord1 de v2, coord2 de v1 + coord2 de v2)

Nous pouvons alors écrire des expressions utilisant l'opérateur *plus* :

   vecteur v = v1 plus v2 plus v3

Si maintenant, nous définissons d'autres opérateurs sur les vecteurs (produit vectoriel, demi-somme, etc...), il est nécessaire de préciser l'ordre dans lequel une formule les contenant doit être évaluée ; il est donc nécessaire de définir la priorité de chaque nouvel opérateur. Par convention, la priorité d'un opérateur est représentée par un entier compris entre 1 et 9 ; pour *plus* on peut écrire :

prio plus = 5

Supposons que l'opérateur de produit vectoriel *fois* soit défini par ailleurs avec pour priorité :

prio fois = 6

L'expression :

v1 plus v2 fois v3

portant sur les trois vecteurs *v1, v2, v3* sera évaluée comme :

v1 plus (v2 fois v3)

Naturellement, il est aussi possible d'utiliser les parenthèses pour forcer l'ordre d'évaluation.

- Une déclaration d'opérateur est de la forme :

op e = (*m1 x1, m2 x2) m3* : $\mathcal{F}$ (notation analogue à celles de 8.4.)

- A toute déclaration d'opérateur nouveau *e* est associée une déclaration de priorité de la forme :

prio e = *n* où *n* est un chiffre de 1 à 9.

Nous avons utilisé dans l'exemple 1 du paragraphe 6.5 un opérateur *distance* qui calcule la distance entre deux points. Rappelons la déclaration du mode point :

mode point = *struct (réel abscisse, réel ordonnée)*

La définition de l'opérateur *distance* peut s'écrire :

prio distance = 5,
op distance = (*point a, point b) réel* :
   rac2 ((abscisse de b − abscisse de a)**2 +
      (ordonnée de b − ordonnée de a)**2)

Remarque :

Il est courant que le même opérateur standard s'applique à des objets de modes différents. Par exemple + est utilisé pour représenter l'addition d'entiers ou l'addition de réels. Il est naturel de vouloir utiliser le même symbole pour désigner de nouvelles opérations : plutôt que *plus*, on peut souhaiter noter + l'opérateur défini ci-dessus. Il est possible de le faire :

$$\underline{op} + = (\underline{vecteur}\ v1,\ \underline{vecteur}\ v2)\ \underline{vecteur}\ :$$

$$(coord1\ \underline{de}\quad v1 + coord2\ \underline{de}\ v2,\ coord2\ \underline{de}\ v1 + coord2\ \underline{de}\ v2)$$

et il est alors inutile de redéfinir la priorité puisqu'elle est déjà connue. Ainsi le même signe + pourra désigner plusieurs opérations, le mode des opérandes effectifs permet de déterminer celle dont il est question.

Exercice 5 :

Définir les opérateurs permettant de calculer le produit scalaire et le produit vectoriel de deux vecteurs. Définir une procédure calculant la norme d'un vecteur.

8.6. EXEMPLES

1. Maximum de trois nombres

Soit à construire un programme calculant le maximum de trois nombres qui utilise la procédure max (cf. § 8.3).

Le programme demandé doit réaliser la condition finale

$$(res = a\ \underline{ou}\ res = b\ \underline{ou}\ res = c)\ \underline{et}\ res \geq a\ \underline{et}\ res \geq b\ \underline{et}\ res \geq c$$

On sait que $max\ (x_1,\ x_2) = r$ réalise

$$(r = x1\ \underline{ou}\ r = x2)\ \underline{et}\ r \geq x1\ \underline{et}\ r \geq x2$$

Décomposons la condition finale de façon à faire apparaître la condition de sortie de max :

$$(res = re\ \underline{ou}\ res = c)\ \underline{et}\ res \geq re\ \underline{et}\ res \geq c$$
$$\underline{et}\ (re = a\ \underline{ou}\ re = b)\ \underline{et}\ re \geq a\ \underline{et}\ re \geq b$$

Ceci démontre de façon rigoureuse que deux appels de max suffisent à résoudre le problème. On s'en doutait évidemment, mais ainsi on voit clairement le mécanisme des règles logiques proposées.

$\underline{début}$

$$\boxed{CE\ (max,\ (x1,\ x2)) = x1,\ x2\ \text{réels}}$$

$\underline{proc}\ max = (\underline{réel}\ x1,\ x2)\ \underline{réel}\ :\ \underline{si}\ x2 \leq x1\ \underline{alors}\ x1\ \underline{sinon}\ x2\ \underline{fsi}$,

$$\boxed{CS\ (max,\ (x1\ x2),\ r)\ :\ (r = x1\ \underline{ou}\ r = x2)\ \underline{et}\ r \geq x1\ \underline{et}\ r \geq x2}$$

$\underline{réel}\ a = lireréel$; $\underline{réel}\ b = lireréel$; $\underline{réel}\ c = lireréel$;

réel res = max (max (a, b), c) ;

(INIT$_1$: a, b, c réels) $\Rightarrow$ (CE$_1$: a,b réels)

FINAL$_1$: INIT$_1$ <u>et</u> CS$_1$

CS$_1$: *(re = a <u>ou</u> re = b)* <u>et</u> *re ≥ a* <u>et</u> *re ≥ b*

INIT$_2$: a, b, c réels <u>et</u> *(re = a <u>ou</u> re = b)* <u>et</u> *re ≥ a* <u>et</u> *re ≥ b)*

FINAL$_2$: INIT$_2$ <u>et</u> CS$_2$

CS$_2$: *(res = re <u>ou</u> res = c)* <u>et</u> *res ≥ re* <u>et</u> *res ≥ c*

imprimer (res)

<u>*fin*</u>

<u>Remarques</u> :

- On note r pour *max(x1, x2)* et re pour *max(a, b)*
- De INIT$_2$ et CS$_2$, on déduit immédiatement le fait que *res* est le maximum cherché
- L'évaluation des différents paramètres se fait dans l'ordre :

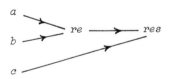

2. Procédure de résolution d'une équation du second degré

Nous avons traité ce problème sous la forme d'un programme complet en 7.5.
Supposons d'abord que la procédure, appelée f, se limite au cas d'une équation réelle-
ment du second degré. Alors :

CE (f, (a,b,c)) : a, b, c réels <u>et</u> a ≠ 0

L'équation admet alors des racines soit réelles (b^2 - 4ac ≥ 0) soit complexes
(b^2 - 4ac < 0). Comme tout nombre réel peut être considéré comme un nombre complexe
de partie imaginaire nulle, le résultat de la procédure f peut donc être représenté
par une structure à deux champs complexes x1, x2.

Voici un exemple d'évaluation d'un appel de f :

f(1, 2, - 15) produit la structure   *((3,0), (- 5,0))*

La condition de sortie s'écrit :

CS (f (a,b,c), r) : r = x1, x2 complexes

$$\underline{et}\ ax_1^2 + bx_1 + c = 0$$
$$\underline{et}\ x_1\ x_2 = \frac{c}{a}$$

En supposant que le mode complexe a été antérieurement déclaré comme une structure à deux champs réels :

mode complexe = struct (réel r, réel i)

la procédure s'écrit :

proc f = (réel a,b,c) struct (complexe x1, x2) :
début
   *réel delta = b * b - 4 * a * c, p = - b/(2 * a) ;*
   *réel d = rac2 (abs delta)/(2 * a) ;*
   si delta ≥ 0 alors ((p + d, 0), (p - d, 0))
                sinon ((p, d), (p, - d))
  fsi
fin

Si nous voulons écrire une procédure g traitant tous les cas, à l'image de l'exemple 3 du paragraphe 7.5 , la condition initiale s'élargit :

CE (g, (a, b, c)) : a, b, c réels

Cette fois la procédure doit délivrer deux informations :

- le "nombre" de racines
- les valeurs de ces racines si elles existent.

Il nous faut donc choisir une représentation pour ces informations. La première peut être représentée par une chaîne : "zéro", "une", "deux", "une infinité" selon les cas.

La deuxième information peut encore être représentée par deux nombres complexes quand il y a deux racines. Nous conviendrons de garder cette représentation pour les autres cas, en attribuant conventionnellement la valeur 0 aux positions correspondant aux racines inexistantes.

Le résultat r de g est donc une structure à trois champs. L'expression de FINALE (g, (a,b,c), r) devient un peu longuette, nous laissons le soin au lecteur de l'expliciter. Quant à la programmation, elle devient :

proc g = (réel a,b,c) struct (chaîne com, complexe x1, x2) :
si a = 0 alors
  si b = 0 alors si c = 0 alors ("une infinité", (0,0), (0,0))
                    sinon ("zéro", (0,0), (0,0))
            fsi
      sinon ("une", (-c/b,0), (0,0))
fsi

$$\textit{sinon si réel } delta = b * b - 4 * a * c, \; p = - b/(2 * a) \; ;$$
$$\textit{réel } d = rac2 \; (\underline{abs} \; delta \; /(2 * a)) \; ;$$
$$delta \geq 0 \; \underline{alors} \; (\text{"deux"}, \; (p + d, \; 0), \; (p - d, \; 0))$$
$$\underline{sinon} \; (\text{"deux"}, \; (p,d), \; (p, \; -d))$$
$$\underline{fsi}$$
$$\underline{fsi}$$

Exercice 6 : Reprendre des programmes ou morceaux de programmes écrits aux chapitres précédents et les transformer en procédures.

Exercice 7 : Définir une procédure qui calcule les coefficients du polynôme produit de deux polynômes du premier degré donnés.

Essayer de minimiser le nombre des multiplications utilisées.

3. Procédure d'édition d'une facture simple

Le mode *facture* est défini par :

mode facture = struct (ent num, chaîne nom, chaîne prénom, adresse lieu, chaîne article, ent prix unitaire, ent quantité)

avec

mode adresse = struct (ent numéro, chaîne rue, ent code postal, chaîne ville)

Pour simplifier, nous supposons qu'une facture ne concerne qu'un article.

La procédure d'édition (appelée *edit*) admet comme paramètre une facture, le "résultat" sera les lignes correspondantes sur l'imprimante : il est de mode *neutre*.

CE *(edit, fa)* : *fa* est une facture
CS *(edit, fa, r)* : *r* = impression de la facture *fa*.

Il s'agit de préciser *r*. Supposons que *fa* soit la facture :

(2225, "Transène"," Jean", (4," rue Tabaga", 54000," Nancy")," pantalon", 55, 10)

La facture imprimée a l'allure suivante :

```
FACTURE NUMERO 2225 DE MONSIEUR TRANSENE JEAN
4 RUE TABAGA 54000 NANCY
ARTICLE : PANTALON ; PRIX UNITAIRE : 55 FRANCS ; QUANTITE : 10
PRIX A PAYER : 550 FRANCS
```

Ainsi :

proc edit = (facture fa) neutre :
    début
       imprimer ((à la page, "facture numéro", num de fa,
           " de monsieur", nom de fa, prénom de fa)) ;
       imprimer ((à la ligne, lieu de fa)) ;
       imprimer ((à la ligne, "article :",article de fa," ; prix unitaire : ",
           prix unitaire de fa," francs ; quantité : ",quantité de fa)) ;
       imprimer ((à la ligne, "prix à payer : "
           prix unitaire de fa * quantité de fa," francs"))
    fin

5. La procédure *edit* que nous venons d'écrire est dite "sans résultat". De façon symétrique on peut définir et utiliser des procédures "sans paramètres" ; en fait nous avons utilisé de telles procédures depuis que nous avons introduit les lectures : *lirent* (resp. *liréréel)* est un identificateur de procédure sans paramètre et à résultat entier (resp. réel).

8.7. Résumé

Les procédures permettent de décrire de façon indépendante des parties d'algorithmes. Une procédure peut dépendre de paramètres et fournir un résultat. On distingue la définition d'une procédure : sa déclaration, et ses utilisations : appels.

Déclaration

La forme d'une déclaration de procédure est la suivante :

proc p = (m1 x1, m2 x2,..., mn xn) m : <phrase>

mi xi sont le mode et le nom du ième paramètre ; *m* est le mode du résultat. Paramètres et mode du résultat peuvent être omis. La phrase décrit l'algorithme associé à la procédure.

Appel

Un appel de la procédure *p* a la forme suivante :

p (e1,...,en)

Un tel appel correspond à l'exécution de <phrase> en y remplaçant les x_i par les expressions e_i.

Logique

Une procédure est spécifiée par des conditions d'entrée et de sortie. Avant l'appel la condition d'entrée est vérifiée par les paramètres effectifs. Après l'appel les conditions de sortie sont vérifiées par le résultat et les paramètres effectifs.

Opérateur

Un opérateur est logiquement analogue à une procédure à un ou deux paramètres et à un résultat. Si cet opérateur est nouveau il faut aussi déclarer sa priorité :

$\underline{prio}$ $\underline{o}$ = n ;

$\underline{op}$ $\underline{o}$ = $(\underline{m1}$ $x1$, $\underline{m2}$ $x2)$ $\underline{m}$: <phrase>

Pour un opérateur unaire on a :

$\underline{op}$ $\underline{u}$ = $(\underline{m1}$ $x)$ $\underline{m}$: <phrase>

Les opérateurs s'utilisent dans les formules comme les opérateurs standard.

8.8. PROBLÈMES

1. Appelons temps un triplet comprenant un nombre d'heures, de minutes et de secondes.

   a. Définir un opérateur ayant pour opérandes deux temps et dont le résultat est la durée (en heures, minutes et secondes) écoulée entre ces deux temps.

   b. Définir un opérateur d'addition des durées (représentées comme des temps).

   c. Dans une usine, toutes les semaines les ouvriers doivent 40 heures de travail réparties en 7 séances de travail. Chacune des séances est incluse dans une journée mais le début et la fin de la séance sont libres.

   Comment vérifier automatiquement qu'un ouvrier effectue ses 40 heures de travail ?

   Calculer le nombre d'heures supplémentaires d'un ouvrier.

2. Soient deux dates représentées par le numéro du jour, le numéro du mois et l'année. Construire un opérateur qui calcule le nombre de jours qui les séparent.

3. Les produits présentés dans un magasin sont représentés par une structure à trois champs : une chaîne de caractères (nom du produit), un poids (poids net fourni), un prix (prix du poids fourni).

   Construire un opérateur qui, à partir de deux produits ainsi définis, a pour résultat le nom du produit le moins cher (au kg) et son prix au kg.

4.

   a. On se propose de définir une procédure *trace* dont le résultat est la représentation du graphe d'une fonction sur du papier d'imprimante. Les paramètres donnés de la procédure sont :

   - une procédure à donnée et résultat réels (cette procédure représente la fonction f à étudier)

- les unités de longueur à respecter sur l'axe des x et l'axe des y
- les bornes a, b de l'intervalle d'étude de f.

Sur imprimante, les droites x = a et x = b seront représentées par des lignes de caractères "-" ; l'axe y = 0 sera représenté par des caractères "!" en colonne ; les points (approchés) du graphe seront représentés par des caractères "x".

Le résultat de *trace* est l'impression d'une suite de lignes. Sur chaque ligne on imprime :

- soit la droite x = a
- soit un caractère "x" représentant un point précédé ou suivi éventuellement par un caractère "!" représentant l'axe y = 0 (on pourra aussi n'imprimer que le "x" lorsque f(x) = 0).
- soit la droite x = b

b. Que se passe-t-il si des points du graphe de f sont extérieurs au cadre imposé par le papier ? Imaginer une procédure plus générale permettant de tracer de façon approchée le graphe de f sur l'intervalle [a,b] en utilisant au mieux la largeur du papier d'imprimante (on suppose, si nécessaire, f monotone sur [a,b]).

8.9. SOLUTION DES EXERCICES

Exercice 1 :

- Soit pgcd une procédure dont le résultat r est le plus grand commun diviseur de a et de b

CE (pgcd, (a,b)) : a, b entiers

CS (pgcd, (a,b), r) : r divise a et r divise b et [(x divise a et x divise b) $\Rightarrow$ x $\leq$ r]

- Soit ppcm une procédure dont le résultat r est le plus petit commun multiple des entiers a et b :

CE (ppcm, (a,b)) : a, b entiers

CS (ppcm, (a,b),r) : a divise r et b divise r et [(a divise x et b divise x) $\Rightarrow$ r divise x]

- Appelons rac une procédure dont le résultat (x_1, x_2) est formé des racines de l'équation du second degré $ax^2 + bx + c = 0$

CE (rac,(a,b,c)) : a, b, c réels et a $\neq$ 0

CS (rac,(a,b,c),(x_1,x_2)) : $ax_1^2 + bx_1^2 + c = 0$ et $x_1 x_2 = \frac{c}{a}$

Notons ici que CS'(rac,(a,b,c),(x_1,x_2)) : $ax_1^2 + bx_1 + c = 0$ et $ax_2^2 + bx_2 + c = 0$ est incorrecte (CS entraîne CS' mais la réciproque est fausse).

Exercice 2 :

    1. pgcd (3.5, 42) n'a pas de sens car CE (pgcd, (3.5, 42)) est faux. Les autres appels sont corrects.

    2. FINAL (appel (pgcd, (35,105), v)) $\Rightarrow$ v divise 35 <u>et</u> v divise 105 <u>et</u> [(x divise
                            35 <u>et</u> x divise 105) $\Rightarrow$ x $\leq$ v]

Réponse analogue pour le ppcm.

Exercice 3 :

    La procédure *résol* résoud le système

$$a_1x + a_2y = a_3$$
$$b_1x + b_2y = b_3$$

<u>proc</u> *résol* = (<u>réel</u> *a1, a2, b1, b2, a3, b3*) <u>struct</u> (<u>réel</u> *r1,* <u>réel</u> *r 2)* :
CE : a1, a2, a3, b1, b2, b3 sont les coefficients réels du système
    CS : le résultat est la solution du système ou (0,0) dans les cas d'indéter-
          mination ou d'impossibilité ##

<u>début</u>
    <u>réel</u> *det = a1 * b2 - a2 * b1 ;*
    <u>si</u> *det $\neq$ 0* <u>alors</u> *((a3 * b2 - a2 * b3)/det, (a1 * b3 - a3 * b1)/det)*
    <u>sinsi</u> *a2 * b3 - b2 * a3 = 0* <u>et</u> *a1 * b3 - b2 * a3 = 0*
              <u>alors</u> *imprimer ("indétermination") ; (0,0)*
              <u>sinon</u> *imprimer ("impossible") ; (0,0)*
    <u>fsi</u>
<u>fin</u>

Exercice 4 :

    <u>début</u>
    ## *Définition des données :* ##
        <u>réel</u> *a = lireréel ;* <u>réel</u> *b = lireréel ;* <u>réel</u> *c = lireréel ;*
    ## *Définition d'une procédure de pondération :* ##
        <u>proc</u> *pond = (*<u>réel</u> *x,y,z)* <u>réel</u> *: (20 * x + 30 * y + 50 * z)/100 ;*
    ## *Définition du maximum de deux nombres :* ##
        <u>proc</u> *max = (*<u>réel</u> *x1, x2)* <u>réel</u> *:* <u>si</u> *x1 $\geq$ x2* <u>alors</u> *x1* <u>sinon</u> *x2* <u>fsi</u> *;*
    ## *Définition du maximum de six nombres :* ##
        <u>proc</u> *max 6 = (*<u>réel</u> *y1, y2, y3, y4, y5, y6)* <u>réel</u> *:*
                   max (max (y1, max(y2,y3)), max(y4, max (y5,y6))) ;
    ## *Définition de la note finale et impression :* ##
        <u>réel</u> *note finale = max6 (pond(a,b,c), pond (a,c,b), pond (b,a,c), pond (b,c,a),*
                   pond(c,a,b), pond(c,b,a)) ;
         imprimer (("note finale=", note finale))
    <u>fin</u>

Exercice 5 :

On définit un mode vecteur dans un espace à trois dimensions :

mode vecteur = *struct* (*réel* compo1, compo2, compo3) ,
prio sca = 5 ,
op sca = (*vecteur* u, *vecteur* v) *réel* :
  ≢ CE : u et v sont deux vecteurs.
    CS : le résultat est le produit scalaire #
  compo1 *de* u * compo1 *de* v + compo2 *de* u * compo2 *de* v + compo3 *de* u * compo3
                                                                    de v ;

op vec = (*vecteur* u, *vecteur* v) *vecteur* :
  ≢ CE : u et v sont deux vecteurs.
    CS : le résultat est le produit vectoriel u ∧ v.≢
  (compo 2 *de* u * compo3 *de* v - compo3 *de* u * compo2 *de* v,
   compo3 *de* u * compo1 *de* v - compo1 *de* u * compo3 *de* v,
   compo1 *de* u * compo2 *de* v - compo2 *de* u * compo1 *de* v) ;
proc norme = (*vecteur* v) *réel* : rac2 (v *sca* v)

Exercice 6 :

Reprenons l'exemple 3 du chapitre 3 en introduisant un mode *date* formé de triplets d'entiers :

mode date = *struct* (*ent* an, mois, jour) ;
proc décode = (*ent* k) *date* :
  (1900 + k *mod* 100, (k *mod* 10000)÷100, k÷10000)

Reprenons l'exemple de calcul de résultats d'examen présenté au § 7.4. Convenons
que le résultat est une structure formée d'une chaîne (libellé) et de la moyenne :

mode résultat = *struct* (*chaîne* libellé, *réel* moyenne);
proc jury = (*ent* écrit, oral) *résultat* :
  début
    réel moyenne = (écrit + oral)/2 ;
    si écrit < 8 *ou* moyenne < 10 *alors* ("éliminé" , moyenne)
    sinsi 8 ≤ écrit *et* 10 ≤ moyenne *et* moyenne < 12
                                    alors ("reçu sans mention", moyenne)
                                    sinon ("reçu avec mention", moyenne)
    fsi
  fin

Le lecteur pourra traiter de lui-même d'autres exemples.

Exercice 7 :

Le produit de deux polynômes du premier degré :

$$(a_1 x + b_1)(a_2 x + b_2)$$

s'écrit usuellement sous la forme :

$$a_1 a_2 x^2 + (a_1 b_2 + a_2 b_1) x + b_1 b_2$$

Le calcul des coefficients du nouveau polynôme demande 4 multiplications et une addition. Contrairement à ce qu'on pourrait penser, le nombre de 4 multiplications n'est pas minimal.

Le coefficient de x dans le résultat s'écrit en effet :

$$a_1 b_2 + a_2 b_1 = a_1 a_2 + b_1 b_2 + (b1 - a1) \times (a2 - b2)$$

en posant $r1 = a_1 a_2$, $r_2 = b_1 b_2$ et $r_3 = (b_1 - a_1) \times (a_2 - b_2)$

Le coefficient de x est :

r1 + r2 + r3

Le calcul de r_1, r_2, r_3 nécessite seulement 3 multiplications qui suffisent pour calculer les 3 coefficients (au prix, il est vrai, de deux soustractions et d'une addition supplémentaires).

Morceau de programme correspondant :

```
# un polynôme est une structure ; chaque champ est un coefficient #
mode pd1 = struct (réel a, b),
mode pd2 = struct (réel a, b, c) ;
proc produit = (pd1 p1, p2) pd2 :
# CE : p1 et p2 sont deux polynômes du premier degré
   CS : le résultat est le polynôme p1 * p2. #
      début réel r1 = a de p1 * a de p2,
            r2 = b de p1 * b de p2,
            r3 = (b de p1 - a de p1) * (a de p2 - b de p2) ;
      (r1, r1 + r2 + r3, r2)
      fin
```

## CHAPITRE 9

RECURRENCE ET PROCEDURES

9.1. Buts

Nous avons déjà signalé en 8.1 un type important d'analyse qui conduit à un sous-problème similaire au problème initial. Ainsi le calcul de la dérivée d'une fonction somme de deux fonctions f et g se décompose en :
- calcul de la dérivée de f
- calcul de la dérivée de g
- calcul de la somme des deux fonctions ainsi obtenues.

Ceci se résume en

d(f + g) = d (f) + d (g)

On se ramène donc par récurrence au même problème portant sur des données plus simples.

La notion de procédure fournit un bon outil pour résoudre de tels problèmes si on accepte que le texte d'une procédure contienne un ou plusieurs appels à elle-même : une telle construction s'appelle procédure récursive.

9.2. Illustrations

1. La définition suivante de factorielle n (notée habituellement n!) :

0! = 1

n! = (n-1)! x n pour n ≥ 1

est de type récursif.

On peut la traduire directement sous forme de procédure :

proc fact = (ent n) ent :
  # CE : $n \geq 0$.   CS : fact(n) = n! #
  si n = 0 alors 1 sinon fact(n-1) * n fsi

La procédure fact est utilisée dans sa propre définition.

Les procédures étudiées précédemment déterminaient des calculs dont la longueur maximale était connue. Par exemple, un appel de la procédure max

$proc\ max = (réel\ x,\ y)\ réel : si\ x \geq y\ alors\ x\ sinon\ y\ fsi$

provoque simplement le calcul correspondant au texte :

$"si\ x \geq y\ alors\ x\ sinon\ y\ fsi"$

Par contre, le calcul de $fact(n)$ nécessite n multiplications : la longueur des calculs n'est donc pas bornée à priori puisqu'elle dépend de n.

2. L'outil obtenu est très puissant et d'emploi très agréable car l'écriture de la procédure est directement calquée sur l'énoncé du problème (comparez la définition de n! et l'écriture de $fact$). Cependant, le maniement de ce mécanisme reste délicat. Par exemple, il ne faudrait pas calculer n! à partir de la relation :

$$n! = \frac{(n+1)!}{(n+1)} \quad \text{pour } n \geq 0$$

car cela conduirait à la procédure

$proc\ factice = (ent\ n)\ ent : si\ n = 0\ alors\ 1\ sinon\ factice\ (n+1)/(n+1)\ fsi$

telle que le calcul de $factice(p)$ pour tout entier $p > 0$, ne se termine pas.

Etablir un énoncé et passer à une procédure nécessitent quelques précautions que nous allons préciser au paragraphe suivant.

3. Comme dernière illustration nous nous proposons d'écrire une procédure calculant le reste de la division de deux entiers naturels a et b, sans utiliser l'opérateur de division.

En remarquant que :

- pour b ≤ a, le reste de la division de a par b est le même que celui de la division de a - b par b, c'est à dire b ≤ a ⟹ reste (a,b) = reste (a-b,b) ;

- pour a < b, ce reste est égal à a, c'est à dire a < b ⟹ reste (a,b) = a, on déduit la procédure :

$proc\ reste = (ent\ a,\ b)\ ent :$
$\quad si\ b \leq a\ alors\ reste\ (a-b,b)\ sinon\ a\ fsi$

L'intérêt pratique de cette procédure $reste$ est naturellement douteux ; cependant cet exemple simple se prête à une étude détaillée que nous développons au paragraphe suivant.

Des exemples plus significatifs sont présentés en 9.4.

__Exercice 1__ : Ecrire une procédure récursive calculant x^n (n entier relatif) sans utiliser l'opération "élever à une puissance".

<u>Exercice 2</u> : Supposons définies deux procédures :

- *tête* qui, à toute chaîne non vide, associe son premier caractère
- *suite* qui, à toute chaîne non vide, associe la même chaîne privée de son premier caractère.

Ecrire une procédure transformant toute chaîne en la chaîne réfléchie (par exemple : "leon" en "noel".

9.3. LOGIQUE

Les définitions récursives posent essentiellement deux questions (que l'on retrouve dans les exemples précédents) :

- <u>A quelle condition obtient-on un résultat</u> ?

Dans la procédure *fact*, on se ramène par récurrence au cas où n = 0 qui donne un résultat : nous dirons que *fact* <u>se termine</u>. Dans la procédure *reste*, le calcul de *reste (x,0)* (avec $x \geq 0$) provoque le calcul de *reste (x-0, 0)* qui provoque ...... : ce calcul ne se termine pas. On retrouve une situation bien connue en arithmétique élémentaire : la division par 0 est impossible. Dans la procédure *factice* enfin le calcul de *factice(n)* ne se termine que si $n = 0$. Remarquons à cette occasion que la non terminaison d'un calcul d'une procédure récursive peut aussi bien provenir d'un manque de précision dans l'énoncé comme pour *reste* que d'une maladresse dans la formulation de l'énoncé comme pour *factice*.

- <u>Lorsque le calcul se termine, obtient-on le résultat attendu</u> ?

Si la réponse est affirmative, nous dirons que la procédure est correcte. Il s'agit donc essentiellement d'assurer rigoureusement le passage d'un énoncé à une procédure. A vrai dire, cette question de la <u>correction</u> n'est pas particulière aux procédures récursives , mais la longueur variable des calculs rend un peu plus délicat le raisonnement nécessaire.

Sans prétendre résoudre les questions précédentes dans toute leur généralité, nous allons donner quelques indications sur ces deux aspects distincts et complémentaires de la logique d'une procédure récursive.

1. Terminaison

Proposons-nous de prouver la terminaison de la procédure *reste* :

- si $0 \leq a < b$ alors *reste (a,b) = a* et le calcul est fini
- si $b \leq a$ alors *reste (a,b) = reste (a-b, b)*. Ainsi le calcul de *reste (a,b)* est fini s'il en est de même de celui de *reste (a-b,b)*. De manière équivalente la terminaison de *reste (a-b,b)* dépend de celle de *reste (a-2*b,b)* si $b \leq a-b$. Par récurrence on peut donc ramener le problème de la terminaison de *reste (a,b)*

à celui de la terminaison de *reste (a-n*b,b)* où $n > 0$ et $b \leq a-(n-1)b$. Ainsi s'il existe un n tel que $a-n*b < b$ alors *reste (a,b)* se termine, sinon il ne se termine pas.

On constate sur cet exemple que l'on cherche à évaluer les paramètres du $n$ième "appel emboîté" (ici $a-n*b$ et b) en fonction des paramètres formels (a,b) et de n. Cette évaluation s'effectue par une récurrence sur n.

Pour faciliter de telles démonstrations, introduisons une technique permettant d'exprimer les paramètres effectifs du nième appel interne d'une procédure récursive en fonction des paramètres de départ et de n.

Soit F(x) un appel de la procédure F, où x est le vecteur $(x_1, x_2, ..., x_m)$ des paramètres effectifs ; deux éventualités sont à envisager :

- le calcul de F(x) provoque directement l'appel de F avec y pour paramètre effectif ; nous disons alors que le calcul du résultat pour y précède celui pour x et nous posons :

Préd(x) = y

Par exemple, dans la procédure *reste*, on a : Préd(a,b) = (a - b, b) lorsque $b \leq a$, et dans *fact* : Préd(n) = n - 1 si $n \geq 1$ (Préd(x) est donc le paramètre à évaluer pour calculer F(x))

- le calcul de F(x) ne provoque pas de nouvel appel de F ; nous disons que x est terminal et posons :

Préd(x) = ω

Dans *reste*, pour a < b, Préd(a, b) = ω

Le calcul de F(x) peut provoquer successivement le calcul de Préd(x) ; $Préd^2(x) =$ Préd(Préd(x)) ; etc... (brièvement, $Préd^n(x)$ est le vecteur des paramètres que l'on évalue au nième appel interne) d'où la condition suivante qui est suffisante pour assurer la terminaison du calcul (*) :

Pour que le calcul de F(x) se termine, il suffit qu'il existe un entier n tel que $Préd^n(x) = ω$

Ceci signifie que pour qu'une procédure récursive f se termine, il suffit que tout appel de f provoque un nombre <u>fini</u> (peut-être nul) d'appels emboîtés de f.

Ainsi, en reprenant la procédure *reste* :

- si $0 \leq a < b$: Préd(a,b) = ω
- si $b \leq a$: Préd(a,b) = (a-b, b)

donc plus généralement, si $0 \leq nb \leq a$: $Préd^n(a,b) = (a-nb, b)$
(récurrence immédiate pour $n \geq 1$).

Il existe un n_0 tel que $a-n_0 < b$, car b est positif. La terminaison de *reste* (a,b) est vérifiée car

$Préd^{n_0+1}(a,b) = ω$

(*) Il se peut que le calcul de F(x) fasse directement appel à plusieurs occurrences de F : $F(Y_1)$, $F(Y_2)$,..., $F(Y_p)$. Il faut alors généraliser ces définitions (cf. § 9.4)

Exercice 3 : Prouver la terminaison de *fact*.

Exercice 4 : Prouver la terminaison des procédures obtenues dans les exercices 1 et 2.

Exercice 5 : Que peut-on dire de la procédure *vis* définie par

$$\underline{proc}\ vis = (\underline{ent}\ x)\ \underline{ent} : \underline{si}\ vis\ (x) = 1\ \underline{alors}\ 1\ \underline{sinon}\ 0\ \underline{fsi}\quad ?$$

2. Correction

Le résultat attendu d'une procédure est défini par ses propriétés ; dans la plupart des cas simples, un raisonnement par récurrence permet de montrer que le résultat effectivement calculé par la procédure est le résultat attendu.

Reprenons le programme E1 : le résultat attendu pour *reste (a,b)* est le reste r de la division entière de a par b : il s'agit donc ici de prouver le prédicat :

$$CS\ (reste,\ (a,b),r)$$

qui est : $(\exists q)\ (a = b * q + r\ \underline{et}\ 0 \le r < b)$

Pour cela, raisonnons par récurrence sur le nombre d'appels utilisés pour calculer *reste (a,b)* :

- si un appel suffit pour calculer *reste (a,b)* on a $a < b$ et $r = a$ qui vérifient CS avec $q = 0$

- si le nombre d'appels est supérieur à un, on a :

(1) $b \le a\ \underline{et}\ reste\ (a,b) = reste\ (a-b,b)$

par hypothèse de récurrence, *reste(a-b,b)* est le reste r' de la division de $a - b$ par b:

$$(\exists q')\ (a-b = q' * b + r'\ \underline{et}\ 0 \le r'< b)$$

d'où $a = (q' + 1)*b + r'\quad 0 \le r' < b$

d'après (1), le résultat r de *reste* pour (a,b) est r' ; avec $q = q'+1$ on trouve :

$$a = bq + r\ \underline{et}\ 0 \le r < b$$

qui est la condition de sortie cherchée.

Exercice 6 : Prouver la correction des procédures obtenues dans les exercices 1 et 2.

Exercice 7 : Soit

$$\underline{proc}\ g = (\underline{ent}\ x,\ y)\ \underline{ent} : \underline{si}\ x = y\ \underline{alors}\ 1\ \underline{sinon}\ g\ (x,\ y + 1)* y + 1\ \underline{fsi}$$

Que calcule g (x,0) ?

9.4. EXEMPLES

1. Le triangle dit de Pascal : calcul de C_n^p

Les coefficients du binôme (nombre de sous-ensembles à p éléments d'un ensemble à n éléments), habituellement notés C_n^p, sont définis pour $n \geq 0$ et $p \geq 0$ par :

$n < p \Rightarrow C_n^p = 0$

$p = 0$ ou $n = p \Rightarrow C_n^p = 1$

$0 < p < n \Rightarrow C_n^p = C_{n-1}^p + C_{n-1}^{p-1}$

Ainsi, leur calcul est défini de manière récursive lorsque $0 < p < n$, l'arrêt de la récursivité correspondant aux deux premiers cas.

Ces définitions se traduisent directement en la procédure :

```
proc c = (ent n, p) ent :
   # CE : n ≥ 0, p ≥ 0. #
      si n < p alors 0
      sinsi p = 0 ou n = p alors 1
                   sinon c(n - 1, p) + c (n - 1, p - 1)
   fsi
```

Remarquons une fois encore la nécessité d'une définition complète des objets à calculer : l'oubli des cas $n < p$, $p = 0$ ou $n = p$ dans cet exemple conduit à la non terminaison de certains appels de c ; ce que nous mettons en évidence en effectuant la preuve complète de l'arrêt.

Le texte de la procédure c contient deux appels à elle-même, il faut généraliser la définition de Préd (cf. § 9.3) pour en rendre compte :

si le calcul de F(x) provoque directement k nouveaux appels

$F(y_1), \ldots, F(y_k)$ on pose Préd(x) = $\{y_1, \ldots, y_k\}$

et alors $\text{Préd}^n(x)$ est défini comme auparavant en convenant que pour tout ensemble E, Préd(E) :

$$\bigcup_{x \in E} \text{Préd}(x)$$

Revenons maintenant à la procédure :

Si $n < p$ ou $p = 0$ ou $n = p$ alors Préd((n,p)) = ω et l'arrêt est assuré

Si $0 < p < n$, alors :

Préd((n,p)) = $\{(n-1, p), (n-1, p-1)\}$

$\text{Préd}^2((n,p)) = \{(n-2,p), (n-2, p-1), (n-2, p-2)\}$

plus généralement, si $1 \leq i \leq p \leq n$

$\text{Préd}^i((n,p)) = \{(n-i, p), (n-i, p-1), \ldots, (n-i, p-i)\}$

Et si $p \leq i \leq n$

$\text{Préd}^i((n,p)) = \{(n-i,p), (n-i, p-1), \ldots, (n-i,0)\}$

pour i = n, on a donc

Préd^n((n,p)) = {(O,p), (O, p-1),..., (O,O)}

comme Préd((O,k)) = pour O ≤ k ≤ p, on obtient Préd^{n+1}((n,p)) = ω : la procédure se termine.

Une récurrence sur le nombre d'appels permet de montrer que la procédure est correcte.

n\p	0	1	2	3	4	5	6
0	1	0	0	0	0	0	0
1	1	1	0	0	0	0	0
2	1	2	1	0	0	0	0
3	1	3	3	1	0	0	0
4	1	4	6	4	1	0	0
5	1	5	10	10	5	1	0
6	1	6	15	20	15	6	1

Figure 1 : Prédécesseurs de C_6^3

La figure 1 représente le triangle de Pascal jusqu'à n = 6 ; les flèches indiquent à partir de quels antécédents est calculé un **coefficient**.

On peut constater que les calculs provoqués par la procédure sont assez économiques puisque pour calculer C_n^p on ne recalcule pas toutes les n premières lignes du triangle de Pascal mais seulement les combinaisons nécessaires au calcul de C_n^p par des additions.

Exercice 8 : a. Ecrire les impressions résultant de l'appel de *com(5,3)* si *com* est la procédure :

> *proc com* = (*ent n, p*) *ent* :
> ⧸⧸ CE : n ≥ 0, p ≥ 0. ⧸⧸
> *si* n < p *alors* 0
> *sinsi* p = 0 *ou* n = p
> *alors* 1
> *sinon ent* r1 = *com* (n-1,p) ; *ent* r2 = *com* (n-1, p-1) ;
> *ent* r = r1 + r2 ;
> *imprimer ((r, à la ligne)) ; r*
> *fsi*

b. Que peut-on dire de ces impressions si l'on remplace la branche *sinon* par la variante ci-dessous ?

> *sinon ent* r = *com* (n-1,p) + *com* (n-1, p-1) ;
> *imprimer ((r, à la ligne)) ; r*

Exercice 9 : Exprimer en fonction de n et p le nombre d'additions provoquées par l'appel $c(n,p)$; le comparer au nombre d'additions nécessitées par le calcul de C_n^p en utilisant le tableau de la figure 1.

2. La marelle de Fibonacci

Des enfants jouent sur une marelle composée d'une suite de n cases numérotées de n à 1 : n représente le départ, et 1 l'arrivée.

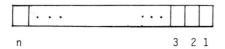

Pour progresser du départ à l'arrivée, ils peuvent sauter à cloche-pied :
- soit d'une case à la suivante
- soit d'une case à la post-suivante

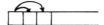

Avec ces conventions, combien y a-t-il de parcours distincts (entre départ et arrivée) sur une marelle à n cases ?

Tout parcours sur une marelle à n cases est formé :
- soit d'un petit saut suivi d'un parcours sur une marelle à n-1 cases
- soit d'un grand saut suivi d'un parcours sur une marelle à n-2 cases.

Ceci n'a bien entendu de sens que si n > 2. Si n= 1, il n'y a pas de saut à faire : nous conviendrons qu'il n'y a qu'un parcours possible (rester sur la case 1). Si n = 2, un seul parcours est possible qui correspond à un petit saut.

Autrement dit si p(n) désigne le nombre de parcours possibles sur une marelle à n cases :

$$(1) \begin{cases} n = 1 \Rightarrow p(1) = 1 \\ n = 2 \Rightarrow p(2) = 1 \\ n > 2 \Rightarrow p(n) = p(n-1) + p(n-2) \end{cases}$$

Cette définition de p conduit immédiatement à la procédure :

proc p = (_ent_ n) _ent_ :
    # CE : n > 0. #
    _si_ n ≤ 2 _alors_ 1 _sinon_ p(n-1) + p(n-2) _fsi_

La terminaison est assurée pour n ≥ 1 :
- pour 1 ≤ n ≤ 2, Préd(n) = ω
- pour n > 2, on trouve que Préd^{n-2}(n) = {1,2}
donc Préd^{n-1}(n) = ω

La correction du résultat à partir de la définition (1) est immédiate.

3. Dérivée

On veut construire une procédure de dérivation conforme aux règles suivantes :

$d(u \pm v) = d(u) \pm d(v)$

$d(u * v) = d(u) * v + u * d(v)$

$d(u/v) = (d(u) * v - u * d(v))/v^2$

$d(x^a) = a * x^{a-1}$ a : entier > 0

$d(c) = 0$ c : constante

Les paramètres de la procédure de dérivation sont des expressions rationnelles à une variable x ; puisque d(x) est calculé par $d(x^1)$, il faut toujours écrire x^1 pour x.

Considérons une règle, par exemple

$d(u - v) = d(u) - d(v)$

Pour pouvoir l'exprimer dans la définition d'une procédure *d* à paramètre *t* il faut :

1. dire que *t* doit être une soustraction
2. découvrir dans *t* l'opérande gauche *u* et l'opérande droit *v*
3. construire le résultat correspondant à la règle

Donc, à d(u - v) = d(u) - d(v) correspond une branche

si t est une soustraction

    alors définir u = opérande gauche de t,

                v = opérande droit de t ;

        résultat : d(u) - d(v)

Exprimons les actions auxiliaires par des procédures, à définir plus tard, et indiquons par le mode *expr* l'ensemble des expressions rationnelles en la variable x ; la branche s'écrit dès lors

si est soustraction (t)

    alors ≠≠ définition des opérandes : ≠≠

                expr u = opg(t),

                    v = opd(t) ;

        ≠≠ résultat : ≠≠

            d(u) - d(v)

Il faut noter que l'opérateur "-" agit ici sur des expressions formelles et non pas sur des nombres, et qu'il faut donc le définir. En appliquant le même raisonnement pour les autres règles, nous obtenons la définition suivante :

Schéma 1 : Définition de la procédure de dérivation

> _proc_ d = (_expr_ t) _expr_ :
> _#_ CE : t est une expression rationnelle en x.
>   CS : le résultat est la dérivée formelle de t par rapport à x. _#_
> _si_ est addition (t) _alors_ _expr_ u = opg(t), v = opd(t) ; d(u) + d(v)
> _sinsi_ est soustraction (t) _alors_ _expr_ u = opg(t), v = opd(t) ; d(u) - d(v)
> _sinsi_ est multiplication (t) _alors_ _expr_ u = opg(t), v = opd(t) ;
> $$d(u) \star v + u \star d(v)$$
> _sinsi_ est division (t) _alors_ _expr_ u = opg(t), v = opd(t) ;
> $$(d(u) \star v - u \star d(v))/(v \star v)$$
> _sinsi_ est puissance(t) _alors_ _expr_ u = opg(t), v = opd(t) ;
> $$v \star u \star\star (v - un)$$
>   _sinon_ _#_ Est constante(t) : _#_ zéro
> _fsi_

Les constantes auxiliaires _un_ et _zéro_ doivent désigner des expressions formelles correspondant à _1_ et _0_ respectivement.

Il reste dès lors à choisir une représentation effective des expressions et à trouver les définitions correspondantes des divers opérateurs et procédures auxiliaires. Une expression peut bien sûr être représentée par la chaîne formée des symboles qui la constitue, mais, dans ce cas, la recherche des opérandes d'une formule devient un travail assez compliqué. Rappelons-nous alors comment, dans le chapitre 2, on a pu associer à chaque formule un arbre représentant sa structure. Ainsi, à la formule

$$\frac{5x^6}{7 + x^1}$$ est associé l'arbre

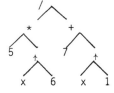

(L'exponentiation est indiquée par ↑). Dans ce cas, pour trouver les opérandes d'une formule, il suffit de prendre les sous-arbres gauche et droit. Nous sommes donc ramenés à un nouveau problème : comment représenter, avec les structures de données dont nous disposons, les arbres structuraux d'expressions formelles ?

Une façon simple est celle que le logicien polonais Lukaciewicz inventa entre les deux guerres : un arbre $\overset{w}{\underset{u \; v}{\diagup \diagdown}}$ est représenté par la chaîne linéaire w û v̂ où û et v̂ sont les chaînes représentant les arbres u et v. L'arbre ci-dessus est donc représenté par la chaîne, dite en notation polonaise

/ ⋆ 5 ↑ x 6 + 7 ↑ x 1

On peut définir très simplement une fonction préfixer qui transforme un arbre de formule en chaîne polonaise :

préfixer ($\overset{w}{\underset{u \quad v}{\wedge}}$) = "w" + préfixer(u) + préfixer(v)

préfixer (a) = a
où a : opérande simple
   w : symbole d'opération
   + : concaténation de chaînes

Les fonctions auxiliaires, telles que *est addition* qui testent la forme d'une expression formelle sont alors fort simples : il suffit de voir si la chaîne commence par le symbole d'opération correspondant. On a donc :

Schéma 2 : Définition des tests de structure

> *proc est addition = (expr t) bool : tête(t) = "+",*
> *proc est soustraction = (expr t) bool : tête(t) = "-",*
> *proc est multiplication = (expr t) bool : tête(t) = "*",*
> *proc est division = (expr t) bool : tête(t) = "/",*
> *proc est puissance = (expr t) bool : tête(t) = "↑"*

Bien entendu, comme dans l'exercice 2, nous supposons pouvoir utiliser les fonctions *tête* et *suite* qui extraient le premier symbole d'une chaîne et la sous-chaîne restante, respectivement. De plus, la définition du mode des expressions rationnelles est simplement

> *mode expr = chaîne*

Il faut alors éviter d'utiliser + pour désigner l'addition formelle d'expressions car ceci n'est pas équivalent à la concaténation pure : il faut encore placer le symbole d'addition en préfixe. Remplaçons donc + par ++ partout dans le schéma 1 pour éviter toute confusion. Les cinq opérations sur les expressions sont faciles à définir.

Schéma 3 : Définitions des opérations sur les expressions

> *op++ = (expr u, v) expr : "+" + u + v,*
> *op - = (expr u, v) expr : "-" + u + v,*
> *op * = (expr u, v) expr : "*" + u + v,*
> *op / = (expr u, v) expr : "/" + u + v,*
> *op ** = (expr u, v) expr : "↑" + u + v,*
> *prio++ = 6*

La priorité du nouvel opérateur ++ doit être définie ; il est naturel de la choisir égale à celle de ↑.

Il ne reste plus qu'à voir comment extraire les opérandes d'une formule écrite en notation polonaise. Nous allons reprendre de nouveau une idée simple, trouvée dans les années cinquante pour les formules normales. On associe une fonction entière à chaque symbole :
- pour un opérateur : $n \rightarrow n + 1$
- pour un opérande simple : $n \rightarrow n - 1$

On vérifie, par récurrence, que toute chaîne correspondant à une formule transforme n en n - 1 par applications successives de la fonction considérée. Par exemple, on voit sur

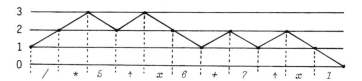

que 1 est transformé en 0 par la chaîne entière et que 2 devient 1 par "$\uparrow x \; 6$". Par conséquent, l'opérande gauche dans cette chaîne est la sous-chaîne commençant après la tête "/" et transformant 2 en 1 (ou 1 en 0), à savoir "$\ast \; 5 \uparrow x \; 6$" ; l'opérande droit est la partie qui suit, c'est-à-dire "$+ \; 7 \uparrow x \; 1$". De façon générale, pour trouver l'opérande gauche d'une formule t, il suffit de récolter de gauche à droite ce qui suit le premier symbole, en commençant avec un niveau 1 et en s'arrêtant au premier niveau 0 ; l'opérande droit s'obtient en effectuant le même parcours en sautant des symboles, puis en prenant tout ce qui suit :

```
        opg(t) = récolter (1, suite(t))

n > 0 : récolter (n,t) = tête(t) + récolter (n+1, suite(t))
                             si tête(t) = opérateur
                    tête(t) + récolter (n-1, suite (t))
                             sinon
                récolter (0,t) = ""
        opd(t) = sauter (1, suite(t))

n > 0 : sauter (n,t) = sauter (n+1, suite (t))
                             si tête(t) = opérateur
                    sauter (n-1, suite(t))
                             sinon
                sauter (0,t) = t
```

On en déduit directement les définitions correspondantes de procédures. Ajoutons-y celles de *un* et *zéro*.

Schéma 4 : Définitions des recherches d'opérandes et des constantes auxiliaires

> $\underline{proc}$ opg = $(\underline{expr}\ t)$ $\underline{expr}$: $récolter$ $(1,\ suite\ (t))$,
>
> $\underline{proc}$ opd = $(\underline{expr}\ t)$ $\underline{expr}$: $sauter$ $(1,\ suite\ (t))$,
>
> $\underline{proc}$ $récolter$ = $(\underline{ent}\ n,\ \underline{chaîne}\ t)\ \underline{chaîne}$:
>
> > $\underline{si}$ $n > 0$ $\underline{alors}$ $tête$ (t)
> >
> > > $+$ $récolter$ $(\underline{si}$ est op $(tête(t))$ $\underline{alors}$ $n+1$ $\underline{sinon}$ $n-1$ $\underline{fsi},suite(t))$
> >
> > $\underline{sinsi}$ $n = 0$ $\underline{alors}$ $""$
> >
> > $\underline{fsi}$,
>
> $\underline{proc}$ $sauter$ = $(\underline{ent}\ n,\ \underline{chaîne}\ t)\ \underline{chaîne}$:
>
> > $\underline{si}$ $n > 0$ $\underline{alors}$ $sauter$ $(\underline{si}$ est op $(tête(t))$ $\underline{alors}$ $n+1$ $\underline{sinon}$ $n-1$ $\underline{fsi},$ $suite(t))$
> >
> > $\underline{sinsi}$ $n = 0$ $\underline{alors}$ t
> >
> > $\underline{fsi}$,
>
> $\underline{proc}$ est op = $(\underline{chaîne}\ t)\ \underline{bool}$:
>
> > $t = "+"$ $\underline{ou}$ $t = "*"$ $\underline{ou}$ $t = "/"$ $\underline{ou}$ $t = "-"$ $\underline{ou}$ $t = "\uparrow"$,
>
> $\underline{expr}$ un = $"1"$,
>
> $\underline{expr}$ $zéro$ = $"0"$;

La procédure de dérivation d'expressions rationnelles en x écrites en notation polonaise est maintenant entièrement définie : il suffit de joindre les schémas 2, 3 et 4 au schéma 1. La dérivation de $\frac{5x6}{7+x1}$ est obtenue par l'appel :

d ("/ ⋆ 5 ↑ x 6 + 7 ↑ x 1")

qui produit alors la chaîne :

" / - ⋆ + ⋆ 0 ↑ x 6 ⋆ 5 ⋆ 6 ↑ x - 6 1 + 7 ↑ x 1 ⋆ ⋆   5
↑ x 6 + 0 ⋆ 1 ⋆ ↑   x - 1 1 ⋆ + 7 ↑ x 1 + 7 ↑ x 1 "

qui correspond à l'expression rationnelle

$$\frac{(0.x^6 + 5.6x^{6-1}) \ . \ (7 + x^1) - 5\ x^6 \ . \ (0 + 1.x^{1-1})}{(7 + x^1) \ . \ (7 + x^1)}$$

Remarquons toute de suite les diverses imperfections du travail effectué ci-dessus. Nous avons supposé implicitement que chaque nombre est représenté par un seul symbole : ceci n'est pas réaliste sauf si l'on utilise des idéogrammes ; si l'on utilise des chiffres arabes, il faut soit se limiter aux entiers inférieurs à dix soit utiliser un marqueur de fin de nombre et adapter en conséquence les définitions des procédures auxiliaires. Cette variante est omise ici. D'autre part, ni la transformation d'une expression écrite de façon habituelle en une expression en notation polonaise ni la transformation inverse n'ont été programmées. Enfin, les expressions obtenues comme résultats sont "brutes", c'est-à-dire pas du tout simplifiées : l'application de règles de simplification est en fait plus difficile que la dérivation elle-même.

Il est utile de noter ici les nombreux prolongements de l'exemple de la dérivation formelle. Des programmes similaires de calcul formel ont été réalisés, entre
autres des développements en série et des intégrations ; ils produisent des résultats
comparables à ceux que l'on peut obtenir "à la main". La version postfixée de la notation polonaise est d'application courante dans divers codes pour calculettes :

$$\underbrace{\underbrace{3 \quad 4 \quad +}_{7} \, 5 \, *}_{35}$$

Pour terminer, notons que chaque appel de la procédure de dérivation comporte
deux phases : dans la première, l'expression à traiter est analysée et, dans la seconde, le résultat est synthétisé. Ces deux phases se retrouvent dans les traducteurs
de langage de haut niveau en langage-machine, sous les noms d'analyse syntaxique et
de génération de code.

4. Le baguenaudier

Dans les exemples précédents, les procédures permettaient de trouver des résultats ; en fixant une définition récursive des résultats, on précisait également l'ordre
d'exécution des calculs (on dit encore l'histoire des calculs) aboutissant à ce résultat (cf. exercice 8).

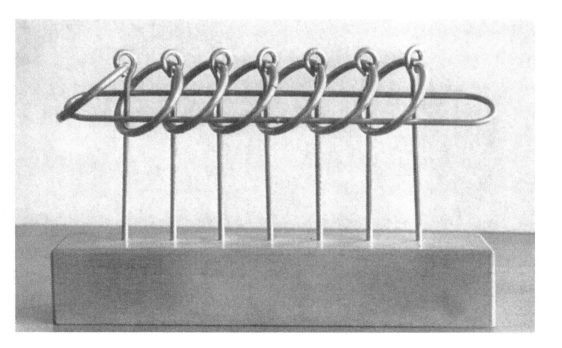

Figure 2. Etat initial du baguenaudier

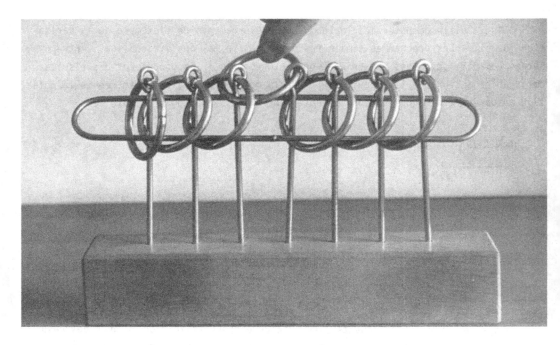

Figure 3. Etat intermédiaire du baguenaudier

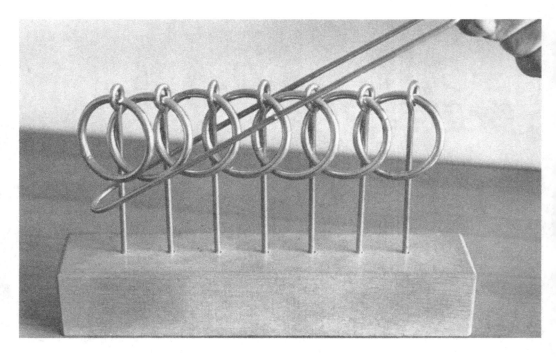

Figure 4. Etat final du baguenaudier

Il faut bien remarquer que cette histoire n'avait pas d'intérêt en elle-même.
Dans certains cas, au contraire, le but essentiel du programme est lié à l'ordre des
calculs ; ceci conduit à de nombreuses utilisations des procédures récursives ; nous
allons traiter un exemple de ce type. Il s'agit d'étudier les mouvements d'un "casse-
tête" appelé baguenaudier. Un baguenaudier est formé de deux parties (voir figure 2) :

- d'une part, des anneaux imbriqués et reliés à une réglette par des tiges cou-
lissantes,
- d'autre part, une barre mobile appelée navette.

Au début du jeu, la navette est enchevêtrée dans les anneaux comme le montre
la figure 2. Il s'agit, par une succession de manipulations, de la dégager complètement
pour arriver à l'état de la figure 4, en passant par des états analogues à celui de
la figure 3.

Après quelques manipulations plus ou moins désordonnées, le joueur astucieux
constate rapidement que chaque anneau admet deux positions par rapport à la navette :
- l'anneau est traversé par la navette (on dit qu'il est en position 1),
- l'anneau n'est pas traversé par la navette (on dit qu'il est en position 0).

L'état initial de la figure 2 correspond à 1111111, l'état intermédiaire de la
figure 3 à 1110111 et l'état final de la figure 4 à 0000000.

De plus, pour passer d'une position à l'autre, un anneau doit glisser sur la
tranche à l'intérieur de la navette : en numérotant les anneaux de gauche à droite, on
remarque que l'anneau 1 peut changer de position à tout moment. Supposons que l'anneau
p ($p \neq 1$) soit en position 1 ; pour arriver à le glisser à l'intérieur de la navette
il est nécessaire que l'anneau $p - 1$ soit en position 1 et tous les anneaux précédents
(de 1 à $p - 2$) en position 0. Toutes ces constatations (plus faciles à faire directement sur le jeu que sur des figures) se résument en ces deux seules règles :

R1 : on peut inverser la position de l'anneau 1
R2 : on peut inverser la position de l'anneau p ($p > 1$), à condition que les
($p - 2$) premiers anneaux soient en position 0 et que le ($p - 1$)ième soit
en position 1.

Le problème revient à déterminer la suite des numéros d'anneaux à changer de
position. Cherchons à déterminer de façon récurrente une suite de déplacements de
l'état initial à l'état final. La récurrence ne peut porter ici que sur le nombre
des anneaux : supposons donc que le baguenaudier admet n anneaux. Pour déplacer les
n anneaux, il est nécessaire de déplacer le dernier : pour $n \geq 2$, seule la règle 2
est applicable pour le déplacement du dernier anneau : il faut donc passer par la
position :

$$\underbrace{0 \ldots 0}_{n - 2} \; 1 \; 1 \qquad \text{(a)}$$

puis déplacer l'anneau n :

$$\underbrace{0 \ldots \qquad 0}_{n-2} 1\,0 \qquad\qquad \text{(b)}$$

En analysant cet état, on remarque qu'il est possible de se ramener à un baguenaudier à (n - 1) anneaux. Il suffit en effet de reconstituer la position :

$$\underbrace{1 \ldots \qquad 1}_{n-2} 1\,0 \qquad\qquad \text{(c)}$$

Cette observation est le point crucial de la solution, car elle nous permet de résoudre le problème initial en résolvant un problème de même type mais dans un cas "plus petit". Il se peut qu'une autre méthode de solution soit possible. Développons en tout cas l'idée dont on dispose maintenant.

La transformation de (b) à (c) consiste à passer de l'état final à l'état initial pour un baguenaudier de n - 2 anneaux : ce qui nous amène à étudier simultanément le passage de l'état initial à l'état final que nous noterons bag (n) pour n anneaux et la transformation réciproque notée débag (n) ; pour n ≥ 2, la figure 5 résume le déplacement des anneaux :

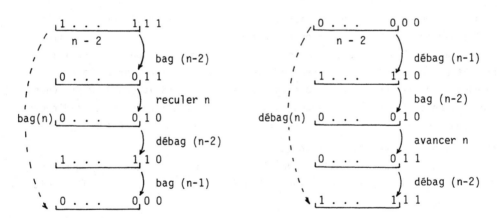

<u>Figure 5</u>.

Enfin, on constate que, pour n = 0 il n'y a évidemment aucun déplacement à réaliser tandis que pour n = 1 un déplacement suffit (règle R1).

Cette étude se transcrit immédiatement en deux procédures :

proc bag = (ent n) neutre : si n ≥ 1 alors bag (n-2) ;
                                     imprimer (("reculer", n)) ;
                                     débag (n-2) ;
                                     bag (n-1)

                          fsi ,

proc *débag* = *(ent n)* *neutre* : *si* n ≥ 1 *alors* *débag (n-1)* ;

> *bag (n-2)* ;
>
> *imprimer (("avancer",n))* ;
>
> *débag (n-2)*

fsi

Finalement, nous ne définissons pas ici une procédure mais un système de deux procédures *bag* et *débag*. Les études de la terminaison et la correction sont encore possibles malgré quelques complications techniques : si le baguenaudier que l'on a en mains possède 7 anneaux, la solution demandée sera imprimée par les appels successifs commandés par l'appel

bag (7)

Correction

Il s'agit de montrer par récurrence sur n que *bag(n)* et *débag(n)* impriment bien une suite de numéros correspondant au passage de l'état initial à l'état final (resp. de l'état final à l'état initial).

- pour $n = 0$, il n'y a pas d'impression
- pour $n = 1$, on a l'impression *"reculer 1"*

Admettons le résultat pour tout p < n (avec n > 1) :

Etudions *bag(n)* :

- par hypothèse de récurrence *bag(n-2)* imprime une suite de numéros correcte et aboutit à la disposition :

$$\underbrace{0 \ldots 0}_{n-2} 1\ 1$$

- l'impression de *"reculer n"* conduit à :

0 . . . 0 1 0

ce qui est conforme à la règle R2

- l'hypothèse de récurrence s'applique à *débag(n-2)* puis *bag(n-1)* qui conduisent à :

$$\underbrace{0 \ldots 0}_{n}$$

L'étude de *débag(n)* est analogue.

Terminaison :

Ici dans l'ensemble Préd(n) qui donne la liste des valeurs à calculer éventuellement avant n, il y a lieu de préciser la procédure utilisée ; nous préciserons Préd((bag,n)) et Préd((débag,n)) pour *bag* et *débag* ; convenons que Préd((bag,n)) = {(débag,n-2), (bag,n-2), (bag,n-1)} qui signifie tout simplement que l'évaluation de *débag(n-2)*, *bag(n-2)*, *bag(n-1)* précède celle de (bag,n).

De même :

Préd((débag,n)) = {(débag, n-1), (débag, n-2), (bag, n-2)}

Par récurrence sur i, on prouve alors immédiatement que la deuxième composante de tous les éléments de Préd^i ((bag,n)) et de Préd^i ((débag,n)) est inférieure ou égale à n-i.

Par suite, on aura Préd^{n+1} ((bag,n)) = ω et Préd^{n+1} ((débag,n)) = ω.

Ce qui assure la terminaison.

9.5. Résumé

On peut appeler une procédure dans le texte de sa propre définition ; dans ce cas on dit que la procédure est récursive. Il y a lieu de vérifier qu'une procédure récursive se termine et qu'elle est correcte.

Terminaison :

Soit x un paramètre effectif de f. L'exécution de f(x) provoque un ou plusieurs appels f(y), ou, pour certaines valeurs de x ne provoque pas d'appel récursif de f. Soit ω l'ensemble de valeurs du paramètre x pour lesquelles l'appel f(x) ne provoque pas d'appels récursifs. Pour que f termine il faut et il suffit que, pour tout paramètre effectif x possible, l'on débouche finalement sur l'ensemble ω après un nombre fini d'appels récursifs.

Correction :

On recherche le résultat r (dépendant du paramètre effectif x). Pour vérifier que la procédure f calcule r, on montre, par récurrence sur x ou sur le nombre d'appels, que les conditions finales sont vérifiées par x et r.

9.6. Problèmes

1. Les tours de Hà nôi

Dans une pagode près de Hà nôi se dressent trois pieux de diamant ; sur l'un de ces pieux se trouvaient, il y a très longtemps, 64 disques d'or de diamètres tous différents, placés l'un sur l'autre par ordre décroissant de taille, le plus grand se trouvant en bas. Les bonzes de la pagode ont reçu pour mission de déplacer ces disques pour les enfiler sur le 3ème pieu, en respectant les deux règles suivantes : ne déplacer qu'un disque à la fois, ne poser un disque que sur un disque plus grand. Il faut donc utiliser le pieu intermédiaire.

Ecrire une procédure *hanoi* à un paramètre n (nombre de disques) qui imprime les configurations successives du jeu de l'état initial (tous les disques sont sur le premier pieu) à l'état final (tous les disques sont sur le troisième pieu).

L'achèvement du travail des bonzes correspond à la fin du monde. Les bonzes ont commencé en 3333 avant notre ère ; chaque déplacement demande une minute. Evaluez la date de la fin du monde en supposant que les bonzes ne font aucune erreur.

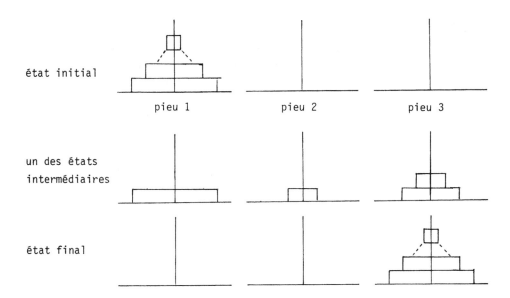

état initial   pieu 1   pieu 2   pieu 3

un des états
intermédiaires

état final

2. Les nombres de Stirling

Le nombre de Stirling S_n^p représente le nombre de surjections d'un ensemble à n éléments sur un ensemble à p éléments (n et p $\geq$ 0). On peut constater qu'ils sont définis par :

$p = 0$ et $n = 0 \Rightarrow S_n^p = 1$

$p = 0$ et $0 < n \Rightarrow S_n^p = 0$

$0 \leq n < p \qquad \Rightarrow S_n^p = 0$

$0 < p \leq n \qquad \Rightarrow S_n^p = p(S_{n-1}^p + S_{n-1}^{p-1})$

Ecrire une procédure permettant de calculer les nombres S_n^p. Montrer que pour tout entier n on a $S_n^n = n!$ et utiliser ce résultat pour transformer la procédure obtenue afin de simplifier les calculs.

3. La fonction nonante et un

Que calcule la procédure ci-dessous ?

```
proc nonante et un = (ent n) ent :
    si n > 100
        alors n - 10
        sinon nonante et un (nonante et un (n + 11)
    fsi
```

4. Décomposition d'un entier m en n sommants

Le comptable d'une entreprise est amené à répartir une prime de m francs entre n employés $e_1, \ldots, e_n$; mais les traditions de la maison veulent que, compte tenu de l'ancienneté, la prime de e_1 soit supérieure ou égale à celle de e_2, elle-même supérieure ou égale à celle de e_3, etc... (La prime de certains pouvant éventuellement être nulle).

Ecrire une procédure qui calcule le nombre de manières de répartir cette prime (en francs entiers).

9.7. SOLUTIONS DES EXERCICES

Exercice 1 :

x^n peut être défini par :

$n = 0 \Rightarrow x^n = 1$

$n < 0 \Rightarrow x^n = \dfrac{1}{x^{-n}}$

$n > 0 \Rightarrow x^n = x \cdot x^{n-1}$

On obtient ainsi :

proc puiss = *(réel* x, *ent* n) *réel* :
  si n = 0 *alors* 1
  sinsi n < 0 *alors* 1/puiss (x, − n)
          sinon x * puiss (x, n − 1)

  fsi

Cette solution consiste donc à se ramener au cas $n = 0$ puisqu'on appelle :

puiss (x,n), puiss (x,n-1), puiss (x, n-2),..., puiss (x, 0)

On a ainsi $n + 1$ appels emboîtés de la procédure. Il était ici plus ingénieux de partir d'une autre définition de x^n :

$n = 0 \Rightarrow x^n = 1$

$n < 0 \Rightarrow x^n = \dfrac{1}{x^{-n}}$

$n > 0 \text{ et } n \text{ impair} \Rightarrow x^n = x^{n \div 2} \cdot x^{n \div 2} \cdot x$

$n > 0 \text{ et } n \text{ pair} \Rightarrow x^n = x^{n \div 2} \cdot x^{n \div 2}$

où $\div$ désigne la division entière.

Cette définition conduit au programme :

```
proc puiss2 = (réel x, ent n) réel :
   si n = 0     alors 1
   sinsi n < 0 alors 1/puiss2 (x, - n)
              sinsi réel p = puiss2 (x, n÷2) ;
                    impair n
                    alors p*p*x
                    sinon p*p
   fsi
```

pour n ≥ 0 cette procédure provoque les appels emboîtés :

puiss2 (x,n), puiss2 (x, n÷2), puiss2 (x, n÷2**2),..., puiss2 (x,0)

Le nombre des appels imbriqués est le plus petit entier p tel que

$n \div 2^{p-1} = 0$

p est donc de l'ordre de $\text{Log}_2(n)$ qui est plus petit que n.

Cette technique qui consiste à se ramener à un problème "2 fois plus simple" est fréquemment utilisée sous le terme général de "dichotomie" (cf. exemple 2 du chapitre 11).

Exercice 2 :

Si α est une chaîne, la réfléchie de α notée r(α) est définie par :

α = "" (chaîne vide) $\Rightarrow$ r(α) = ""

α = a + β $\Rightarrow$ r(α) = r(β) + a

où a est un caractère et β une chaîne.

On est ainsi conduit à :

```
proc refl = (chaîne alpha) chaîne :
   si alpha = ""
      alors ""
      sinon refl (suite (alpha)) + tête (alpha)
   fsi
```

Exercice 3 :

Préd(0) = ω et pour $n \geq 1$, Préd(n) = $n - 1$;

d'où pour tout n : $\text{Préd}^{n+1}(n) = \omega$

Exercice 4 :

1. Pour la procédure *puiss* :

si $n = 0$: Prēd$(x,0) = \omega$

si $n > 0$: Prēd$((x,n)) = (x, n-1)$ | $n < 0$: Prēd$((x,n)) = (x, -n)$

Prēd$((x, n-1)) = (x, n-2)$ | Prēd$((x, -n)) = (x, -n-1)$

$\vdots$ | $\vdots$

Prēd$((x, 1)) = (x, 0)$ | Prēd$((x,1)) = (x, 0)$

Prēd$((x, 0)) = \omega$ | Prēd$((x,0)) = \omega$

ainsi Prēd$^{n+1}((x,n)) = \omega$ | Prēd$^{n+2}((x,n)) = \omega$

2. Pour la procédure *puiss2*, Prēd$(x,0) = \omega$; montrons que, pour $n > 0$, si p est le plus petit entier tel que $p \geq \text{Log}_2$, alors Prēd$^{p+2}(x,n) = \omega$.

Pour $n = 1$, on trouve immédiatement Prēd$^2(x,n) = \omega$. Pour $n > 1$, prouvons-le :

$$\text{Prēd}^{p+2}(x,n) = \text{Prēd}^{(p-1)+2}(\text{Prēd }(x,n))$$
$$= \text{Prēd}^{(p-1)+2}(x,n\div 2)$$

Or, $p \geq \text{Log}_2 n$ entraîne $p-1 \geq \text{Log}_2 (n\div 2)$; d'où, d'après l'hypothèse de récurrence, Prēd$^{(p-1)+2}(x,n\div 2) = \omega$. Enfin, pour $n < 0$, si p est le plus petit entier tel que $p \geq \text{Log}_2(-n)$, on trouve Prēd$^{p+3}(x,n) = 0$.

La procédure se termine donc pour tout x réel et tout n entier.

3. Si *alpha* = "", Prēd$(alpha) = \omega$

si *alpha* $\neq$ "", Prēd$(alpha) = suite(alpha)$

Ainsi, une récurrence immédiate sur la longueur n de *alpha* montre que :

Prēd$^n (alpha) = $ ""

donc Prēd$^{n+1}(alpha) = \omega$

Exercice 5 :

Dans tous les cas on a Prēd$(x) = x$ c'est à dire que la valeur de *vis*(x) dépend de la valeur de *vis* (x) et la procédure ne termine jamais. Il s'agit donc d'une "vis" sans fin.

Exercice 6 :

1. Le résultat attendu pour *puiss*(x,n) est x^n ; il s'agit donc ici de prouver le prédicat :

CS *(puiss, (x, n), x^n)*

a) Supposons $n \geq 0$:

- $puiss(x,0) = 1$, c'est à dire CS $(puiss,(x,0),1)$,

ou encore : CS$(puiss, (x,0), x^0)$

pour $n \geq 1$, admettons CS$(puiss, (x, n-1), x^{n-1})$

et évaluons le résultat de $puiss\ (x, n-1)$

$puiss\ (x,n) = x * puiss\ (x, n-1)$
$= x * x^{n-1}$ hypothèse de récurrence
$= x^n$

d'où : CS$(puiss, (x,n), x^n)$

b) Supposons $n < 0$ et évaluons $puiss(x,n)$ dans ce cas :

$$puiss(x,n) = \frac{1}{puiss(x, -n)}$$

$$= \frac{1}{x^{-n}}$$

$$= x^n$$

d'où, à nouveau : CS $(puiss, (x,n), x^n)$

2. Le raisonnement est analogue pour $puiss2$.

3. FINAL $(refl, \alpha, \beta)$ est $\beta = r(\alpha)$ $(r(\alpha)$ est la chaîne réfléchie de $\alpha)$: le résultat est immédiat par récurrence sur la longueur de α.

Exercice 7 :

$g(0,0) = 1$
$g(1,0) = g(1,1) * 1 = 1$
$g(2,0) = g(2,1) * 1 = g(2,2) * 2 * 1 = 2$
etc...

Plus généralement, pour prouver que $g(x,0) = x!$ montrons, par récurrence sur $x - y$, que

$$0 \leq y \leq x \Rightarrow g(x,y) = \frac{x!}{y!}$$

- pour $x - y = 0$, d'après la définition de g, $g(x,x) = 1$
- pour $x - y > 0$, on trouve

$g(x,y) = g(x,y+1) * (y+1)$. Par hypothèse de récurrence $g(x,y+1) = \dfrac{x!}{(y+1)!}$, donc

$$g(x,y) = \frac{x!}{(y+1)!} * (y+1) = \frac{x!}{y!}$$

Exercice 8 :

1. Représentons l'arbre des appels successifs de *com* que provoque le calcul de *com(5,3)* en y faisant figurer les appels correspondants de la procédure *imprimer* :

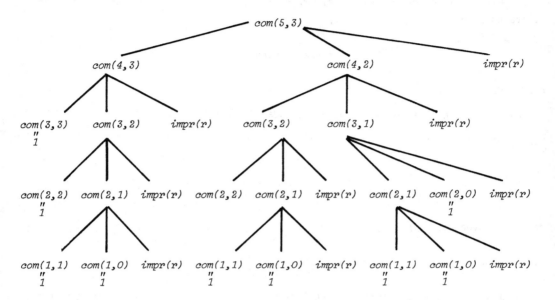

Ainsi, l'appel de *com(5,3)* provoque tout d'abord celui de *com(4,3)* qui à son tour... Lorsque cet appel est terminé (une valeur est associée à *r*), l'appel de *com(4,2)* est effectué puis seulement on peut imprimer *r*. Cette impression est donc la dernière instruction exécutée. Ainsi, les premières impressions sont celles correspondant aux appels les plus internes ; l'ordre d'exécution des instructions d'impression est donc obtenu en explorant l'arbre précédent de la gauche vers la droite et de bas en haut. On obtient ainsi :

2	*(com(1,1) + com(1,0))*
3	*(com(2,2) + com(2,1))*
4	*(com(3,3) + com(3,2))*
2	*(com(1,1) + com(1,0))*
3	*(com(2,2) + com(2,1))*
2	*(com(1,1) + com(1,0))*
3	*(com(2,1) + com(2,0))*
6	*(com(3,2) + com(3,1))*
10	*(com(4,3) + com(4,2))*

On peut comparer l'arbre précédent et le tableau de la figure 1 de l'exemple 1. Comme nous l'avons déjà remarqué, la procédure *com* permet de calculer C_n^p en n'utilisant que les combinaisons nécessaires à ce calcul. Cependant sur l'exemple considéré il apparaît que l'on appelle plusieurs fois la procédure avec les mêmes paramètres, ce qui n'est pas optimal. On constate ainsi un conflit fréquent en algorithmique entre le temps d'exécution et la place utilisée :

- en utilisant peu de place (ici ceci consiste à ne pas construire tout le tableau) on effectue plusieurs fois les mêmes appels, donc on perd du temps
- en utilisant plus de place (cf. chapitre 11, problème 3) on diminue le temps de calcul

2. Comme les évaluations des opérandes d'une addition sont collatérales, les actions d'impression qu'elles commandent le sont aussi. Il s'agit donc d'un exemple de ce qu'il faut absolument éviter : des impressions collatérales peuvent aller jusqu'à mélanger entre eux les caractères à imprimer sur des lignes différentes.

En reprenant l'arbre précédent, le seul renseignement sur l'ordre des impressions est qu'elles s'effectuent nécessairement du bas vers le haut et que les ordres d'impression de 2 niveaux intermédiaires ne peuvent se suivre directement.

Exercice 9 :

Si $\mu(n,p)$ est le nombre d'additions provoquées par l'appel de $C(n,p)$, il vient immédiatement par définition de cette procédure :

$$n < p \text{ où } p = 0 \text{ ou } n = p \Rightarrow \mu(n,p) = 0$$
$$0 < p < n \qquad \Rightarrow \mu(n,p) = \mu(n-1,\ p) + \mu(n-1,\ p-1) + 1$$

et on trouve que si $0 < p < n$ alors $\mu(n,p) = C_n^p - 1$

c'est-à-dire $\qquad \dfrac{n!}{p!(n-p)!} - 1$

donc de l'ordre de $\dfrac{n!}{p!(n-p)!}$

Par contre, en utilisant le triangle de Pascal on évite de recommencer plusieurs fois de suite les mêmes opérations. Les combinaisons nécessaires au calcul de C_n^p se trouvent dans un parallélogramme dont les quatre sommets sont les cases :

$(0,0)$; $(n-p, 0)$; (p,p) ; (p,n)

Il est immédiat que le nombre d'addition $\nu(p,n)$ est le nombre de cases appartenant à ce parallélogramme (exceptées les cases formées de 1 qui correspondent aux frontières supérieure et gauche de la figure). Ainsi :

$$0 < p < n \Rightarrow \nu(p,n) = (n-p+1)\ (p+1) - (n-p+1) - p$$
$$= (n-p)\ p$$

On peut vérifier par récurrence sur n que pour

$$0 < p < n \ ; \ \mu(p,n) \geq \nu(p,n).$$

CHAPITRE 10

ITERATION, VARIABLES

10.1. Buts

L'itération est également une construction basée sur le raisonnement par récurrence. C'est une autre manière de résoudre un problème en le ramenant à des sous-
problèmes qui lui sont similaires.

En remarquant que le calcul de n! nécessite celui de (n-1)!, nous avons été
conduits, au chapitre précédent, à introduire une procédure récursive fournissant la
factorielle d'un nombre. Mais il est bien connu que, dans la pratique, la valeur de
n! se calcule par récurrence sur n à partir de 0! = 1. Ce calcul peut simplement se
définir par :

$u_0 = 1$;
tant que $i \neq n$
  faire $u_i = u_{i-1} * i$ *fait*

Une telle construction est une <u>itération</u> qui se présente plus généralement sous
la forme suivante :

Calcul de u_0 ;
tant que But non atteint pour u_{i-1}
  faire Calcul de u_i à partir de u_{i-1} *fait*

L'itération est d'un emploi facile puisqu'elle consiste essentiellement à répéter un calcul tant que le but voulu n'est pas atteint ; elle peut également favoriser
une économie d'emploi de l'ordinateur.

Le calcul défini par une itération est une suite c_1, c_2,...,c_n de calculs telle
que le résultat u_{i-1} de c_{i-1} serve de donnée à c_i. Comme u_i ne dépend que de u_{i-1},
il est possible d'utiliser un identificateur unique u qui désigne successivement les
différents éléments de la suite. Le calcul de u_i à partir de u_{i-1} peut alors se concevoir comme une transformation faisant passer d'une certaine valeur de u à une nouvelle
valeur. L'itération précédente peut alors s'exprimer sous la forme :

Calcul de la première valeur de u ;
tant que but non atteint pour u
  faire u devient la transformée de u *fait*

Cet u est un nouveau type d'objet appelé <u>variable</u> pouvant prendre des valeurs différentes à chaque étape de l'exécution ; le changement de la valeur de u s'exprime par une nouvelle opération : l'affectation. Par exemple l'affectation $u := u + 2$ ajoute 2 à la valeur de u.

10.2. ILLUSTRATIONS

1. Programmons schématiquement le remplissage d'une éprouvette v en y versant goutte à goutte un médicament liquide :

début
   nettoyer (v) ;
   tant que on n'a pas rempli (v)
      faire verser une goutte dans (v) fait
fin

Observons de suite qu'il est toujours possible de remplir une éprouvette par un nombre fini de gouttes : le processus se termine donc. En conséquence, le remplissage est toujours réalisable et l'algorithme est bon. Comme quoi la mise au point d'une méthode de remplissage d'une éprouvette à l'aide d'un compte-gouttes est bien une affaire d'informatique !

Nous voyons aussi comment l'éprouvette v correspond à une variable : le contenant ne change pas, reste unique, mais c'est le contenu qui varie à chaque étape.

2. Prenons comme deuxième illustration un programme calculant une valeur positive approchée de $\sqrt{2}$ par la méthode de Héron d'Alexandrie. Nous cherchons un x tel que $x = \sqrt{2}$, ou $x^2 = 2$, ou $2x^2 = x^2 + 2$, ou $x = \frac{1}{2}(x + \frac{2}{x})$. On sait calculer cette valeur par approximations successives :

$$\sqrt{2} = \lim_{i \to \infty} x_i$$

où $x_0 = 1$

$x_i = \frac{1}{2}(x_{i-1} + \frac{2}{x_{i-1}})$ $i > 0$

Supposons que la valeur approchée x_n que nous désirons doive vérifier $|x_n^2 - 2| < 10^{-15}$. Le programme s'écrit dès lors aisément :

début réel x:= 1 ;
   *tant que abs (x * x - 2) ≥ 1e - 15*
      faire x := (x + 2/x)/2 fait ;
   imprimer (x)
fin

La notation := représente l'affectation ; ainsi *x := (x + 2/x)/2* définit la nouvelle valeur de *x* en fonction de l'ancienne.

Ce programme construit une suite de valeurs de *x* : $x_0 = 1$, $x_1 = 1.5$, $x_2 = 1.4166$, ...; chaque nouvelle valeur est calculée en fonction de la valeur qui précède immédiatement. L'identificateur *x* est une variable qui reçoit ces valeurs successives jusqu' au moment où l'écart avec la valeur idéale est suffisamment petit. Ces valeurs successives sont forcément en nombre fini car la suite est convergente ; on suppose bien entendu que la machine distingue effectivement deux nombres réels s'ils diffèrent au moins à partir de leur 15ème décimale.

Notons que l'itération de la transformation $x \rightarrow \frac{1}{2} (x + \frac{2}{x})$ peut aussi bien être programmée par une procédure récursive :

> *début*
>> *proc f = (réel x) réel :*
>>> *si abs (x *x - 2) <1e - 15*
>>>> *alors x*
>>>> *sinon f ((x + 2/x)/2)*
>>> *fsi ;*
>> *imprimer (f(1))*
> *fin*

Nous voyons clairement que l'appel *f(1)* équivaut à

transfo (transfo (... (tranfo (1)) ...))

où *transfo(x)* est *(x + 2/x)/2*, et qu'il provoque également le calcul des valeurs successives :

$$x_0 = 1$$
$$...$$
$$x_i = \frac{1}{2} (x_{i-1} + \frac{2}{x_{i-1}})$$
$$...$$

3. Voici enfin quelques illustrations mythiques ou folkloriques qui montrent la nécessité d'une étude raisonnée des itérations :

- le tonneau des Danaïdes étant sans fond, il est impossible de le remplir en versant des quantités finies de liquide,
- chaque fois que le malheureux Sisyphe parvient à pousser un rocher vers le haut de la pente, ce rocher roule en bas : cet algorithme ne se termine pas,
- dans la procession d'Echternach l'on avance de trois pas puis l'on recule de deux et ainsi de suite : on arrive donc bien à traverser la ville d'Echternach car on gagne un pas à chaque étape.

10.3. LOGIQUE

Considérons une construction de la forme :

initialisation ;
tant que but non atteint
    faire calcul *fait*

L'*initialisation* définit les valeurs initiales de la récurrence.

Le *but* représente ce à quoi l'itération doit arriver.

Le *calcul* exprime la transformation dont l'application répétée permet d'atteindre le *but*. Naturellement il faut garantir que le *but* peut toujours être atteint par un nombre **fini** d'applications successives du *calcul*.

Pour étudier comment garantir pratiquement cette condition, construisons un programme calculant et imprimant la valeur de

$$1 - \frac{1}{3} + \frac{1}{5} - \frac{1}{7} + \ldots + \frac{(-1)^n}{2n+1}$$ (valeur approchée de $\frac{\pi}{4}$)

où l'entier n est une donnée.

Utilisons la récurrence

$$s_1 = 1$$
$$(i>1) \quad s_i = s_{i-1} + a_i \quad \text{avec } a_i = \frac{(-1)^i}{2i+1}$$

pour calculer les sommes partielles successives, et employons la seconde récurrence

$$i_1 = 1$$
$$(k>1) \quad i_k = i_{k-1} + 1$$

pour connaître la valeur de l'indice courant i dans la suite. Nous obtenons ainsi le schéma :

début
    ent $i := 1$, $s := 1$, *ent* $n = lirent$;
    tant que but non atteint
        faire
            ent $a_i = (-1)**i/(2*i+1)$;
            ($s := s + a_i$, $i := i+1$)
        fait ;
    imprimer (s)
fin

Il reste à détailler la condition *but non atteint*. Le but est $s = \sum\limits_{i=1}^{n} a_i$;
mais il serait bien ridicule d'utiliser brutalement *tant que* $s \neq \sum\limits_{i=1}^{n} a_i$ comme condi-

tion de poursuite de l'itération : il faudrait en effet utiliser la valeur de $\sum\limits_{i=1}^{n} a_i$, ce qui est justement le résultat que le programme doit calculer !

Nous évitons ce cercle vicieux en décomposant le but en deux parties : la première partie, dite _invariante,_ doit rester vraie tout au long de l'itération ; la seconde partie, dite _variante,_ peut être fausse, ne devient vraie que si le but est atteint, et doit toujours devenir vraie en un nombre fini d'étapes. Lorsqu'une telle décomposition est obtenue, il suffit de tester uniquement la partie variante.

Une telle décomposition s'obtient facilement dans le cas qui nous occupe : la valeur courante de la variable s est définie, à la fin, par

$$s = \sum_{i=1}^{n} a_i$$

c'est-à-dire par

$$[(s = \sum_{k=1}^{i} a_k) \; \underline{et} \; i \leq n] \quad \underline{et} \; i = n$$

L'invariant est $(s = \sum\limits_{k=1}^{i} a_k) \; \underline{et} \; i \leq n.$

Il exprime que la valeur courante de s égale la somme des i premiers termes de la série, et il équivaut à l'expression en fonction de i du $i$ème terme de la suite $s_1, s_2, \dots$. Cet invariant reste bien toujours vrai. La partie variante est $i = n$. Elle est fausse tant que le but n'est pas atteint et elle devient forcément vraie après un nombre fini d'addition d'une unité à i quand $i \leq n$. La condition d'itération cherchée peut donc s'écrire :

tant que $i \neq n$

Pour être rigoureux, il faut démontrer le caractère stable de l'invariant, que nous désignons par I. Nous vérifions d'abord que I est vrai à l'initialisation. Puis, en supposant I vrai après la (k-1)ème étape, nous démontrons qu'il est encore vrai après la k[ème], compte tenu des affectations de nouvelles valeurs aux variables.

Ceci nous amène à étudier l'effet logique d'une affectation.

Pour commencer, considérons une affectation S simple :

$S : i := i + 1$

et la condition initiale

$INIT(S) \equiv i < n$

Si nous notons $i_{pré}$ la valeur antérieure de i, juste avant S, il est évident que $i_{pré}$ vérifie $INIT(S)$, c'est-à-dire

$i_{pré} < n$

et l'affectation à i de sa valeur antérieure augmentée de 1 fournit l'égalité

$i = i_{pré} + 1$

Ainsi pour une condition initiale $i < n$, la condition finale de $i := i + 1$ est

FINAL$(S) \equiv i_{pré} < n$ $\underline{et}$ $i = i_{pré} + 1$

ce qui, par élimination de $i_{pré}$ devient

FINAL$(S) \equiv i \leq n$

La règle générale est donc que FINAL$(x := E)$ équivaut à la conjonction de $INIT_{pré}$ et de $x = E_{pré}$; $INIT_{pré}$ est la condition initiale où x est partout remplacé par $x_{pré}$; $E_{pré}$ est l'expression E où x est également partout remplacé par $x_{pré}$.

En résumé, si $T[x \rightarrow x_{pré}]$ représente l'expression déduite du texte T en y remplaçant partout x par $x_{pré}$:

FINAL$(S) \equiv$ INIT(S) $[x \rightarrow x_{pré}]$ $\underline{et}$ $x = (E [x \rightarrow x_{pré}])$

lorsque S est une affectation $x := E$.

Exercice 1 : Soit l'affectation $S : x := x + 3$ et INIT$(S) \equiv x \geq 0$ $\underline{et}$ $y = 0$
Déduire FINAL(S).

On peut procéder dualement, à savoir déduire INIT(S) à partir d'un FINAL(S) donné. Reprenons le petit exemple précédent, mais à l'envers. On a donc

$S = i := i + 1$

FINAL$(S) \equiv i \leq n$

Représentons par i_{post} la valeur postérieure de i, immédiatement après l'affectation. Cette valeur vérifie la condition finale :

$i_{post} \leq n$

L'affectation équivaut à l'égalité

$i_{post} = i + 1$

où i représente la valeur antérieure. La condition initiale est donc

INIT$(S) \equiv i_{post} \leq n$ $\underline{et}$ $i_{post} = i + 1$

$\equiv i + 1 \leq n$

$\equiv (i \leq n)$ $[i \rightarrow i + 1]$

La règle générale s'écrit simplement, quand S est $x := E$

INIT$(S) \equiv$ FINAL(S) $[x \rightarrow E]$

En d'autres termes, la condition initiale est la condition finale où x est partout remplacé par E.

Exercice 2 : Soit $\text{INIT}(S) = x \geq \dfrac{3}{y}$ $\underline{et}$ $y < 4$

$\quad$ et $\text{FINAL}(S) = x \geq 3$ $\underline{et}$ $y < 4$

Trouver une affectation S réalisant ces spécifications.

Exercice 3 : Soit $I \equiv s = \displaystyle\sum_{k=1}^{i-1} \dfrac{(-1)^k}{2k+1}$ $\underline{et}$ $i - 1 \leq n$

$$S : s := s + (-1)**i/(2*i+1) \; ; \; i := i + 1$$

$\quad$ $\text{INIT}(S) \equiv I$ $\underline{et}$ $i - 1 \neq n$

Déduire $\text{FINAL}(S)$ et démontrer qu'il entraîne I.

10.4. TECHNIQUE

1. Itération

Elle s'écrit

$\underline{tant\ que}$ B $\not\!\!/\!\!/$ INVAR : I . $\not\!\!/\!\!/$

$\quad$ $\underline{faire}$ S $\underline{fait}$

La composante B est une série à résultat booléen exprimant la condition de non arrêt. Dans le commentaire, I est une expression de l'invariant. L'écriture explicite de I n'est en fait pas indispensable (les commentaires ne sont pas pris en compte par l'ordinateur) ; on pourrait cependant concevoir des systèmes de programmation vérifiant rigoureusement l'invariance de I par S . Dans tous les cas,, nous recommandons vivement au programmeur de s'imposer la discipline consistant à expliciter systématiquement les invariants des itérations. La partie S exprime les calculs des nouvelles valeurs des variables. L'itération ne délivre pas de valeur, son mode est $\underline{neutre}$.

Notons que si B est faux dès le départ, S n'est pas exécutéedu tout. Notons aussi que la répétition (vue au chapitre 4)

$\underline{jusqu'à}$ n $\underline{faire}$ S $\underline{fait}$

revient à une itération :

$\underline{début}$

$\quad$ $\underline{ent}$ $i := 1$;

$\quad$ $\underline{tant\ que}$ $i \leq n$ $\underline{faire}$ S ; $i := i + 1$ $\underline{fait}$

$\underline{fin}$

Bien sûr, la variable auxiliaire i ne doit pas être modifiée dans S.

2. Variable et affectation

La façon de créer des variables et de changer leurs valeurs s'inspire fortement de la structure interne des ordinateurs où l'on distingue l'adresse et le contenu
de chaque case de mémoire. Cette inspiration est à la fois bonne et mauvaise : elle
fait prendre conscience de la réalité matérielle mais risque de compliquer les raison-
nements logiques.

L'affectation prend la forme

$N := E$

où N est une phrase fournissant un contenant (l'adresse d'une case) encore appelé
nom et E est une phrase dont la valeur est le nouveau contenu à affecter à ce contenant. Par exemple, dans

$i := i - 3$

le nom est donné par la variable i et le nouveau contenu est la valeur précédente de
i moins 3.

La création d'une variable x à valeurs entières s'obtient par

ent $x := E$

où E est une phrase calculant la valeur entière initiale. Le symbole := permet de distinguer entre cette déclaration de variable et une déclaration d'identité

ent $x = E$

qui exclut l'affectation ultérieure d'une nouvelle valeur à x. Indiquons qu'il est
possible d'omettre :=E lors d'une telle création mais alors la variable x n'est pas
initialisée.

Pour conserver et systématiser la distinction entre identificateurs de variables
et ceux de constantes, on dit que le mode d'une variable entière x est rep ent, lu
repère (ou repaire !) d'entier. Dès lors, dans une affectation

$N := E$

le mode de N a la forme rep m et celui de E est m. Par convention, on admet que l'affectation produit aussi une valeur, à savoir le nom produit par N, et que son mode est
donc rep m. La prise de la valeur d'une variable, par exemple celle de i dans $i - 3$
correspond au passage d'un nom à une valeur, ou de rep m à m, et s'appelle dérepérage.

Pour être complet, il faut préciser qu'une déclaration

ent $x := E$

exige en fait la création d'un nom, c'est-à-dire la réservation d'une case disponible
dans la mémoire. Si l'on représente cette création par loc ent, à lire "local d'entier" si l'on veut, la déclaration ent x:=E n'est alors qu'une abréviation agréable
de la déclaration

rep ent $x = $ loc ent $:= E$

Ceci est long mais exprime clairement les diverses actions sous-jacentes :

- la création, par loc ent, d'un nouveau nom, et le calcul, par E, d'un entier ;
- l'affectation de l'entier calculé au nom créé ;
- la déclaration que x est un identificateur de mode rep ent et qu'il est associé
  au nom ainsi créé et initialisé.

Remarque :

Il est possible de changer la valeur d'une variable par lecture directe en utilisant la commande *lire*. L'écriture de cette commande est analogue à celle de *imprimer*.

   lire (℥)

où ℥ est :

   - soit une phrase donnant le nom d'une variable
   - soit une collatérale donnant une liste de noms de variables.

Les valeurs lues sont affectées aux variables dans leur ordre de lecture. Chaque
valeur doit avoir le mode de la variable correspondante.

Exemple :

   début
      ent x, réel y, z ;
      lire (y) ⧣ *y prend la valeur lue, cette valeur doit être réelle* ⧣ *;*
      lire ((x,z)) ⧣ *la première valeur lue est affectée à x, la deuxième à z* ⧣
   fin

Les fonctions standard de lecture (*lirent, liréel*,...) que nous avons utilisées jusqu'à présent sont en réalité définies à partir de la commande *lire*.

Exemple :

   proc lirent = ent : début ent x ; lire (x) ; x fin

10.5. EXEMPLES

1. Programmons l'exemple banal du remplissage d'une éprouvette. Supposons que sa conte-
nance est 2,73 cm^3 et que chaque goutte contient 0,05cm^3. Un nombre réel représente
le contenu et une variable v représente le niveau variable du contenu

   début réel v := 0 ;
      tant que v ≠ 2.73 faire v := v + 0.05 fait
   fin

Hélas, le but $v = 2.73$ ne peut être atteint puisque 2,73 n'est pas multiple entier de 0,05. De plus, il est dangereux d'utiliser des tests d'égalité entre réels
dans les programmes, car, insistons encore, les nombres réels informatiques ne sont que
des approximations des nombres réels mathématiques. Dans le cas présent, on peut alors
songer à utiliser

   tant que v ≤ 2.73

Mais on risque alors de déborder. Le remplissage maximal sans débordement est
garanti par

tant que $v \leq 2.73 - 0.05$

2. Un problème de comptage

Supposons qu'on veuille compter les nombres des occurrences des voyelles a, e, i, o, u dans un texte T à lire. La fin de T est indiquée par un caractère spécial, disons ⓐ. Représentons par *na* le nombre de "a" dans T, et de même pour *ne, ni, no, nu*. Nous pouvons alors exprimer le but comme suit:

But :
- *na* = nombre de "a" dans le texte analysé
- idem pour *ne, ni, no, nu*
- le texte analysé est une partie initale de T
- le dernier caractère lu est ⓐ

Décomposons ce but en deux parties, l'une invariante et l'autre variante.

Invariant :
- *na* = nombre de "a" dans le texte analysé
- idem pour *ne, ni, no, nu*
- le texte analysé est une partie initiale de T

Variant :
  le dernier caractère lu est ⓐ

Construisons le programme de façon à garantir logiquement son effet.

Invariance de l'invariant :

- Base : pour que l'invariant soit vrai au départ, il suffit qu'au départ les compteurs soient à zéro et la partie déjà analysée du texte soit vide.

- Induction : pour garder l'invariant valide après la lecture d'un caractère, il suffit d'ajouter 1 à *na* si ce caractère est "a", et, sinon, de ne pas changer *na*, et de même pour les autres compteurs de voyelles.

Terminaison sur le but :

- Pour que la partie variante devienne vraie à coup sûr, il suffit de lire T caractère par caractère, vu les hypothèses.

Le programme prend dès lors la forme :

```
début
    ent na := 0, ne := 0, ni := 0, no := 0, nu := 0, car c ;
    tant que lire(c) ; c ≠ "ⓐ"
        faire
            imprimer (c) ;
            si c = "a" alors na := na + 1
            sinsi c = "e" alors ne := ne + 1
```

$\underline{sinsi}\ c\ =\ "i"\ \underline{alors}\ ni\ :=\ ni\ +\ 1$

$\underline{sinsi}\ c\ =\ "o"\ \underline{alors}\ no\ :=\ no\ +\ 1$

$\underline{sinsi}\ c\ =\ "u"\ \underline{alors}\ nu\ :=\ nu\ +\ 1$

$\underline{fsi}$

$\underline{fait}\ ;$

$imprimer\ ((na,\ "a",\ ne,\ "e",\ ni,\ "i",\ no,\ "o",\ nu,\ "u"))$

$\underline{fin}$

où $\underline{car}$ est le mode caractère. On remarque que la lecture de c s'effectuant juste après $\underline{tant\ que}$, la rencontre du caractère ⋑ provoque la fin immédiate de l'itération.

Voici un cas d'application du programme.

Texte lu : $ah,\ ce\ qu'il\ fait\ chaud,\ aujourd'hui$ ⋑

Résultats imprimés : AH, CE QU'IL FAIT CHAUD, AUJOURD'HUI +4A +1E +3I +1O +5U

3. Mariages à la suédoise

Construisons un programme schématisant les mariages à la mode de Suède ou d'Autriche, où les nouveaux époux prennent au choix le nom de jeune homme du mari ou de jeune fille de la femme. Supposons que chaque personne est définie par son prénom, son nom de famille de naissance, son éventuel nom de famille acquis, son âge, son sexe, son état civil et son numéro national d'identité. Remarquons combien cette définition d'une personne est pauvre et primitive : c'est hélas souvent le cas en informatique. De façon assez naturelle, nous représentons les prénoms et noms par des chaînes de caractères et l'âge et le numéro national par des entiers. Pour simplifier, nous représentons l'état civil aussi par une chaîne. Le sexe est codé en un booléen, $faux$ si la personne est un homme et $vrai$ si elle est une femme. Nous sommes ainsi conduits à définir des structures de la forme :

$\underline{mode}\ \underline{personne}\ =\ \underline{struct}\ (\underline{chaîne}\ prénom,$

$nom\ de\ naissance,$

$\underline{bool}\ féminité,$

$\underline{ent}\ identité,\ âge,$

$\underline{rep}\ \underline{chaîne}\ nom\ acquis,$

$état\ civil,$

$\underline{rep}\ \underline{ent}\ identité\ conjoint)$

La procédure $mariage$ a trois paramètres : les deux personnes à marier, x et y, et un booléen, $prio\ elle$, indiquant si le nom de jeune fille a priorité ou non. Cette procédure peut se caractériser par les conditions d'entrée CE et de sortie CS ci-dessous nous supposons que deux personnes ont le même nom de famille à leur naissance si et seulement si elles appartiennent à la même famille.

CE *(mariage (x, y, prio elle)) :*

féminité de x = faux, *féminité de y =* vrai,

âge de x ≥ 18, âge de y ≥ 16, nom de naissance de x = nom de naissance de y,

état civil de x = état civil de y = "célibataire",

prio elle booléen

CS *(mariage, (x, y, prio elle)) :*

état civil de x = état civil de y = "marié",

nom acquis de x = nom acquis de y,

prio elle ⟹ nom acquis de x = nom naissance de $y_{pré}$,

non *prio elle ⟹ nom acquis de x = nom naissance de $x_{pré}$,*

identité conjoint de x = identité de $y_{pré}$,

identité conjoint de y = identité de $x_{pré}$

avec la convention $u_{pré}$ représente la valeur de u avant un appel et u la valeur après. On constate bien sûr que seuls les champs variables (*état civil, nom acquis,...*) peuvent être modifiés par exécution de la procédure. Les composantes *prénom, nom naissance, féminité, identité, âge* ne sont pas modifiées.

Pour réaliser ces spécifications il suffit d'utiliser des affectations adéquates aux composantes qui changent :

proc mariage =

   (personne x, y, bool prio elle) neutre :

   (état civil de x := "marié",

   état civil de y := "marié",

   nom acquis de x := nom naissance de

                si prio elle alors y sinon x fsi,

   nom acquis de y := nom naissance de

                si prio elle alors y sinon x fsi,

   identité conjoint de x := identité de y,

   identité conjoint de y := identité de x)

Ainsi, la procédure *mariage* peut modifier certains champs de x et y puisque ces champs sont variables. D'autre part, l'emploi d'une composition collatérale permet de décrire clairement le corps de la procédure, mais interdit d'écrire par exemple :

nom acquis de y := nom acquis de x

pour modifier le nom acquis de y : les affectations à *nom acquis de x* et à *nom acquis de y* ne seraient alors plus indépendantes et ne pourraient donc être collatérales.

4. Un calcul itératif de factorielle

Construisons un programme itératif pour calculer la factorielle de n $(n ≥ 1)$. Le but est $n! = r$ et peut se décomposer en $(i! = r$ et $i ≤ n)$ et $i = n$. Les affectations $(i := i+1 ; r := r * i)$ effectuées quand $i ≠ n$ laissent $(i! = r$ et $i ≤ n)$ invariant puisque $(i + 1)! = i! * (i + 1)$ se déduit immédiatement de la définition de la facto-rielle. Cet invariant est vrai pour les valeurs $i = 1$ et $r = 1$ car $1! = 1$ et $1 \leq n$. La partie variante $i = n$ devient vraie après un nombre fini d'affectations $i := i + 1$ car on a $i \leq n$. Nous déduisons donc le programme

début

   ent $i := 1$, $r := 1$;
   tant que $i \neq n$ #̸ INVAR : $r = i!$ *et* $i \leq n$. #̸
      faire $i := i + 1$; $r := r * i$ *fait*

fin

Si l'on compare cette version itérative à la forme récursive donnée au chapitre 9 on voit que cette dernière est au moins aussi facile à programmer. Pourquoi donc uti-liser des itérations ? Il y a deux raisons. D'une part les itérations sont exécutées plus rapidement que les récursivités équivalentes dans la plupart des logiciels habi-tuels : ceci n'est pas dû à des problèmes fondamentaux mais aux habitudes acquises. L'autre raison est plus valable : certains problèmes se programment plus naturellement en termes d'itération ; il est cependant malaisé de caractériser ce type de problèmes, car le goût et le style du programmeur jouent un grand rôle.

5. Plus grand commun diviseur

On veut construire une procédure calculant le pgcd de deux entiers a et b positifs. Il est utile de faire appel à ses connaissances arithmétiques et de se rappeler que :

- pgcd(p, p) = p
- pgcd(p, q) = pgcd(q,p)
- pgcd(p,q) = pgcd(p-q, q) *et* pgcd(p,q) = pgcd(p+q,q)

Le but est de calculer $r = pgcd(a,b)$. Ce but peut se décomposer en $pgcd(r,s) = pgcd(a,b)$ *et* $r = s$.

Essayons de trouver des instructions qui gardent invariant $pgcd(r,s) = pgcd(a,b)$ et qui permettent d'atteindre $r = s$. Il est utile de choisir si $r > s$, $r := r - s$, et, dans le cas contraire, $s := s - r$ puisque $pgcd(r-s,s) = pgcd(r,s-r) = pgcd(r,s)$.

On atteint $r = s$ à coup sûr : r et s restent non négatifs et l'un d'eux atteind-rait 0 de toute façon, mais juste après être passé par $r = s$. D'où la procédure :

proc pgcd = (*ent* a, b) *ent* :
#̸ CE : $a > 0$, $b > 0$. CS : si m divise a et b, alors m divise le résultat.#̸
   début
      ent $r := a$, $s := b$;
      tant que $r \neq s$ #̸ INVAR : pgcd (a,b) = pgcd (r,s). #̸
         faire
            si $r > s$ *alors* $r := r - s$ *sinon* $s := s - r$ *fsi*
         fait ;
      r
   fin

Une autre façon de démontrer la terminaison est d'observer que $r + s \geq 0$ reste toujours vrai mais que $r + s$ décroît strictement à chaque tour : on ne peut donc pas continuer indéfiniment.

6. A nouveau la suite de Fibonacci

Comme dernier exemple, montrons comment une itération peut exprimer une récurrence de profondeur deux, comme celle qui exprime la loi de Fibonacci (exemple 3 du chapitre 9) :

$$n = 1 \rightarrow p(n) = 1$$
$$n = 2 \rightarrow p(n) = 1$$
$$n > 2 \rightarrow p(n) = p(n-1) + p(n-2)$$

Il suffit de transformer cette loi en une récurrence de profondeur un à l'aide d'une suite auxiliaire $q(1)$, $q(2)$,... qui est en retard d'un temps sur la suite $p(0)$, $p(1)$, $p(2)$,... :

$$p(0) = 0$$
$$p(1) = 1 \qquad\qquad q(1) = 0$$
$$n>2 \rightarrow p(n) = p(n-1) + q(n-1) \quad q(n) = p(n-1)$$

Dans le corps de l'itération, des constantes auxiliaires *p1* et *q1* servent à représenter clairement les valeurs antérieures, p(n-1) et q(n-1), des variables. Le programme est dès lors :

```
début
    ent n = lirent , ent p := 1, q := 0, i := 1 ;
    tant que i < n ≠ INVAR : Fib(i) = p et i ≤ n ≠
        faire
            ent p1 = p, q1 = q ;
            (p := p1 + q1, q := p1, i := i + 1)
        fait ;
    imprimer (("Fib(n) =", p))
fin
```

Notons ici que les affectations à p et à q dans l'itération sont collatérales car p et q représentent des noms distincts et les valeurs affectées résultent d'expressions indépendantes de p et de q. C'eût été une erreur d'écrire :

faire (p := p + q, q := p, i := i + 1) fait

Nous aurions pu écrire , par contre :

faire ent q1 = q ; q := p ; p := p + q1 ; i := i + 1 fait

mais l'itération aurait été moins claire.

Exercice 4 : Construire un programme itératif pour calculer x_r défini par :

$$x_0 = 1$$

$$x_i = \frac{1}{2} (x_{i-1} + \frac{a}{x_{i-1}})$$

$$|x_r - x_{r-1}| \leq 10^{-p}$$

Les paramètres a et p sont lus.

Exercice 5 : Exécuter aussi loin que possible les étapes successives du programme donné au paragraphe 10.2 pour calculer $\sqrt{2}$, à l'aide d'une calculette de poche. On précise que la calculette dispose d'une case auxiliaire de mémoire et permet une précision finie mais non spécifiée ici. Il est interdit de noter sur du papier les résultats intermédiaires. La calculette ne dispose que des instructions suivantes :

- mettre tout à zéro (V)
- vider la mémoire (VM)
- ajouter à la mémoire ce qui est affiché (M+)
- lire et afficher le contenu de la mémoire (LM)
- indiquer une opération (+, -, *, ÷) . Ceci précède l'affichage du 2e opérande
- afficher le résultat d'une opération (=)

De plus, il est bien entendu possible d'afficher directement un nombre en pressant sur les touches correspondant à ses chiffres.

On demande de préciser les touches successives pressées ainsi que les valeurs affichées à chaque étape.

Cet exercice a deux objectifs : faire sentir que la compilation, ou traduction d'un langage évolué en un langage de machine est extrêmement utile ; montrer que les difficultés essentielles pour la résolution d'un tel problème de traduction ne sont pas au niveau de la calculette mais bien de l'analyse.

Exercice 6 : Construire un programme calculant la valeur en x d'un polynôme de degré n. Pour cela on utilisera le schéma de Horner en s'inspirant de l'exemple 1. du chapitre 3.

On lit le degré n, la donnée x et les n + 1 coefficients a_n, a_{n-1}, ..., a_0 dans cet ordre.

10.6. RÉSUMÉ

Itération

Une itération S est de la forme :

tant que B ≠ INVAR : I . ≠

    faire S_1 *fait*

Elle doit vérifier les règles suivantes :

Invariance :

    - I est vrai immédiatement avant S

    - Si I et B sont vrais au début de S_1 , alors I est vrai à la fin

Terminaison sur un but :

    - B devient faux après un nombre fini d'applications de S_1

    - I *et* *non* B garantit l'obtention du résultat cherché

Le mode de B est *bool* ; celui de S est le même que celui de S_1 : c'est le mode *neutre*.

Affectation :

    Une affectation S est de la forme $x := E$.

    La condition finale de S, FINAL(S) est la conjonction de la condition initiale $INIT_{pré}$ et de l'égalité $x = E_{pré}$; $INIT_{pré}$ et $E_{pré}$ expriment INIT et E pour la valeur initiale de x précédant S.

    Si *rep m* est le mode de x, le mode de E doit concorder avec *m*.

Déclaration de variable

    Une déclaration de variable S est de la forme *m* $x := E$ ou de la forme *m* x.

    Il faut que E soit indépendant de x.

    La condition finale de S, FINAL(S), est la conjonction de la condition initiale INIT(S) et de $x = E$.

    Le mode de x est *rep m*, le mode de E doit concorder avec *m*.

10.7. Problèmes

1. Construire un programme itératif calculant le plus petit commun multiple de deux entiers.

2. On veut étudier la transformation t portant sur des nombres à 4 chiffres et définie de la manière suivante :

    - on considère un nombre x (entier positif) à quatre chiffres

    - on construit deux nouveaux nombres à partir de x, le premier en réordonnant les chiffres de x par ordre décroissant, l'autre en les réordonnant par ordre croissant

- le résultat t(x) est la différence entre le premier nombre obtenu et le deuxième.

(Exemple pour x = 5974, le transformé de x est t(x) = 9754 - 4579 = 5175)

a. Définir une procédure réalisant cette transformation.

b. Concevoir des programmes qui, pour tous les nombres x à quatre chiffres, étudient la succession des transformés t(x), $t^2(x)$,...

3. Dans un établissement scolaire, un élève est représenté sur un fichier par :

- son nom
- son niveau (6ème, 5ème, etc...)
- l'indication de la classe (A, B,...)

On suppose que la liste des élèves est rangée de façon que tous les élèves d'une même classe et tous les élèves d'un même niveau soient regroupés.

Construire un programme dont la donnée est cette liste d'élèves et le résultat est la liste des noms d'élèves présentée par niveau et par classe avec un en-tête pour chaque niveau et chaque classe ; de plus, on demande que pour chaque classe, la liste des élèves soit suivie de l'effectif.

Exemple de résultat :
```
    niveau 6ème
      classe 6ème A
        Dupont
        Gagnepetit
        Lheureux
        Pointfixe
        ⋮
        effectif 6ème A : 32
      classe 6ème B
        ⋮
    niveau 5ème
    ⋮
```

4. Réception de télégrammes

Les télégrammes sont séparés par "xxx".

Un télégramme est une suite de mots séparés par des blancs.

Le dernier télégramme est suivi d'un télégramme vide.

On demande pour chaque télégramme :

- de compter le nombre d'unités de paiement : un mot de longueur inférieure à
  10 coûte une unité ; pour un mot de longueur l $\geq$ 10, on ajoute l $\div$ 10 unités ;
  le mot "stop" ne coûte rien
- d'imprimer le télégramme en lettres minuscules ; de remplacer les "stop" par
  un point, de mettre en majuscules la première lettre et chaque lettre qui
  suit un point
- d'imprimer le nombre d'unités de paiement.

On demande de plus d'imprimer le nombre total de télégrammes et le total des
unités de paiement.

Comme cela est courant en programmation, l'analyse conduira à compléter la définition du problème par des choix raisonnables.

10.8. SOLUTION DES EXERCICES

Exercice 1 :

$x \geq 3$ $\underline{et}$ $y = 0$

Exercice 2 :

$x := x \star y$

Exercice 3 :

S est une suite de deux affectations :

$S_1 : s := s + (-1) \star\star i/(2 \star i + 1)$

$S_2 : i := i + 1$

Pour abréger l'écriture posons :

$$sigma\ (i) = \sum_{k=1}^{i} \frac{(-1)^k}{2k + 1}$$

Déduisons FINAL(S) :

FINAL(S) $\equiv$ FINAL(S_2)

$\equiv$ INIT(S_2) $[i \rightarrow i_{pré}]$ $\underline{et}$ $i = i_{pré} + 1$

$\equiv$ FINAL(S_1)$[i \rightarrow i_{pré}]$ $\underline{et}$ $i = i_{pré} + 1$

$\equiv$ INIT(S_1) $[s \rightarrow s_{pré}]$ $\underline{et}$ $s = s_{pré} + \dfrac{(-1)^i}{2i + 1}$ $[i \rightarrow i_{pré}]$ $\underline{et}$ $i = i_{pré} + 1$

D'où, comme INIT(S_1) $\equiv$ INIT(S) :

FINAL (S) $\equiv$ $((s = sigma\ (i-1)$ $\underline{et}$ $i-1 < n)[s \rightarrow s_{pré}]$ $\underline{et}$ $s = s_{pré} + \dfrac{(-1)^i}{2i+1}$ $[i \rightarrow i_{pré}]\underline{et}$ $i = i_{pré} + 1$

En effectuant les substitutions :

$$\text{FINAL}(S) \equiv s_{pré} = sigma\ (i_{pré}-1)\ \underline{et}\ i_{pré}-1 < n\ \underline{et}\ s = s_{pré} + \frac{(-1)^{i_{pré}}}{2i_{pré}+1}\ \underline{et}\ i = i_{pré}+1$$

En éliminant $s_{pré}$ et $i_{pré}$:

$$\text{FINAL}(S) \equiv s = sigma\ (i-2) + \frac{(-1)^{i-1}}{2(i-1)+1}\ \underline{et}\ i - 2 < n$$

$$\equiv s = sigma\ (i - 1)\ \underline{et}\ i - 1 \leq n$$

$$\equiv I$$

Il est aussi possible de traiter cet exercice sur le morceau de programme T, équivalent à S, qui a été construit au pragraphe 10.3 :

$$T :\ \underline{ent}\ a_i = (-1)**i/(2*i+1)\ ;$$
$$(s := s + a_i,\ i := i + 1)$$

T se décompose de façon évidente en :

$$T :\ T_1\ ;$$
$$(T_2,\ T_3)$$

Pour déduire FINAL(T) il faut tenir compte ici de deux difficultés supplémentaires :

- pour la déclaration T_1 on a évidemment :

$$\text{FINAL}(T_1) \equiv \text{INIT}(T_1)\underline{et}\ a_i = \frac{(-1)^i}{2i+1}$$

- L'expression de FINAL((T_2,T_3)) généralise à des affectations collatérales ce que nous avons vu pour une affectation :

$$\text{FINAL}((T_2,T_3)) \equiv \text{FINAL}(T_2)\ \underline{et}\ \text{FINAL}(T_3)$$

$$\text{FINAL}(T_2) \equiv \text{INIT}(T_2)\ [s \to s_{pré},\ i \to i_{pré}]\underline{et}\ s = s_{pré} + ai\ \underline{et}\ i_{pré} + 1$$

$$\text{FINAL}(T_3) \equiv \text{INIT}(T_3)\ [s \to s_{pré},\ i \to i_{pré}]\ \underline{et}\ s = s_{pré} + ai\ \underline{et}\ i = i_{pré} + 1$$

Utilisons ces remarques pour déduire FINAL(T) :

$$\text{FINAL}(T) \equiv \text{FINAL}((T_2,T_3))$$

$$\equiv \text{FINAL}(T_2)\underline{et}\ \text{FINAL}(T_3)$$

$$\equiv (\text{INIT}(T_2)\underline{et}\ \text{INIT}(T_3))\ [s \to s_{pré},\ i \to i_{pré}]\ \underline{et}\ s=s_{pré}+ai\ \underline{et}\ i=i_{pré}+1$$

Or on a :

$$\text{INIT}(T_2) \ \underline{et} \ \text{INIT}(T_3) \equiv \text{INIT}((T_2,T_3))$$
$$\equiv \text{FINAL}(T_1)$$
$$\equiv \text{INIT}(T_1) \ \underline{et} \ ai = \frac{(-1)^i}{2i+1}$$
$$\equiv \text{INIT}(T) \ \underline{et} \ ai = \frac{(-1)^i}{2i+1}$$

En prenant comme précédemment :

$$\text{INIT}(T) \equiv s = sigma \ (i-1) \ \underline{et} \ i-1 < n$$

par remplacement et substitution on trouve :

$$\text{FINAL}(T) \equiv s_{pré} = sigma(i_{pré}-1) \ \underline{et} \ i_{pré}-1 < n \ \underline{et} \ ai = \frac{(-1)^{i_{pré}}}{2i_{pré}+1} \ \underline{et} \ s = s_{pré} + ai \ \underline{et}$$
$$i = i_{pré}+1$$

D'où par élimination de $i_{pré}$, $s_{pré}$ et ai :

$$\text{FINAL}(T) \equiv s = sigma(\ i - 1) \ \underline{et} \ i - 1 \leq n$$
$$\equiv \text{FINAL}(S)$$

Ce qui prouve de façon détaillée que T et S ont bien même effet.

Exercice 4 :

> *début* ## INIT : deux entiers positifs a et p sont disponibles en lecture. ##
> ## Définition des constantes a : nombre dont la racine carrée est demandée,
>   p : nombre de décimales significatives requises,
>   eps : précision du résultat : ##
> *ent a = lirent ; ent p = lirent ;*
> *réel eps = 10 **- p ;*
> ## Variables de l'itération : ##
> *réel x := 1 ; réel y := (x + a/x)/2 ;*
> ## Itération : ##
> *tant que abs (x - y) > eps*
>   *faire* ## INVAR : x et y sont deux éléments successifs d'une suite
>   convergeant vers √a. ##
>   *réel ypé = y ;*
>   *y := (x + a/x)/2 ;*
>   *x := ypé*
>   *fait;*
> ## Résultat : ##
>   *imprimer (y)*
> *fin* ## FINAL : la racine carrée de a à 10^{-p} près a été imprimée.##

Exercice 5 :

Touche	Affichage	Touche	Affichage
V	0		
1	1		
VM	1	VM	1.4166666
M+	1	M+	1.4166666
2	2	2	2
÷	2	÷	2
LM	1	LM	1.4166666
+	2	+	1.4117647
LM	1	LM	1.4166666
÷	3	÷	2.8284313
2	2	2	2
=	1.5	=	1.4142156
VM	1.5	VM	1.4142156
M+	1.5	M+	1.4142156
2	2	2	2
÷	2	÷	2
LM	1.5	LM	1.4142156
+	1.3333333	+	1.4142156
÷	2.8333333	÷	2.8284271
2	2	2	2
=	1.4166666	=	1.4142135
		VM	1.4142135
		M+	1.4142135
		2	2
		÷	2
		LM	1.4142136
		+	1.4142136
		LM	1.4142136
		÷	2.8284271
		2	2
		=	1.4142135

V : vider tout
VM : vider la mémoire
LM : lire la mémoire
M+ : ajouter à la mémoire

Exercice 6 :

début ## INIT : le degré de n du polynôme, la valeur x et les n+1 coefficients sont disponibles en lecture dans l'ordre n, x, a_n , ..., a_1, a_0. ##

 ## Lecture du degré et de la valeur . ##
 ent n = lirent ; réel x = liréreél ;

 ## Définition du premier élément d'une suite s convergeant vers la valeur du polynôme comme étant a_n . ##
 réel s ; lire(s) ;

 ## Calcul des termes partiels successifs en lisant les coefficients : ##
 jusqu'à n
  faire ## INVAR : il existe k tel que $s = a_n x^{n-k} + a_{n-1} x^{n-k-1} + ... + a_k$.##
   ent a = lirent ;
   s := s*x + a
  fait ;

 ## Impression de la valeur totale . ##
 imprimer(s)

fin ## FINAL : la valeur du polynôme en x a été imprimée. ##

## CHAPITRE 11

TABLEAUX, ITERATION GENERALISEE

11.1. BUTS

Les tableaux et l'itération généralisée sont les derniers outils de construction de programmes présentés dans ce livre.

Les structures, étudiées au chapitre 6, permettent de manipuler globalement plusieurs objets , l'accès à chacun d'eux se faisant par l'intermédiaire d'un sélecteur de champ. La définition d'une structure nécessite l'énumération de ses composantes ce qui est peu commode si leur nombre est grand, et même irréalisable s'il est inconnu à l'écriture du programme. Les tableaux, quant à eux, sont de nouveaux objets composés dont la définition ne nécessite pas l'explicitation particulière de chaque élément. Plus précisément, on accède directement à chacun des éléments d'un tableau par une fonction appelée indiçage que l'on peut considérer intuitivement comme une simple numérotation. De manière analogue, la composition d'un numéro sur un cadran de téléphone permet d'accéder directement à son correspondant (en principe du moins !) sans que sur l'appareil ne figure, en général, une touche pour chaque abonné. Les tableaux étudiés ici sont formés d'éléments tous de même nature, ce qui est suffisant pour la plupart des problèmes courants et évite les erreurs que pourrait provoquer l'utilisation d'une même notation pour des objets de nature différente.

L'introduction des tableaux justifie la définition dans ce chapitre de nouvelles formes de traitements itératifs : l'itération collatérale et l'itération séquentielle avec compteur.

11.2. ILLUSTRATIONS

1. Considérons des problèmes de codage :

- la transcription d'une information écrite d'un alphabet dans un autre : hiéroglyphes égyptiens en idéogrammes chinois, caractères latins en morse ou vice versa

- le décodage d'un numéro de cheval ou de joueur de football, en une chaîne de caractères qui est le nom correspondant.

Pour ces problèmes, le décodeur doit disposer d'une "table" qui consigne toutes les transcriptions élémentaires. Voici, par exemple, la table de traduction du morse :

A	.-	M	--	Y	-.--
B	-...	N	-.	Z	--..
C	-.-.	O	---	1	.----
D	-..	P	.--.	2	..---
E	.	Q	--.-	3	...--
F	..-.	R	.-.	4	....-
G	--.	S	...	5	.....
H	....	T	-	6	-....
I	..	U	..-	7	--...
J	.---	V	...-	8	---..
K	-.-	W	.--	9	----.
L	.-..	X	-..-	10	-----

Alphabet morse

Le passage d'un code à l'autre est réalisé directement : par exemple, pour trouver l'expression en morse de r (.-.), il suffit d'examiner la ligne correspondante.

Il existe aussi des tables à double entrée : tables de distances entre villes, tables de Pythagore, tables de tarifs postaux,...

2. Soit à imprimer les résultats d'un examen pour tous les candidats, en les classant par ordre de mérite. Les données, qui se présentent dans un ordre quelconque, comprennent le nom de l'étudiant et ses notes d'écrit et d'oral (cf. chapitre 7). Il est clair que l'impression de ce classement ne peut se faire au fur et à mesure de l'entrée des données, et que pour déterminer le premier de la liste classée, il faut pouvoir consulter les résultats de tous les candidats : il est raisonnable de les ranger dans une table. La première analyse de ce problème met donc en évidence deux phases successives :

- construire la table R des résultats de tous les candidats
- utiliser R pour l'impression des résultats classés

La première phase s'explicite en :

pour chaque candidat
    faire
        Lire nom et notes du candidat ;
        Calculer la moyenne des notes et la mention ;
        Placer nom et résultats dans R
    fait

Les traitements des différents candidats sont ici logiquement indépendants les uns des autres, c'est ce que nous avons noté *pour chaque*. La lecture des cartes se fait certes séquentiellement, mais l'ordre des candidats n'a pas d'importance. Le développement de la seconde phase donne :

tant que *Tous les candidats ne sont pas classés*

    faire

        Chercher dans R le candidat C de plus forte moyenne ;

        Imprimer C ;

        Retirer C de la table R

    fait

Le but *Tous les candidats classés* peut s'exprimer comme *Epuisement de la table R*.

La recherche dans R du meilleur candidat se traduit à nouveau par une itération : comparaisons entre tous les éléments restant dans la table R.

Notons que le traitement défini doit être valable quel que soit le nombre de candidats, donc quelle que soit la taille de la table R : ceci exclut de la représenter par une structure car on ne peut pas énumérer tous les éléments à la déclaration.

On aurait pu songer à utiliser, à la place de R, une variable représentant successivement les différents candidats (cf. chapitre 10). Ceci n'est pas possible car alors un candidat ne serait plus accessible dès que le suivant serait traité.

11.3. LOGIQUE

1. Tableaux

Un tableau T est constitué d'un ensemble de couples (i,v) où :

- le nombre des couples est la taille du tableau
- i appartient à l'ensemble I des indices du tableau. Ces indices peuvent être numériques ou alphabétiques par exemple
- v appartient à un ensemble V de valeurs de même mode : ce sont les valeurs des éléments du tableau.

Pour tout couple (i,v) de T, i permet l'accès à v, c'est-à-dire qu'à tout indice i est associé une et une seule valeur v telle que (i,v) soit un couple de T : on note donc $T[i]$ cette unique valeur, qu'on appelle ième élément de T. En mathématiques on dirait que T est une application de I dans V.

Par exemple, prenons

I = { "bleu", "rouge", "jaune" }
V = { "jacinthe", "anémone", "jonquille", "muguet" }

Le schéma ci-dessous représente le tableau T formé des couples ("bleu", "anémone"), ("rouge", "anémone"), ("jaune", "jonquille").

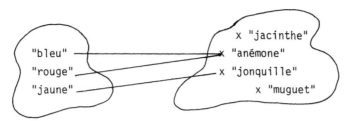

Notons que si i n'est pas un indice du tableau T, $T[i]$ n'est pas défini ; c'est le cas par exemple pour T ["blanc"].

La définition de tableaux revient à construire de nouveaux objets à partir des indices et des valeurs : il s'agit donc, comme pour les structures, de définir de nouveaux modes.

2. Itérations et tableaux

La construction d'un tableau et la consultation systématique des éléments d'un tableau sont souvent réalisées par une itération. Supposons qu'une itération porte sur un tableau ; deux cas peuvent être envisagés au plan logique :

1. On ne tient pas compte de l'ordre :

Soit un problème P dont chaque sous-problème P_i se rapporte au seul élément $T[i]$ d'un tableau T ; nous pouvons exprimer ceci en remplaçant P par :

pour chaque $i \in I$, résoudre P_i

Les traitements des différents P_i étant indépendants, les conditions initiales et finales vérifient ici :

$$\text{INIT}(P) \Longrightarrow \bigwedge_{i \in I} \text{INIT}(P_i)^{(*)}$$

$$\bigwedge_{i \in I} \text{FINALE}(P_i) \Rightarrow \text{FINALE}(P)$$

Un problème de ce type est, par exemple, de modifier tous les éléments d'un tableau A de nombres en leur ajoutant un nombre b donné ; chaque sous-problème P_i consiste alors à ajouter b au nombre A[i].

2. On doit tenir compte d'un ordre :

Supposons ici que l'ensemble des indices I du tableau T est totalement ordonné. Un problème P portant sur T peut se ramener à des problèmes P_i relatifs à l'indice i mais à traiter obligatoirement dans l'ordre des indices ; nous pouvons exprimer ceci par :

pour i, depuis le premier indice jusqu'au dernier indice, résoudre P_i

---

(*) $\bigwedge_{i \in I} \text{INIT}(P_i)$ est la conjonction de tous les $\text{INIT}(P_i)$ pour $i \in I$, c'est-à-dire $\text{INIT}(P_1)$ et $\text{INIT}(P_2)$ et ... et $\text{INIT}(P_i)$ et ...

Les conditions initiales et finales correspondent ici à cellesdu traitement séquentiel ; on peut les résumer en :

$$INIT(P) \Rightarrow INIT(P_{premier\ indice}) \ \underline{et} \ [\bigwedge_{i \in I} \underline{non}\ INIT(P_i)]$$

$$i > premier\ indice$$

$$FINAL(P_{premier\ indice}) \Rightarrow INIT(P_{second\ indice}) \underline{et}\ [\bigwedge_{i \in I} \underline{non}\ INIT(P_i)]$$

$$\vdots \qquad\qquad i > second\ indice$$

$$FINAL(P_{dernier\ indice}) \Rightarrow FINAL(P)$$

Par exemple, pour rechercher le maximum des éléments d'un tableau, en supposant que l'ensemble des indices est l'intervalle des entiers de 1 à n, on peut décomposer ce problème en n sous-problèmes dont le ième peut être décrit par :

"rechercher le maximum des i premiers éléments du tableau"

11.4. TECHNIQUE

1. Tableaux

Les seuls ensembles d'indices définis en ALGOL 68 sont des intervalles fermés de l'ensemble des entiers relatifs (*) , notés [inf : sup], comme par exemple [0 : 10], [m : n] ; on suppose inf ≤ sup. Les valeurs inf et sup sont produites par des phrases à résultat entier.

2. Définition

Une <u>notation de tableau</u> est une collatérale ; si elle comprend n éléments de même mode, les bornes du tableau sont alors 1 et n. Ainsi ("lundi", "mardi", "mercredi", "jeudi", "vendredi", "samedi", "dimanche") est un tableau de chaînes de bornes 1 et 7.

La <u>déclaration d'un tableau constant</u> se fait de la façon habituelle :

[] $\underline{m}\ id = v$

- $\underline{m}$ est la description du mode des éléments,

- [] $\underline{m}$ est le mode de l'identificateur id ; il se lit tableau d'éléments de mode $\underline{m}$, ou plus simplement tableau de $\underline{m}$,

---

(*) Ce n'est pas toujours le cas : le langage PASCAL, par exemple, accepte les indices de type alphabétique.

- v est soit une notation de tableau, soit une phrase fournissant un tableau
  (identificateur déjà déclaré ou appel de procédure, par exemple).

Remarquons que les bornes ne figurent pas explicitement, elles sont déterminées
par celles de v. Ainsi, la déclaration :

   [] _ent_ _chiffres_ = (5, 4, 3, 2, 1, 2, 3, 4, 5)

indique que _chiffres_ est un tableau d'entiers de bornes 1 et 9.

L'exemple de conversion d'un entier en jour de la semaine (cf. § 7.4) peut
s'écrire en définissant un tableau de chaînes :

   début
      [] _chaîne_ _semaine_ = ("lundi", "mardi", "mercredi", "jeudi",
                              "vendredi", "samedi", "dimanche");
      ent _jour_ = _lirent_ ;
      imprimer (_si_ jour < 1 _ou_ jour > 7
                     alors "erreur"
                     sinon semaine [jour]
               fsi)
   fin

Comme nous l'avons vu dans le chapitre 10, il arrive qu'un identificateur désigne un objet évolutif dans le temps, c'est-à-dire une suite de valeurs. Cette nécessité apparaît aussi pour les tableaux et il existe des tableaux variables. Leur déclaration se présente sous la forme :

   [_inf_ : _sup_] _m_ _id_

[_inf_ : _sup_] définit l'ensemble des indices de ce tableau (dont chaque élément est une variable). Ainsi :

   [0 : n] _ent_ _tab_

déclare un tableau variable _tab_ de bornes 0 et n ; chaque élément est une variable entière.

En fait, comme pour les variables simples, cette déclaration réserve la place nécessaire pour le tableau, d'où cette nécessité d'indiquer les bornes. La forme complète de la déclaration d'identité est

   rep [] _m_ _id_ = _loc_ [_inf_ : _sup_] _m_

explicitant clairement :

   - à gauche, le mode de l'identificateur : repère de tableau d'éléments de mode _m_
   - à droite, la création du nouveau nom.

   Chaque élément du tableau _id_ est ainsi de mode _rep_ _m_.

   La première forme donnée est une abréviation plus commode !

Un tableau variable peut être initialisé explicitement par une collatérale, mais ceci n'est possible que si le nombre d'éléments est connu à l'écriture du programme.

Notons que les bornes ne font pas partie du mode. Elles ne sont donc pas précisées quand un tableau figure en paramètre formel de procédure. Lorsqu'elles sont nécessaires pour un traitement, les opérateurs *bi* et *bs* permettent d'y accéder : *bi* t (resp. *bs* t) donne la valeur de la borne inférieure (resp. supérieure) du tableau *t*.

Remarque :

De la même manière que pour les structures, on peut définir le mode d'un tableau au moyen d'une déclaration de mode précisant les bornes et le mode des éléments du tableau.

Exemple :

> *mode semainier* = [1 : 7] *chaîne*

Les indicateurs ainsi définis sont utilisables dans les autres déclarations.

Ainsi, dans l'exemple précédent, on peut remplacer la déclaration de *semaine* par :

> *mode semainier* = [1 : 7] *chaîne*,
> *semainier semaine* = ("lundi", "mardi", "mercredi", "jeudi",
> "vendredi", "samedi", "dimanche"),

Il est aussi possible de définir de nouveaux modes en combinant les tableaux et les structures.

Exemples :

Un footballeur peut être caractérisé par son nom, son âge et son numéro de licence. On écrit donc :

> *mode footballeur* = *struct* (*chaîne nom*, *ent âge*, *ent numéro licence*)

Si *nbfoot* représente le nombre de joueurs d'un club, on peut définir le mode *club* de la manière suivante :

> *mode club* = *struct* (*chaîne nom du club*, *ent code postal*,
> [1 : nbfoot] *footballeur membres*)

Si *nbclub* représente le nombre de clubs de football existants, il est simple de définir le mode *fédération foot*

> *mode fédération foot* = [1 : nbclub] *club*

3. Utilisation

Globale : comme une structure, un tableau peut être utilisé globalement à l'aide de son identificateur, par exemple comme paramètre effectif de procédure, y compris des procédures standard *lire* et *imprimer*. Toutefois, l'affectation globale à un tableau variable exige, outre la correspondance des modes, l'égalité des bornes respectives.

Par exemple, après les déclarations :

[] *ent chiffres = (5, 4, 3, 2, 1, 2, 3, 4, 5),*

   [1 : 9] ent tab1, [0 : 8] ent tab2 ;

il est possible d'écrire *tab1 :=chiffres*

mais pas *tab2 :=chiffres*

   <u>Elément par élément</u> : on désigne un élement par l'identificateur suivi, entre crochets, d'une phrase à valeur entière comprise entre les bornes, qui donne l'indice de l'élément, par exemple :

   tab2 [0] := chiffres [2]

affecte au premier élément de *tab2* la valeur du deuxième élément de *chiffres* c'est-à-dire la valeur *4*.

   <u>Par morceaux</u> : on peut accéder à des <u>sous-tableaux</u>, appelés <u>tranches</u>, en définissant un sous-intervalle de l'intervalle de définition des indices. Une tranche d'un tableau t s'écrit t $[i:j]$ où i et j sont des indices $(i \le j)$. Elle définit un tableau de même mode que t, de bornes 1 et $j - i + 1$.

<u>Remarque</u> :

   Les chaînes peuvent être considérées comme un type particulier de tableau dont les éléments sont de mode caractère (*car*). On dispose donc sur les chaînes de toutes les opérations sur les tableaux (affectation globale, tranche, accès à un caractère, etc...)

<u>Exemple</u> :

   Soit à décaler de façon circulaire un vecteur d'entiers de une position vers la droite.

borne inférieure   borne supérieure

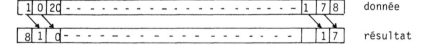

                                            donnée

                                            résultat

   Ecrivons une procédure qui réalise ce décalage. Son seul paramètre est le tableau initial, son résultat est un tableau obtenu après ce décalage. Celui-ci s'obtient en recopiant une tranche et l'élément terminal. Pour cela, il faut un tableau variable auxiliaire.

   <u>proc</u> décaler = ([] <u>ent</u> vecteur)[] <u>ent</u> :

      <u>début</u>

      ## Définition des valeurs des bornes de vecteur : ##

        <u>ent</u> gauche = <u>bi</u> vecteur,

          droite = <u>bs</u> vecteur ;

    ## Définition d'un tableau variable auxiliaire : ##
    [gauche : droite] ent garage ;
    ## Actions collatérales de décalage : ##
    (garage [gauche + 1 : droite] := vecteur [gauche : droite - 1] ,
         garage [gauche]   := vecteur [droite]) ;
    ## Résultat : ##
    garage
fin

4. Tableaux à plusieurs dimensions

Dans tout ce qui précède, nous n'avons présenté que les tableaux dont l'ensemble des indices est un seul intervalle [*inf* : *sup*], tableaux dits à une dimension. Les tables de Pythagore, les tableaux de distances entre villes sont des exemples de tableaux à deux dimensions ; d'une façon générale, un tableau à n dimensions a pour ensemble d'indices le produit cartésien de n intervalles, qui se note :

$$[inf_1:sup_1, inf_2:sup_2,..., inf_n:sup_n]$$

Ce que nous avons vu pour les tableaux à une dimension se généralise aisément à ceux à plusieurs dimensions. Il nous suffit de dire que les indices - ou ce qui s'y rapporte - sont séparés par des virgules chaque fois qu'ils interviennent. Le nombre d'indices définit le nombre de dimensions ; les différents indices et les bornes sont évalués collatéralement.

Par exemple :

[*0 : n, 1 : m*] *réel matrice*

déclare un tableau variable de réels à deux dimensions.

Le tableau de caractères ci-dessous :

L	A	C
U	S	E

se représente par la déclaration :

[,] *car mots croisés = (("l", "a", "c"), ("u", "s", "e"))*

La lettre "a" s'obtient en écrivant :

mots croisés [1,2]

Parmi les tranches de tableaux à plusieurs dimensions, on peut définir des sous-tableaux ayant un nombre de dimensions inférieur, en fixant certains des indices. Ainsi, après la déclaration de *matrice*, *matrice [3,:]* représente la quatrième ligne du tableau *matrice* (les lignes étant numérotées à partir de 0).

5. Itération généralisée

L'itération est toujours réalisée séquentiellement et s'écrit :

pour i depuis E_1 pas E_2 jusqu'à E_3 faire S fait

où i est un identificateur, E_1, E_2, E_3 des phrases fournissant un résultat entier, S une série. Comme les formes déja vues, cette itération ne fournit pas de résultat.

Son exécution a le même effet que celle de

début
    ent départ = E_1, pas = E_2, borne = E_3 ;
    ent indice := départ ;
    tant que ent i = indice ;
          si pas $\geq$ 0 alors i $\leq$ borne sinon i $\geq$ borne fsi
      faire S ; indice := indice + pas fait
fin

Remarquons que i est déclaré **implicitement** et qu'il est de mode entier, constant à chaque exécution de S, et n'existe plus en dehors de la·proposition. On peut donc utiliser i dans S à condition de ne pas chercher à changer sa valeur.

Par exemple, l'itération qui consiste à initialiser à zéro tous les éléments d'un tableau t peut s'écrire :

pour i depuis bi t jusqu'à bs t
    ## INVAR : les i premiers éléments de t sont nuls.##
    faire
      t [i] := 0
    fait

Signalons que les parties *depuis E_1*, *pas E_2* peuvent s'omettre quand E_1 ou E_2 valent 1.

Exercice 1 : Ecrire un programme qui, à partir du tableau de chaînes

    ("a", "bra", "ca", "da", "bra")

imprime :
    a
    abra
    abraca
    abracada
    abracadabra

La forme généralisée d'itération peut être une variante d'écriture d'une itération récurrente telle que nous l'avons vue au chapitre précédent ; les effets de :

	pour i	depuis E_1	pas E_2	jusqu'à E_3	tant que B	faire S fait	
Répétition simple	▨	▨	▨		▨		S n'utilise pas de compteur
Itération récurrente		facultatif	facul.	▨			Ni B ni S n'utilisent de compteur i
Itération sur toutes les valeurs de i					▨		i intervient dans S
Itération avec condition supplémentaire excluant certaines valeurs de i		si E_1 est 1	si E_2 est 1				i intervient dans S ou B

Figure 1. Différentes formes d'itération

Les hachures symbolisent l'absence de la partie correspondante.
Exemple de forme permise :

pour i jusqu'à E_3 tant que B faire S fait

pour i *jusqu'à* n *faire* S *fait*

sont les mêmes que ceux de :

début *ent* $i := 1$; *tant que* $i \le n$ *faire* S ; $i := i + 1$ *fait* *fin*

à condition que S ne contienne aucune affectation à i.

<u>Exercice 2</u> : Ecrire le calcul de n! en utilisant cette forme d'itération.

Les formes "*pour*" et "*tant que*" peuvent être combinées dans la même proposition :

pour i *depuis* E_1 *pas* E_2 *jusqu'à* E_3 *tant que* B *faire* S *fait*

L'itération s'arrête, soit quand i "dépasse" la valeur E_3, soit quand la condition cesse d'être vérifiée. La figure 1 résume les principales formes d'itérations.

Rappelons que l'on doit toujours s'assurer de la terminaison d'une itération. La présence de *jusqu'à* entraîne l'arrêt de l'itération après un nombre fini d'étapes ; il reste à vérifier que cette terminaison est correcte, comme avec l'utilisation de *tant que*.

<u>Exercice 3</u> : Ecrire une procédure qui détermine un indice k tel que $t[k] = v$, où t est un tableau d'entiers connu et v un entier valeur d'un élément de t.

11.5. EXEMPLES

1. Tabulation d'un polynôme et de sa dérivée

Il s'agit d'éditer les valeurs d'un polynôme en x de degré n et de sa dérivée pour les 100 valeurs équidistantes comprises entre x_0 et x_1 inclus. Il faut :

- définir, indépendamment de x, le polynôme P et sa dérivée D (qui est aussi un polynôme)
- répéter 100 fois le calcul de P et de D pour la valeur de x correspondante.

Nous choisissons de représenter un polynôme de degré n par un tableau de réels, de bornes 0 et n, dont l'élément i est le coefficient de x^i : le programme est schématisé par :

début
    Lire degré et coefficients de P ; Calculer degré et coefficients de P ;
    Lire x_0 *et* x_1 *; Calculer le pas ;*
    jusqu'à 100 *faire Calculer x ; Calculer et imprimer P(x), D(x)* *fait*
fin

Le pas s'obtient en divisant $x_1 - x_0$ en 99 intervalles.

Le principe du calcul d'un polynôme par le schéma de Horner (multiplications successives) a déja été vu au chapitre 10.

Le lecteur vérifiera que les conditions logiques de la séquentialité s'appliquent au schéma ci-dessus.

Le programme s'écrit :

début

   proc lire polynôme = [] réel :

   # CS : le degré du polynôme est lu ainsi que ses coefficients rangés dans
     le tableau par degrés croissants à partir du coefficient de degré 0. #

   début

     ent degré = lirent ;

     [0 : degré] réel tableau ;

     lire (tableau)

   fin ;

   proc dériver = ([] réel a)[] réel :

   # CE : l'élément a[i] de a représente le $i^{ème}$ coefficient d'un polynôme
     à dériver ; bi a = 0.

     CS : d est le tableau des coefficients du polynôme dérivé de a. #

   début

     ent sup = bs a-1 ;

     [0 : sup] réel d;

     pour i depuis 0 jusqu'à sup faire d[i]:= (i+1) * a [i+1] fait ;

     d

   fin ;

   proc valeur = ([] réel a, réel x) réel :

   # CS : le résultat est la valeur du polynôme représenté par le tableau
     a au point x. #

   début

     ent sup = bs a ;

     réel y := a [sup];

     pour i depuis sup-1 pas -1 jusqu'à bi a

       faire # INVAR : y = a [sup] *x**(sup-i-1)+...+a [i+1] . #

        y := y*x + a[i]

     fait ;

     y

   fin

```
# Lecture du polynôme : #
    [] réel polynôme = lire polynôme ;
# Calcul du polynôme dérivé : #
    [] réel dérivé = dériver (polynôme) ;
# Lecture de x0, x1 et calcul du pas : #
    réel x0 = liréréel ; réel x1 = liréréel ;
    réel pas = (x1 - x0)/99 ;
# Impression d'un en-tête : #
    imprimer (("x polynôme dérivé" , à la ligne)) ;
# Calcul et impression des valeurs du polynôme et du polynôme dérivé : #
    réel x := x0 ;
    jusqu'à 100 faire
                imprimer ((x, valeur (polynôme, x), valeur (dérivé,x),
                                                        à la ligne)) ;
            x := x + pas
        fait
fin
```

2. Recherche dichotomique

Cet exemple a pour objectif de montrer comment une idée simple, en l'occurrence la décomposition d'une recherche en deux sous-recherches de complexités voisines, permet de résoudre assez vite et assez bien un problème donné.

Etant donnés une valeur v et un tableau t [a:b] ordonné de façon croissante, recherchons l'indice i tel que :

(1)   t [i-1] ≤ v < t[i]

Convenons en outre que :

(2)   si v < t[a] l'indice cherché soit a
        si v ≥ t[b] l'indice cherché soit b + 1

Comme le tableau est ordonné, nous pouvons à partir d'une extrémité effectuer une recherche séquentielle. Pour un tableau de N éléments, ceci nécessite au maximum N recherches (en moyenne N/2) ce qui peut être très long si N est grand. Il est souvent plus économique de partager en deux le tableau pour sélectionner un sous-tableau dans lequel on appliquera le même processus de recherche : d'où le nom de dichotomie employé pour cette méthode.

Nous pouvons systématiquement couper en deux parties égales à un élément près. Par exemple, la recherche de la position du nombre 12 dans le tableau suivant se fait ainsi :

-7	0	1	2	3	5	7	11	12	12	15	17	19	50

$12 \geq 7$:

11	12	12	15	17	19	50

$12 < 15$:

11	12	12	15

$12 \geq 12$:

12	15

$12 = 12$:

12

position cherchée

Le résultat est obtenu en quatre étapes alors qu'en recherche séquentielle il en aurait fallu 5 ou 10 selon l'extrémité de départ.

D'une façon générale, le nombre de découpages nécessaires est le plus petit entier n tel que $2^n \geq N$, donc $\log_2 N \leq n < 1 + \log_2 N$.

Examinons maintenant la condition (1) ; elle peut se mettre sous la forme

(1a) $t[j] \leq v < t[k]$ <u>et</u>   (1b) $k - j = 1$

Elle suggère alors une itération dont l'invariant serait (1a) et le but (1b). Lorsque ce but est atteint, la forme de la relation montre que l'indice cherché est k.

Revenons à l'énoncé : par définition, le problème est résolu si l'une des conditions (2) est vérifiée.

Il en est ainsi dans le cas particulier où a = b. Dans le cas contraire l'invariant (1a) est vrai pour l'intervalle [j:k], avec j = a, k = b et donc j < k. Chaque étape de l'itération consiste à réduire l'intervalle [j:k] en gardant vrai l'invariant. Construisons donc cette suite d'intervalles.

Si (1a) est vraie pour un tableau de bornes j et k elle n'est vraie que pour <u>un</u> et <u>un seul</u> des sous-tableaux adjacents dont la réunion constitue le tableau précédent. Nous choisissons de découper t[j:k] en deux sous-tableaux t[j:m], t[m:k] avec m = (j+k)÷2.

Ces deux sous-tableaux ont en commun l'élément t[m] ; en effet, si on les choisissait totalement disjoints, par exemple t[j:m] et t[m+1:k], la condition (1a) ne serait vérifiée pour aucun des deux au cas où $t[m] \leq v < t[m+1]$.

Remarquons que cette décomposition est toujours possible car on a toujours j ≤ m.

Nous pouvons à présent donner une version schématique de la récurrence :

tant que $k - j \neq 1$
    faire ⧣ INVAR : $t[j] \leq v < t[k]$ et j < k ⧣
        Former les sous-intervalles [j:m], [m:k] ;
        Sélectionner celui qui vérifie l'invariant ;
        Prendre ses bornes comme valeurs de j et k
    fait

Terminaison

La longueur de l'intervalle est initialement supérieure à 1. Comme elle est à chaque étape divisée en deux, on atteint obligatoirement un intervalle de taille 1.

Ce problème étant généralement un sous-problème d'un problème plus général, nous l'exprimons par une procédure à paramètres tableau et valeur et dont le résultat est un indice :

```
proc recherche = ([] réel t, réel v) ent :
    si ent j := bi t, k := bs t ; v < t [j]
        alors j
    sinsi v ≥ t [k]
        alors k + 1
        sinon
            tant que k - j > 1
                faire ## INVAR : t [j] ≤ v < t[k] et j < k. ##
                    ent m = (k + j) ÷ 2 ;
                    si v < t [m] alors k sinon j fsi := m
                fait ;
            k
    fsi
```

3. Existence d'un chemin entre deux sommets d'un graphe

Une relation binaire sur un ensemble est fréquemment représentée par un graphe dans lequel les objets sont figurés par des points appelés sommets et les couples en relation par une flèche entre les deux points appelée arc. On appelle chemin du sommet a vers le sommet b une suite d'arcs orientés permettant d'atteindre b à partir de a.

Dans les deux graphes de la figure ci-dessous, cb et dacb sont des chemins : le premier est constitué du seul arc cb, le second des trois arcs da, ac, cb.

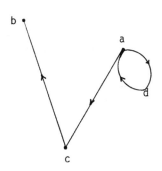

Figure 2a. Graphe initial

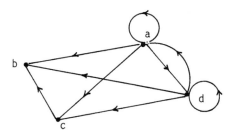

Figure 2b. Graphe de la fermeture transitive

Le problème classique que nous étudions ici est de déterminer s'il existe un chemin entre deux sommets quelconques a et b.

Ce problème se rencontre dans de nombreuses applications pratiques telles que des minimisations de coût, des définitions de trafic,...

S'il existe un chemin de a vers b et un chemin de b vers c, alors il existe un chemin de a vers c, ce qui exprime que la propriété "il existe un chemin" est transitive.

On peut montrer qu'en utilisant cette transitivité on détermine tous les chemins existants entre tous les points du graphe en un nombre fini d'étapes. D'où le nom de recherche de la fermeture transitive (parfois appelée fermeture transitive stricte) désignant ce problème.

Analysons dès lors ce problème. Soit un graphe G donné par un ensemble de couples (a,b) ou chemins élémentaires. La fermeture transitive R de G est l'ensemble de tous les chemins (a,b) élémentaires ou non, et compatibles avec G. Cet ensemble R peut se définir très simplement comme suit :

Règle 1 : R contient tous les couples de G

Règle 2 : si R contient un couple (a,b) et un couple (b,c), alors R contient (a,c)

Règle 3 : R ne contient pas d'autres couples que ceux obtenus par la règle 1 ou la règle 2

Il ne reste plus qu'à donner une construction de R qui vérifie cette définition récursive.

Construction de R :

Pas 1 : initialiser R à G

Pas 2 : si R contient des couples (a,b) et (b,c), alors placer (a,c) dans R

Arrêt 3 : continuer l'opération précédente jusqu'à ce que R ne change plus.

(Remarquons en passant la similitude entre l'arrêt 3 ci-dessus et ceux dans l'exercice 4 et le problème 2 du chapitre 10).

Choisissons maintenant une représentation de l'ensemble R : le plus simple est d'utiliser un tableau booléen r tel que R contient (a,b) si et seulement si r [a,b] = vrai :

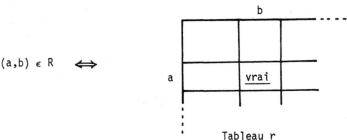

$$(a,b) \in R \iff$$

Tableau r

Schéma 1 : Fermeture transitive

> *Initialisation de r avec le graphe G donné ;*
> # *Fermeture :* # *tant que r est modifié*
> *faire pour chaque a, b, c faire*
> *si r [a,b] et r [b,c] alors r [a,c] := vrai fsi*
> *fait fait*

Schéma 2 : Initialisation de r avec le graphe G donné

> *Vider r entièrement ;*
> *Pour chaque a, b lus faire r [a,b] := vrai fait*
> # *FINAL : r [a,b] = vrai si et seulement si (a,b) ε G.* #

Il reste à résoudre le test de la modification de r ; il suffit d'utiliser une variable *modif* : après une itération de *pour chaque a, b, c,...*, commencée avec *modif = faux*, on a *modif = vrai* si et seulement si r a été modifié en un point au moins.

Schéma 3 : Fermeture

> *tant que modif*
> *faire modif := faux ;*
> *pour chaque a, b, c faire*
> *si r [a,b] et r [b,c]*
> *alors si non r [a,c] alors modif := vrai fsi ;*
> *r [a,c] := vrai*
> *fsi*
> *fait fait*

La variable *modif* doit être initialisée à vrai au départ, sinon l'itération tant que ne peut démarrer. Les données définissant G sont supposées suivies d'un entier hors de l'intervalle (1,N), où N est le nombre de sommets. La construction du programme est dès lors terminée pour l'essentiel.

Programme :

> *début*
> # *Initialisation de r avec le graphe donné :* #
> *ent n = lirent ; [1:n, 1:n] bool r ;*
> # *Vider r :* #
> *pour i jusqu'à n faire*
> *pour j jusqu'à n faire*
> *r [i,j] := faux*
> *fait fait ;*

```
    # Placer dans r tous les arcs lus : #
        tant que ent a = lirent ; ent b = lirent ;
                1 ≤ a et a ≤ n et 1 ≤ b et b ≤ n # a et b sont bons #
            faire r[a,b] := vrai ; imprimer ((a, "→", b)) fait ;
    # Fermeture : #
        bool modif := vrai ;
        tant que modif
            faire modif := faux ;
                pour a jusqu'à n faire
                pour b jusqu'à n faire
                pour c jusqu'à n faire
                    si r [a,b] et r [b,c] et non r [a,c]
                        alors (modif := vrai, r [a,c] := vrai)
                    fsi
                fait fait fait
            fait ;
    # Edition des relations obtenues : #
        pour a jusqu'à n faire
            imprimer ((à la ligne, a, "est relié à :")) ;
            pour b jusqu'à n faire
                si r [a,b] alors imprimer (b) fsi
        fait fait
    fin # du programme. #
```

Exercice 4 : Modifier le programme de l'exemple 5 ci-dessus de façon à minimiser le nombre de tests redondants de *modif*, de *r[b,c]* et de *non r[a,c]*.

11.6. RÉSUMÉ

Lorsque plusieurs objets tous de même mode doivent être présents à la fois pour subir un même traitement, on les groupe pour en former un tableau dont chaque élément est à son tour accessible par indiçage. Les éléments d'un tableau sont souvent traités par itération ; dans une telle itération on distingue logiquement le cas où il faut tenir compte d'un ordre donné du cas où l'on peut traiter les éléments dans un ordre quelconque.

Déclaration :

Une déclaration de constante tableau *t* d'éléments de mode *m* et de dimension n s'écrit :

$[\underbrace{,\ldots,}] \; \underline{m} \; t \; = \; < \text{expression} >$

(n-1) virgules ^{ttt}

L'expression a un résultat de mode tableau de $\underline{m}$ à n dimensions ; c'est par exemple une collatérale.

Une déclaration de tableau variable tv comporte explicitement les bornes et s'écrit :

$[inf1{:}sup1, \; inf2{:}sup2,\ldots, \; infn{:}supn] \; \underline{m} \; tv$

$[inf1{:}sup1]$, $[inf2{:}sup2]$,$\ldots$,$[infn{:}supn]$ définissent les intervalles de variation des indices (bornes comprises).

<u>Utilisation</u> :

Il y a trois manières d'utiliser un tableau :

- globalement : par son identificateur (t, tv) ; dans une affectation, l'égalité des bornes respectives est exigée
- par tranches : il faut préciser un sous-intervalle de l'intervalle de variation ; ainsi, pour $inf1 \le i1 \le j1 \le sup1,\ldots, \; infn \le in \le jn \le supn$, $tv \; [i1{:}j1, \; i2{:}j2,\ldots, \; in{:}jn]$
  est une tranche de tv
- par éléments : il faut préciser l'élément par ses indices :
  $tv \; [i1,\ldots, \; in]$
  est un élément de tv

De plus, les opérateurs standard $\underline{bi}$ et $\underline{bs}$ donnent respectivement la borne inférieure et la borne supérieure de l'intervalle de définition d'un tableau à une dimension.

<u>Itération</u> :

Les conditions d'utilisation et de simplification de l'itération générale :

<u>pour</u> i <u>depuis</u> E_1 <u>pas</u> E_2 <u>jusqu'à</u> E_3 <u>tant que</u> B <u>faire</u> S <u>fait</u>

sont résumées dans la figure 1.

11.7. PROBLÈMES

1. Soit à imprimer les résultats d'un examen par ordre de mérite décroissant. L'analyse esquissée dans le § 11.2 se complète ainsi : R est un tableau de candidats, c'est-à-dire de structures comprenant nom, notes, moyenne, mention.

Dans la seconde phase, il s'agit de traiter à chaque étape le tableau des candidats restants après qu'on en ait sélectionné le meilleur ; on peut pour cela mettre à la place du candidat sélectionné (après impression) le candidat figurant en tête du tableau considéré, et diminuer à chaque fois de 1 le nombre de candidats considérés.

Quels sont l'invariant et le but de cette itération ?

Donner une version schématique du programme.

La recherche du meilleur candidat se fait par une comparaison avec tous les candidats restants.

Compléter le schéma précédent par l'analyse de cette recherche.

Ecrire un programme complet.

2. Il s'agit d'écrire un programme qui calcule et imprime les coefficients binômiaux C_n^p sous la forme du triangle de Pascal, où n représente la ligne, p la colonne, pour un nombre donné de lignes :

n \ p	0	1	2	3	4	5	6
0	1						
1	1	1					
2	1	2	1				
3	1	3	3	1			
4	1	4	6	4	1		
5	1	5	10	10	5	1	
6	1	6	15	20	15	6	1

On ne s'intéresse ici qu'aux valeurs de C_n^p pour $0 \leq p \leq n$:

pour $n \geq 0$ $\qquad C_n^0 = C_n^n = 1$

pour $0 < p < n$ $\qquad C_n^p = C_{n-1}^{p-1} + C_{n-1}^p$

On considère qu'un programme est meilleur qu'un autre s'il prend moins de temps pour s'exécuter ou s'il occupe moins d'espace en mémoire.

1. Pourquoi, dans ce problème, est-il peu recommandé d'utiliser directement la procédure récursive définie dans l'exemple 2 du chapitre 9 ?

2. Analyser le problème et écrire le programme en utilisant un tableau à n+1 lignes et n+1 colonnes.

3. L'impression du tableau peut-elle se faire au fur et à mesure de sa construction ? Combien de lignes du tableau sont-elles alors utilisées à chaque étape ?

4. Transformer le programme précédent en n'utilisant qu'un tableau à une dimension avec n+1 éléments, et, éventuellement, certaines variables simples auxiliaires.

11.8. SOLUTION DES EXERCICES

Exercice 1 :

> *début*
>> [] *chaîne abra = ("a", "bra", "ca", "da", "bra")* ;
>> *pour i jusqu'à* 5
>>> *faire* ⫫ *INVAR : les i premières lignes imprimées comportent i éléments*
>>>> *de abra.* ⫫
>>> *imprimer ((abra [1:i], à la ligne))*
>> *fait*
> *fin*

Exercice 2 :

> *début*
>> *ent r :=* 1 , *ent n = lirent* ;
>> *pour i depuis* 2 *jusqu'à n*
>>> *faire* ⫫ *INVAR : r = i! et i ≤ n.* ⫫
>>> *r := r * i*
>> *fait* ;
>> *imprimer (("factorielle", n, "=", r))*
> *fin*

Exercice 3 :

> *proc cherche = ([] ent t, ent v) ent :*
>> ⫫ *CE : v est une valeur du tableau t.*
>>> *CS : le résultat est un indice k tel que t [k] = v.* ⫫
>> *début*
>>> *ent inf = bi t ; ent k := inf ;*
>>> *pour i depuis inf jusqu'à bs t tant que t [i] ≠ v*
>>>> *faire* ⫫ *INVAR : le résultat est supérieur à i, et i ≤ bs t.* ⫫
>>>> *k := k + 1*
>>> *fait* ;
>>> *k*
>> *fin* ⫫ *si plusieurs éléments de t égalent v, on trouve l'indice du premier.* ⫫

Exercice 4 :

Rappelons le morceau de programme comportant les itérations imbriquées sur
a, b, c :

pour a *jusqu'à* n *faire* # a *est fixé* #
pour b *jusqu'à* n *faire* # a *et* b *sont fixés* #
pour c *jusqu'à* n *faire* # a, b *et* c *sont fixés* #
   si r [a,b] *et* r [b,c] *et* *non* r [a,c]
     alors (modif := *vrai*, r [a,c] := *vrai*)
  fsi
fait fait fait

la valeur de r [a,b] est connue dès que a et b sont fixés ; si r[a,b] est faux, *modif* et r[a,c] ne sont pas à modifier pour aucun c. De même, à l'intérieur de la dernière itération, une conditionnelle permettrait d'éviter des évaluations inutiles de *non* r[a,c]. Ceci nous conduit à une nouvelle version du morceau de programme étudié (le reste du programme est inchangé) :

pour a *jusqu'à* n *faire*
pour b *jusqu'à* n *faire* # a *et* b *sont fixés* #
  si r[a,b] *alors pour* c *jusqu'à* n
          faire *si* r [b,c]
               alors *si* *non* r[a,c]
                    alors (modif := *vrai*, r[a,c] := *vrai*)
              fsi
          fsi
        fait
  fsi
fait fait

Dans cette nouvelle version on remarque, par exemple, que le nombre d'évaluation de r [b,c] est mn, où m est le nombre d'arcs du graphe, contre n^3 dans la version initiale.

CHAPITRE 12

EXEMPLES

12.0. INTRODUCTION

1. Buts

Dans ce chapitre, on développe plusieurs exemples complets de construction de programmes.

Le premier énoncé du problème posé au programmeur est la plupart du temps formulé dans des termes fort généraux : par exemple, "Calcul par ordinateur de la paie du personnel d'une entreprise avec édition de tous les états et ordres nécessaires", ou "Calcul par ordinateur de la résistance de matériaux pour établir des plans et des devis dans la construction d'un pont".

Un utilisateur pose donc un problème, et, souvent en collaboration étroite avec un informaticien, il en trouve des spécifications précises. L'informaticien a pour objectif de construire un programme résolvant ce problème, c'est-à-dire un programme dont l'interprétation par calculateur fournit les résultats attendus. Pour chaque exemple du chapitre, on montre comment construire progressivement un programme adéquat : on présente les différentes étapes qui permettent de concevoir le programme tout en affinant la définition du problème.

Analyse et conception

Pour maîtriser la complexité d'un problème, une démarche naturelle consiste à le décomposer en sous-problèmes. Chaque sous-problème doit alors pouvoir être analysé indépendamment (en suivant éventuellement la même démarche). Pour obtenir cette indépendance, la décomposition doit comporter une formulation rigoureuse et précise de chaque sous-problème. De plus, quel que soit le niveau de détail, une décomposition n'a de sens que si elle permet d'élaborer un algorithme décrivant l'enchaînement des divers sous-problèmes qu'elle a mis en évidence.

La démarche proposée laisse une grande part à l'intuition,ce qui peut paraître paradoxal en informatique !

Ainsi les difficultés rencontrées lors d'une analyse sont liées :

- à "l'appréhension intuitive" de la complexité d'un problème qui conduit à la décision de ne pas le décomposer ("à partir de maintenant, je sais faire"),

- au choix d'une décomposition,

- à l'obtention d'une formulation adéquate de chaque sous-problème.

Si l'analyse d'un problème doit permettre sa compréhension, elle doit surtout aboutir impérativement à l'écriture d'un programme "opérationnel". Ainsi, lors du choix d'une décomposition interviennent d'autres facteurs que ceux de nature purement déductive que nous venons de voir. Notamment, une décomposition peut être guidée par le souci tant de reconnaître que de mettre en évidence des traitements connus.

Le niveau de détail à atteindre dans l'analyse dépend de la compétence et de l'expérience de l'analyste. De toutes façons, ce niveau est fixé dans la pratique par le répertoire de constructions primitives propres au langage utilisé ; l'étude d'un tel répertoire a été faite dans les chapitres précédents.

Contexte dans lequel s'insère l'activité de programmation

Le travail d'analyse dont nous venons d'esquisser les grandes lignes est constamment guidé par le souci d'obtenir un programme opérationnel. Pour atteindre cet objectif, le programmeur doit tenir compte du niveau des connaissances en informatique de l'utilisateur, et des impératifs liés à la technologie du matériel qu'il utilise. Précisons ces deux points.

L'énoncé du problème se présente souvent comme un ensemble d'indications concernant les données à traiter et les résultats attendus. Une telle formulation peut être insuffisante voire inadéquate pour l'écriture d'un programme. L'énoncé est alors progressivement affiné à la suite d'un dialogue entre l'informaticien et l'utilisateur : le premier précise le type de services que peut rendre l'ordinateur, le deuxième explicite la nature de ses besoins. Il arrive ainsi fréquemment que cet énoncé ne soit formulé complètement qu'en fin d'analyse.

La technologie mise en oeuvre introduit des contraintes, par exemple :

- Les données sur lesquelles un programme est exécuté peuvent comporter des erreurs, par exemple des erreurs humaines : la préparation de données aussi bien que leur transmission au programme nécessite un certain nombre d'interventions humaines dues aux limitations des moyens automatiques de saisie des données (Exemple : création d'un bordereau à partir d'un document de saisie, puis perforation de cartes). Le programmeur doit donc dès l'analyse prévoir un contrôle sur la qualité des données.

- La taille de la mémoire centrale dans laquelle est enregistré le programme peut se révéler insuffisante. On a alors recours à une fragmentation du programme qui influe sensiblement sur sa structure, et donc sur la manière même d'analyser un problème.

- On peut être amené à transférer le programme d'un ordinateur sur un autre. Leurs caractéristiques physiques n'étant en général pas les mêmes, le "transport" ne peut être résolu uniquement par l'utilisation d'un langage commun. La structure du programme et le choix des primitives lors de la décomposition sont déterminants.

Dès qu'un nouveau logiciel est exploité sur ordinateur, il est amené à évoluer. Cette adaptation est soit imposée par des contraintes d'exploitation (modification de l'ordinateur par exemple), soit demandée par les utilisateurs. On aboutit ainsi à une extension progressive des spécifications initiales qui peuvent entraîner des erreurs qu'il faut corriger. Ce travail de maintenance n'est envisageable que s'il ne modifie pas trop la structure du programme. Une modification trop profonde impose une réécriture complète. On voit ainsi que la durée de vie d'un programme (temps pendant lequel il est utilisable) est liée à la facilité avec laquelle on peut l'adapter à de nouvelles conditions d'utilisation. L'activité de maintenance nécessite une documentation relatant les différentes phases de la conception et les choix qui ont contribué à la structure du programme.

Si ces considérations sur les qualités attendues d'un programme fournissent une aide à la détermination des choix pendant l'analyse, elles montrent aussi qu'il n'existe pas de méthode miracle dont la mise en oeuvre donne nécessairement un "bon" programme.

2. Construction et validation de programmes

Enumérons quelques principes de construction de programmes utilisés dans la suite. L'énoncé et l'environnement du problème étant, nous l'avons vu, en général flous, il est commode d'effectuer des hypothèses simplificatrices pour obtenir une première ébauche de la solution. La structure du programme ainsi construit doit être telle qu'elle permette aisément des modifications lorsque l'on supprime ces restrictions.

Lors de la décomposition d'un problème P en sous-problèmes P_i, on caractérise chaque P_i par un ensemble de spécifications exprimées (partiellement) en termes de conditions initiales et finales. Ces conditions pour les P_i sont définies à partir de celles de P. L'algorithme d'enchaînement est construit en fonction de ces conditions.

Les relations entre les traitements et les structures d'information étant nombreuses, il importe pendant l'analyse de les définir simultanément. Le choix de représentations particulières ne doit toutefois intervenir que lorsque la forme du programme est figée et il doit tenir compte des éventualités d'adaptation et de transport évoquées précédemment.

Une technique d'analyse utile consiste à effectuer une décomposition par cas.
Souvent, le mécanisme de récursivité permet aussi de donner une première approche
du programme. On peut ensuite, par affinages successifs, obtenir le programme défi-
nitif à partir de cette première forme. Remarquons que dans le cas particulier de
récurrence étudié au chapitre 10, il est possible de donner directement une forme
itérative au programme si cela est plus commode, l'invariant et la condition d'arrêt
fournissant tous les éléments nécessaires à cette écriture.

Même si le programme a été obtenu systématiquement à partir de spécifications exprimées en termes de conditions initiales ou finales ou d'invariants, les spécifications ayant pu être incomplètes, il est nécessaire de le tester sur l'ordinateur. En
effet, les déductions effectuées peuvent être fautives, des erreurs de transcriptions sont toujours possibles. Les vérifications faites automatiquement pendant la
compilation ne peuvent pas détecter toutes les erreurs. Il est nécessaire de s'assurer du bon fonctionnement du programme pour des ensembles de données caractéristiques (jeux d'essai) dont on connaît a priori le résultat. La constitution de ces
jeux d'essai doit par suite se faire pendant la conception du programme.

A la fin de cette phase de test, le programme est qualifié d'opérationnel (mais
pas pour autant de correct !); son exploitation peut mettre en évidence bien des
anomalies.

Jusqu'à présent, la construction systématique des programmes n'évite ni une
incertitude sur leur correction ni un recours à des méthodes empiriques.

3. Présentation des exemples

Les exemples choisis illustrent certains problèmes fréquemment traités en informatique. Les quatre thèmes envisagés sont les suivants :

- exploitation de données statistiques et édition de résultats. La difficulté ne
  réside pas dans le calcul statistique, mais dans le volume des données traitées
  et dans l'édition,

- affichage des résultats d'une compétition sportive comportant des épreuves in-
  dividuelles, course de ski par exemple. Quelques aspects de l'automatisation
  et de la communication homme-machine sont abordés dans cet exemple,

- recherche d'une heuristique en reprenant le problème de jeu présenté dans l'introduction,

- ordonnancement d'un ensemble de valeurs (problème de tri). Cet exemple permet
  de présenter plus formellement une recherche déductive de l'algorithme.

Le plan d'étude de chaque exemple est le suivant :

a) Enoncé :

Il est donné en termes non informatiques sous une forme susceptible d'être présentée dans un cahier des charges par un utilisateur non spécialiste. L'analyse nous amènera à le modifier et à le préciser.

b) Approche de la solution :

Nous donnons les différentes ébauches de solutions que l'on construit au cours de l'analyse sous forme de schémas d'algorithmes non complètement formalisés. L'ensemble de ces schémas précise les différentes étapes de l'analyse et les choix associés (portant sur les structures d'information et les traitements d'une part, sur l'énoncé d'autre part).

c) Construction systématique du programme :

En partant de l'approche précédente, nous construisons le programme par affinages successifs. Des indications sont éventuellement fournies sur la constitution des jeux d'essai. La documentation du programme proprement dit est insérée dans ce dernier sous forme d'assertions logiques et de commentaires.

d) Programme final détaillé.

e) Discussion sur le programme évoquant les points suivants :
   - évaluation des performances et propositions d'améliorations le cas échéant,
   - condition de suppression des restrictions éventuelles introduites pendant l'analyse,
   - définition de tests de cohérence sur les données utilisées par le programme pour détecter les erreurs de saisie. Cet aspect n'a pas été envisagé auparavant pour des raisons de commodité de présentation.
   - etc ...

f) Maintenance du programme :

Nous envisageons quelques extensions du programme qui nous conduisent à introduire des paramètres supplémentaires. L'utilisation des constantes est par exemple contrôlée pour éviter de figer le programme, la définition d'un environnement particulier au programme facilite son transport, etc.

g) Variantes et exercices :

Nous suggérons sous forme d'exercices d'autres solutions au problème posé et des énoncés voisins. Signalons que ces exercices sont plutôt des thèmes de réflexion et que leur résolution n'est donc pas toujours développée.

De plus, nous donnons en fin de chapître des listes de programmes et des résultats d'éxécution tels qu'ils se présentent après passage en machine.

12.1. PYRAMIDE D'AGE

1. Enoncé

On veut construire une pyramide des âges en distinguant les hommes et les femmes. Si la population est importante, par exemple celle de la France, il est coûteux d'utiliser tous les éléments de la population recensée. Aussi, un échantillon représentatif est choisi à l'aide de certains critères statistiques et démographiques.

Le recensement fournit plusieurs données pour une même personne : nom, prénoms, date de naissance, adresse, profession, ... Seule l'année de naissance nous intéresse pour construire la pyramide, aussi supposera-t-on que l'on dispose d'un échantillon représentatif ne comportant que l'année de naissance. Dans cet échantillon, les données relatives aux hommes précèdent celles relatives aux femmes.

Les données comprennent donc la suite des années de naissance des hommes suivie d'un marqueur délimitant cette suite puis les années de naissance des femmes suivie d'un marqueur. Ce marqueur est représenté par -1 qui ne peut être confondu avec les autres données.

Exemple :

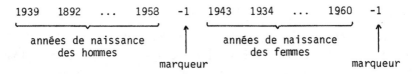

Dans la pyramide, les hommes (ou femmes) de 0 à 4 ans, 5 à 9 ans, ... sont groupés dans une même "tranche d'âge". La dernière tranche comprend les personnes de plus de 90 ans ; au-delà de cet âge, l'effectif d'une tranche est trop faible par rapport à celui des autres tranches pour être représenté de façon valable. Nous considérons aussi qu'un âge supérieur à 105 ans provient d'une erreur de codage ou de relevé.

La figure 1 donne la pyramide des âges construite à partir du recensement de la population française de 1962 en prenant un échantillon d'environ 100 000 personnes avec une échelle convenable. Les statistiques nous informent que l'effectif maximal d'une tranche d'âge est de 5 000 personnes.

En ordonnées sont reportés les âges considérés, en abscisses les effectifs d'une année d'âge pour une population de 100 000 personnes. En effet, à chaque tranche d'âge (et pour chaque sexe) correspond un rectangle dont la surface est proportionnelle au nombre de personnes (hommes ou femmes) appartenant à cette tranche. Par exemple, pour la tranche d'âge de 15 à 19 ans sur la figure 1, il y a environ 690 hommes par année d'âge, c'est-à-dire que pour cette tranche d'âge, il y a environ 690 x 5 = 3 450 hommes. Tout comme en cartographie, il nous faut déterminer une échelle pour l'impression de cette pyramide.

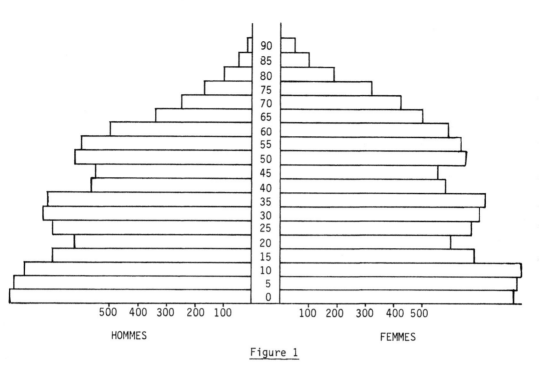

HOMMES   FEMMES

Figure 1

2. Approche de la solution

Afin d'éditer la pyramide, il faut auparavant déterminer l'effectif dans chacune des tranches d'âge.

Les données représentant les années de naissance des hommes et des femmes se présentent dans le désordre. Il n'est donc pas possible de connaître d'abord l'effectif de la 1ère tranche d'âge, puis celui de la 2ème, ... Il faut, pour chaque année de naissance :

- déterminer à quelle tranche d'âge elle correspond,
- augmenter de 1 l'effectif de cette tranche.

Cet effectif est donc représenté par un entier. Les effectifs des tranches-hommes et des tranches-femmes sont rangés dans un vecteur, tableau d'entiers. La longueur du tableau est égale au nombre de tranches d'âge, *nbtranches*.

D'autre part, la pyramide est formée de deux "semi-pyramides", l'une pour les hommes, l'autre pour les femmes. Comme l'on suppose que les données relatives aux premiers précèdent celles relatives aux secondes, il est naturel de calculer d'abord les effectifs des tranches-hommes et ensuite ceux des tranches-femmes. Il ne reste alors plus qu'à éditer les résultats.

Le programme se schématise donc comme suit :

Schéma 1 : Pyramide d'âges

 # INIT : on dispose d'un fichier séquentiel contenant d'abord des années de nais-
sance d'hommes, ensuite des années de naissance de femmes ; la fin du fichier
est marquée.
FINAL : la pyramide d'âges est imprimée comme requis par les spécifications. #

Def. de la constante nbtranches ;
Def. des structures d'information :
 mode pyramide = struct(semiramide hommes, femmes),
 mode semiramide = [1 : nbtranches] ent ;
Création d'une pyramide variable p :
 pyramide p ;
Calcul effectifs(hommes de p) ;
Calcul effectifs(femmes de p) ;
Edition du corps de p ;
Edition de l'axe des abscisses

---

3. Construction du programme

3.1. Calcul des effectifs dans chaque tranche d'âge

Le calcul à effectuer est le même pour les hommes et pour les femmes ; aussi appelons-nous deux fois la procédure *calcul effectifs* à un seul paramètre qui est le tableau correspondant à la catégorie envisagée.

Il reste à définir la procédure : *calcul effectifs*. Elle peut s'exprimer schématiquement ainsi :

Schéma 2 : Procédure : Calcul effectifs

 # Paramètre : une variable s de mode semiramide
Résultat : néant
CE : s ne contient que des zéros et les données sont disponibles
CS : s contient les effectifs déduits de données à lire. #

---

 tant que Il reste une donnée
  faire Traitement de la donnée fait

Il faut exprimer l'arrêt du traitement itératif et le traitement de la donnée.

- Arrêt du traitement itératif

 L'ensemble des années de naissance des hommes est suivi du marqueur -1. Il reste une donnée à traiter tant que ce marqueur n'est pas rencontré. On a donc si *marqueur* identifie -1 :

```
#Il reste une donnée : #
    ent année = lirent ;
    année ≠ marqueur
```

Ainsi toutes les données relatives aux hommes seront traitées.

- Traitement de la donnée

Il faut pour chaque donnée non erronée, calculer l'âge correspondant et augmenter de 1 l'effectif de la tranche d'âge à laquelle elle appartient.
Soit :

la 1ère tranche	si $0 \leq$ âge < 5
la 2ème tranche	si $5 \leq$ âge $< 2 * 5$
⋮	
la ième tranche	si $(i-1) * 5 \leq$ âge $< i * 5$
⋮	
la dernière tranche	si $90 \leq$ âge ≤ 105 (105 est l'âge maximal)

Sauf pour la dernière tranche qui est facile à repérer et dont l'indice est la
borne supérieure du tableau, l'indice de la tranche d'âge à laquelle appartient
la personne considérée est :

$indice = (âge \div taille \ tranche) + 1$

où *taille tranche* vaut 5.

Le traitement d'une donnée se schématise ainsi :

Schéma 3 : Traitement de la donnée

```
# Calculer l'âge : #
    ent âge = 1962 - année ;
# Augmenter l'effectif correspondant : #
    si 0 ≤ âge et âge ≤ âge maximal alors ent indice = indice pour âge ;
                                        s[indice] := s[indice] + 1
                                 sinon Erreur
    fsi
# Indice pour âge : #
    si âge ≤ 90 alors âge ÷ taille tranche + 1 sinon bs s fsi
```

Ajouter 1 à l'effectif d'une des lignes du tableau suppose que ce tableau a été
préalablement initialisé à zéro.

Pour chaque donnée non erronée, il existe une ligne du tableau dont l'effectif est augmenté de 1. Quand on a traité i données non erronées, la somme des éléments du tableau est égale à i.

Le programme correspondant au calcul des effectifs s'écrit donc :

Schéma 4 : Partie du programme calculant les effectifs

```
# Initialisation à zéro de la pyramide p : #
     pour i depuis 1 jusqu'à nbtranches
          faire
               (hommes de p)[i] := (femmes de p)[i] := 0
          fait ;
# Déf. de la procédure de calcul d'effectifs : #
          proc calcul effectifs = (rep semiramide s) neutre :
               # CE : s est à zéro et les données sont disponibles.
                 CS : s contient les effectifs déduits des données à lire. #
               tant que # Il reste une donnée à lire : #
                         ent année = lirent ; année ≠ marqueur
                    faire # INVAR : s contient les effectifs déduits des données
                              lues auparavant. #
                         ent âge = 1962 - année ;
                         si 0 ≤ âge et âge ≤ âge maximal
                             alors ent indice = si âge ≤ 90 alors âge÷taille tranche+1
                                                             sinon bss
                                              fsi ;
                                  s[indice] := s[indice] + 1
                             sinon # Erreur : #
                                  imprimer (("donnée étrange :", année, à la ligne))
                         fsi
                    fait ;
# Calcul des effectifs : #
     calcul effectifs(hommes de p) ;
     calcul effectifs(femmes de p)
```

3.2. Edition de la pyramide

Du fait que l'imprimante ne peut revenir en arrière dans son travail d'impression, il est nécessaire de commencer par imprimer la ligne supérieure de la pyramide qui correspond à la tranche supérieure.

Ceci peut s'exprimer par :

Schéma 5 : Edition du corps de la pyramide

```
pour i depuis nbtranches pas -1 jusqua 1
   # de haut en bas #
   faire
      Edition d'une tranche d'âge
   fait
```

L'édition d'une tranche d'âge se fait sur 2 lignes. Ainsi pour la tranche d'âge correspondant à 40 ans, la disposition est la suivante :

$$\uparrow$$
milieu

Figure 2

Si l'on veut que la pyramide soit centrée, le milieu de la page doit être à l'endroit indiqué ci-dessus.

Le nombre de tirets figurant sur la première des 2 lignes est fonction, d'une part de l'échelle choisie, d'autre part de l'effectif des hommes à gauche et de l'effectif des femmes à droite.

L'échelle d'impression est fonction :
- de la largeur du papier, mesurée par le nombre de caractères d'une ligne d'imprimante : *nbcar*
- de l'effectif maximum d'une tranche : *efmaxtranche*.

En fait, *nbcar-2* caractères sont disponibles sur une ligne pour éditer les deux effectifs. Les deux caractères soustraits correspondent à la séparation entre les 2 semi-pyramides. Pour chacun des effectifs, on dispose de:
(nbcar - 2) ÷ caractères

Appelons *carsexe* cette valeur. Le facteur d'échelle peut se définir ainsi:
réel échelle = *carsexe/efmaxtranche*

Revenons à l'édition de la ième tranche d'âge. Elle fait intervenir :
- l'effectif hommes dans cette tranche d'âge, *efhom*, qui dépend de *(hommes de p)[i]* et de *échelle*. De même pour l'effectif femmes *effem*.
- l'âge minimum (40 sur la figure 2) dans la ième tranche d'âge, *âgetranche*. Cet âge doit être imprimé sur 2 caractères dont l'un peut être le caractère blanc. Le format standard d'édition d'un entier ne convient pas ici. Nous allons utiliser une procédure standard *imprimerf* qui permet de définir les formats d'impression. Pour l'impression de l'âge, nous utilisons un format pour un entier non signé

de deux chiffres :

celui de gauche pouvant être nul est spécifié par *z* (s'il est nul, il est remplacé par un blanc), et celui de droite par *d*.

Ce format s'écrit : $ zd $.

L'édition du corps de la pyramide s'écrit alors :

Schéma 6 : Edition du corps de la pyramide

```
# Déf. des constantes auxiliaires
    - nombre de caractères sur une ligne de l'imprimante,
    - effectif maximum d'une tranche,
    - nombre de caractères pour éditer l'effectif d'une tranche d'âge de
      chaque sexe,
    - échelle d'impression : #
    ent nbcar = 132, efmaxtranche = 5 000 ;
    ent carsexe = (nbcar - 2) ÷ 2 ;
    réel echelle = carsexe/efmaxtranche ;
# Edition par paires de lignes, de haut en bas : #
    pour i depuis nbtranches pas -1 jusqu'à 1
        faire # INVAR : nb tranches ≥ i ≥ 1 et les i tranches d'âge
        supérieures ont été imprimées. #
            ent efhom = arrd((hommes de p)[i] * échelle),
                effem = arrd((femmes de p)[i] * échelle),
                âge tranche = (i - 1) * taille tranche ;
        # Ligne 1 : #
            imprimer(((carsexe - efhom) * blanc
                    + efhom * "-" + 2 * blanc + effem * "-", à la ligne)) ;
        # Ligne 2 : #
            imprimer ((carsexe - efhom - 1) * blanc
                    + "|" + (efhom - 1) * blanc + "|") ;
            imprimerf(($ zd $, âge tranche)) ;
            imprimer(("|" + (effem - 1) * blanc + "|", à la ligne))
        fait ;
```

Remarque :

arrd x convertit la valeur réelle *x* en la valeur entière la plus proche de *x*, par exemple *arrd 2.7* = 3, *arrd 2.2* = 2.

blanc est l'identificateur standard désignant le caractère espace.

3.3. Impression de l'abscisse et des commentaires

Il reste à imprimer l'axe des abscisses avec sa graduation et quelques commentaires. La figure 3 indique en partie ce qu'il faut faire. Il manque le côté hommes. Elle est suivie d'indications sur ce qui est représenté : en ordonnées, les âges, et en abscisses, l'effectif d'une année d'âge (pour une population de 100 000).

```
ligne 1   – – – – – – – – – – – – – – – – – ...... – – – – – – –
ligne 2   |    |              |        |      |           |
ligne 3   0    0              125      250    875         1 000
ligne 4
ligne 5                    F E M M E S
ligne 6
ligne 7   1962
            ↑
          milieu                    Figure 3
```

Nous remarquons ce qui suit :
- le nombre de graduations choisi est 8. Il doit être tel que le quotient de *carsexe* − *1* par ce nombre soit exact afin que les divisions soient de longueur égale. Si *nbcar* vaut 132, *carsexe* vaut 65, le nombre de graduations est 8 (64 est multiple de 8) et l'espace entre 2 graduations est *(carsexe − 1) ÷ 8*,
- les graduations vont jusqu'à 1 000. Comme l'effectif maximum d'une tranche d'âge est 5 000, ceci correspond à un effectif de 1 000 par année d'âge. Il est nécessaire également de définir un format pour imprimer les nombres : 125, 250, ..., 875. Le format β *3d* β convient car chacun de ces nombres s'écrit avec 3 chiffres significatifs.

Schéma 7 : Edition de l'axe des abscisses

```
# Définition de la longueur e d'un espace entre 2 graduations : #
    ent e = (carsexe - 1) ÷ 8 ;
# Ligne 1 : #
    imprimer((nbcar * "-", à la ligne)) ;
# Ligne 2 : #
    imprimer((8 * ("|" + (e - 1) *  blanc)
            + "|" + 2 * blanc + "|"
            + 8 * ((e - 1) * blanc + "|", à la ligne)) ;
# Ligne 3 : #
    imprimer( "1000" + (e - 4) * blanc) ;
    pour i depuis 875 pas -125 jusqu'à 125
        faire # INVAR : les nombres 875, 750, ..., (i - 1) ont été imprimés. #
            imprimerf((β 3d β, i)) ; imprimer((e - 3) * blanc)
        fait ;
    imprimer(2 * (2 * blanc + "0")) ;
```

```
    pour i depuis 125 pas +125 jusqu'à 875
        faire # INVAR : les nombres 125, 250, ..., (i - 1) ont été imprimés. #
            imprimer((e - 3) * blanc) ; imprimerf(($ 3d $, i))
        fait ;
    imprimer(((e - 4) * blanc +  "1000", à la ligne)) ;
# Lignes 4 et 5 : #
    imprimer((à la ligne, (carsexe - 6) ÷ 2 * blanc + "hommes"
                    + (carsexe - 4) * blanc + "femmes", à la ligne)) ;
# Lignes 6 et 7 : #
    imprimer((à la ligne, (carsexe - 1) * blanc + "1962", à la ligne)) ;
# Lignes 8, 9 et 10 : #
    imprimer((à la ligne, 20 * blanc + "en ordonnée, âge",
            à la ligne, 20 * blanc + "en abscisse, effectif d'une année d'âge",
                        "(pour une population de 100 000)", à la ligne))
```

Le problème est maintenant entièrement traité, il suffit d'agencer les différents modules sans oublier de placer les définitions de certaines constantes en tête du programme, soit :

Schéma 8 : Agencement des modules

```
# Déf. de constantes auxiliaires : #
    ent nbtranches = 19, tranchesup = 90, taille tranche = 5,
        âge maximal = 105, marqueur = -1 ;
# Déf. des structures d'information : #
    mode pyramide = struct(semiramide hommes, femmes),
    mode semiramide = [1 : nbtranches] ent ;
# Création d'une pyramide variable p : #
    pyramide p ;
 Calcul des effectifs de p : schéma 4 ;
 Edition du corps de la pyramide : schéma 6 ;
 Edition de l'axe des abscisses : schéma 7
```

4. Liste du programme

```
# Pyramide d'âge : #
    début
# Déf. de constantes auxiliaires : #
        ent nbtranches = 19, tranchesup = 90, taille tranche = 5,
        âge maximal = 105, marqueur = -1 ;
# Déf. des structures d'information : #
```

```
    mode pyramide = struct(semiramide hommes, femmes),
    mode semiramide = [1 : nbtranches] ent ;
# Création d'une pyramide variable p : #
    pyramide p ;
# Initialisation à zéro de la pyramide p : #
    pour i depuis 1 jusqu'à nbtranches
        faire
            (hommes de p)[i] := (femmes de p)[i] := 0
        fait ;
# Déf de la procédure de calcul d'effectifs : #

    proc calcul effectifs = (rep semiramide s) neutre :
        # CE : s est à zéro et les données sont disponibles.
          CS : s contient les effectifs déduits des données à lire. #
        tant que # Il reste une donnée à lire : #
                    ent année = lirent ; année ≠ marqueur
            faire # INVAR : s contient les effectifs déduits des données
                            lues auparavant. #

            ent âge = 1962 - année ;
            si 0 ≤ âge et âge ≤ âge maximal
                alors ent indice = si âge ≤ 90 alors âge ÷ taille tranche + 1
                                              sinon bs s
                                    fsi ;
                      s[indice] := s[indice] + 1
            sinon # Erreur : #
                imprimer(("donnée étrange :", année, à la ligne))
            fsi

        fait ;

# Calcul des effectifs : #
    calcul effectifs (hommes de p) ;
    calcul effectifs (femmes de p) ;
# Déf. des constantes auxiliaires
    - nombre de caractères sur une ligne d'imprimante,
    - effectif maximum d'une tranche,
    - nombre de caractères pour éditer l'effectif d'une tranche d'âge
    ppde chaque sexe,
    - échelle d'impression : #
    ent nbcar = 132, efmaxtranche = 5 000 ;
    ent carsexe = (nbcar - 2) ÷ 2 ;
    réel échelle = carsexe/efmaxtranche ;
# Edition par paires de lignes, de haut en bas : #
```

```
pour i depuis nbtranches pas -1 jusqu'à 1
    faire # INVAR : nbtranches ≥ i ≥ 1 et les i tranches d'âge supérieures
                    ont été imprimées. #
        ent efhom = arrd((hommes de p)[i] * échelle),
            effem = arrd((femmes de p)[i] * échelle),
            âge tranche = (i - 1) * taille tranche ;
      # Ligne 1 : #
        imprimer(((carsexe - efhom) * blanc
                + efhom * "-" + 2 * blanc + effem * "-", à la ligne)) ;
      # Ligne 2 : #
        imprimer(((carsexe - efhom - 1) * blanc
                + "|" + (efhom - 1) * blanc + "|")) ;
        imprimerf(($ zd $, âge tranche)) ;
        imprimer(("|" + (effem - 1) * blanc + "|", à la ligne))
fait ;
# Définition de la longueur e d'un espace entre 2 graduations : #
ent e = (carsexe - 1) ÷ 8 ;
# Ligne 1 : #
imprimer((nbcar * "-", à la ligne)) ;
# Ligne 2 : #
imprimer((8  * ("|" + (e - 1)  * blanc)
        + "|" + 2 * blanc + "|"
        + 8 * ((e - 1) * blanc + "|", à la ligne)) ;
# Ligne 3 : #
imprimer("1000" + (e - 4) * blanc) ;
pour i depuis 875 pas -125 jusqu'à 125
    faire # INVAR : les nombres 875, 750, ..., (i - 1) ont été imprimés. #
        imprimerf(($ 3d $, i)) ; imprimer((e - 3) * blanc)
    fait ;
imprimer(2 * (2 * blanc + "0")) ;
pour i depuis 125 pas +125 jusqu'à 875
    faire # INVAR : les nombres 125, 250, ..., (i - 1) ont été imprimés. #
        imprimer((e - 3) * blanc) ; imprimerf(($ 3d $, i))
    fait ;
imprimer(((e - 4) * blanc + "1000", à la ligne)) ;
# Lignes 4 et 5 : #
imprimer((à la ligne, (carsexe - 6) ÷ 2 * blanc + "hommes"
                    + (carsexe - 4) * blanc + "femmes", à la ligne)) ;
# Lignes 6 et 7 : #
imprimer((à la ligne, (carsexe - 1) * blanc + "1962", à la ligne)) ;
# Lignes 8, 9 et 10 : #
```

imprimer((à la ligne, 20 * blanc + "en ordonnée, âge",
à la ligne, 20 * blanc + "en abscisse, effectif d'une année d'âge",
"pour une population de 100000)", à la ligne))
fin

5. Discussions

Elles portent essentiellement sur les cas d'erreur.

- Le programme ne comptabilise pas le nombre exact de données. Il est intéressant de le faire pour savoir si celui-ci est égal au nombre de relevés statistiques effectués ou s'il en diffère d'une certaine valeur, par perte d'information à un échelon quelconque du codage de données.

- D'autre part, si l'âge d'une personne est supérieur à *âge maximal*, il est bon, dans le message, d'indiquer également le numéro de l'échantillon lu (numéro obtenu si on comptabilise les données), ceci permet un contrôle supplémentaire sur le codage des données. Si ce nombre des données non retenues est élevé, on peut décider que l'échantillon n'est plus représentatif et donc abandonner le traitement. Une autre erreur plausible serait le cas où les données représentent des âges et non des années de naissance.

- Le format de l'édition de la pyramide peut être plus complet en indiquant par exemple la date de naissance correspondant à chaque tranche d'âge, ce qui permet de mieux interpréter les résultats qui doivent toujours être clairs et précis.

- Il se peut que du fait du choix de l'échelle, dans les tranches d'âge supérieures, les effectifs soient nuls, dans ce cas il est bon de le signaler par un test supplémentaire qui fera imprimer un message adéquat.

6. Maintenance

En cas de changement d'échantillon, pour un pays différent par exemple, peuvent être modifiés :
- *tailletranche*
- *âgemaximal*
- *tranchesup*
- l'effectif maximum d'une tranche *efmaxtranche*

La *date* de recensement peut également être modifiée.

En cas de changement de machine ou d'installation, les données relatives à l'édition peuvent être changées :
- le nombre de caractères d'une ligne d'imprimante *nbcar*, ce qui peut amener à reconsidérer l'échelle et donc l'édition de la pyramide (*tailletranche*, les di-

visions 125, 250, etc...)).

Ces changements doivent pouvoir se faire rapidement et sûrement. Pour illustrer ceci afin d'éviter de graves erreurs, remarquons dans le calcul des effectifs que la constante 90 n'a pas été identifiée alors qu'elle correspond à *tranchesup*. Si l'on modifie *tranchesup*, il y a de fortes chances pour que l'on oublie de changer la constante 90 et le programme ne sera plus correct. 90 doit donc être remplacé par l'identificateur *tranchesup*.

Ceci est important, plusieurs choix existent pour placer dans le programme les déclarations d'identité, par exemple :

- On met en données les valeurs qui peuvent changer fréquemment, par exemple *date* et à la rigueur *efmaxtranche*. Si l'on désire également sortir les pyramides avec des tranches d'âges plus fines, *tailletranche* sera une donnée. Dans ce cas, il est judicieux de regrouper toutes les déclarations de constantes lues en tête du programme, ce qui impose évidemment un ordre dans les données en fonction de celui des commandes de lecture.

- Dans ce programme, l'édition de la pyramide forme un tout bien dissociable du calcul des effectifs, nous avons 2 modules bien distincts. Les constantes peuvent être placées en tête du module où elles sont utilisées mais alors il est préférable de ne pas les mettre en données. C'est la solution choisie ici.

On pourra réfléchir aux points suivants:

- Que modifier au programme si l'on change la taille de l'échantillon ?

- Que modifier au programme si l'imprimante comporte un nombre de caractères différent de 132 (ne pas oublier qu'il faut sans doute changer le nombre de graduations de l'axe des abscisses) ?

12.2. AFFICHAGE DES RESULTATS D'UNE COMPETITION

1. Enoncé

Nous nous proposons de réaliser l'affichage des résultats d'une compétition de ski (ou d'une course cycliste "contre la montre"). Les informations (temps pour chaque coureur) sont saisies et traitées au fur et à mesure des arrivées. Ainsi, l'affichage indique à chaque instant le classement temporaire des coureurs ayant terminé leur parcours.

L'affichage peut s'effectuer indifféremment par visualisation sur un écran ou par impression. Les caractéristiques de chaque coureur qui franchit la ligne d'arrivée sont transmises à l'ordinateur, par exemple par l'intermédiaire de cartes perforées ou d'un terminal. L'algorithme que nous élaborons plus loin est en fait indépendant de la nature du matériel physique utilisé tant pour la saisie des données que pour l'affichage des résultats.

Un premier énoncé du problème est donc fourni par les indications suivantes :

- données : chaque coureur arrivé est caractérisé par les trois informations : nom, nationalité et temps (en minutes, secondes et centièmes de secondes). Ces trois informations doivent pouvoir être contenues sur une unité physique d'acquisition des données (ligne pour un terminal, carte pour un lecteur de cartes).

- résultat : après l'arrivée de chaque coureur, un classement des coureurs déjà arrivés est affiché ; ce classement est établi par ordre croissant des temps.

Exemple :

- A l'arrivée du premier coureur :
  YIN YANG (japonais) avec le temps de 6 minutes, 10 secondes, 0 centième.
  Le classement imprimé est :
  1 YIN YANG   JA +6 +10 +0

- A l'arrivée du deuxième coureur :
  POINTFIXE (belge) avec le temps de 6 minutes, 9 secondes, 53 centièmes.
  Le classement imprimé est :
  1 POINTFIXE   B   +6 +9   +53
  2 YIN YANG   JA +6 +10 +0

- A l'arrivée du troisième coureur :
  UNSUPPRESSETY(canadien) avec le temps de 6 minutes, 10 secondes, 65 centièmes.
  Le classement imprimé est :
  1 POINTFIXE   B   +6 +9   +53
  2 YIN YANG   JA +6 +10 +0
  3 UNSUPPRESSET CDN +6 +10 +65

2. Approche de la solution

Dans une première analyse du problème :

- nous ne tenons pas compte d'éventuelles disqualifications de coureurs,

- nous ne vérifions pas la cohérence des données entrées en machine. Par exemple, un temps de 1 minute, 0 seconde, 5 centièmes peut être estimé peu vraisemblable si les skieurs qui ont ouvert la compétition ont obtenu un temps moyen de 7 minutes, 40 secondes, 20 centièmes.

A chaque nouvelle arrivée, le calculateur effectue le même traitement pour mettre à jour le classement partiel et l'afficher. On est donc confronté à un problème de traitement séquentiel d'une suite de données. On déduit de cette remarque un premier schéma permettant de décrire l'action du calculateur pendant toute la durée de la course :

Schéma 1 : Affichage

> *tantque Les coureurs ne sont pas tous arrivés*
>   *faire # INVAR1 : le classement des coureurs arrivés auparavant*
>   *est correctement affiché. #*
>   *Traitement permettant l'affichage du nouveau classement en*
>   *fonction du nouvel arrivé.*
>   *fait*

Nous avons ainsi réalisé une première décomposition qui met en évidence le sous-problème suivant : traitement effectué à chaque nouvelle arrivée. Pour préciser l'algorithme d'enchaînement qui fait intervenir ce sous-problème, nous devons exprimer la condition d'arrêt du schéma itératif.

Remarque :
   Le recours à un modèle général de traitement séquentiel fournit un guide pour la conduite de l'analyse et réduit la complexité du problème : nous n'avons plus qu'à traiter le cas d'un seul coureur.

2.1. Etude du traitement d'un coureur

   A partir de l'invariant *INVAR1* dans le schéma 1, on déduit les conditions initiales et finales suivantes.

INIT1   : *On dispose des performances des coureurs déjà arrivés et de la performance du nouvel arrivé et le classement des coureurs déjà arrivés (sauf le dernier) a été affiché.*

FINAL1 : *Le classement de tous les coureurs déjà arrivés (y compris le dernier) a été affiché et on dispose des performances de tous les coureurs.*

   Pour pouvoir "disposer" des performances, il faut les garder en mémoire. En fait, on doit stocker les informations caractéristiques de chaque coureur et non pas uniquement leurs performances. La manière de ranger ces informations en mémoire dépend des traitements que l'on en fait :

   - affichage d'un classement correspondant à un ensemble de coureurs,

   - mise à jour d'un ensemble de coureurs, c'est-à-dire adjonction des informations relatives à un coureur qui vient d'arriver.

   Une première solution simple consiste à représenter l'ensemble des coureurs dans un ordre quelconque. Dans ce cas, à l'arrivée de chaque coureur, on doit réaliser un tri pour effectuer l'affichage. Par contre, l'adjonction d'un élément à l'ensemble est une opération simple (puisqu'il n'y a pas d'ordre associé à la définition de l'ensemble).

Une seconde solution consiste à conserver les performances des coureurs dans l'ordre correspondant au classement. L'affichage est alors simple, par contre l'adjonction d'un élément est plus complexe que dans le cas précédent.

Dans la pratique, on choisirait cette seconde solution ; nous allons donc la développer.

Le traitement peut être décomposé en :

```
# Traitement du nouvel arrivé : #
    Adjonction d'un nouvel élément à l'ensemble ordonné ;
    Affichage de l'ensemble ordonné
```

Un premier niveau d'analyse se termine ainsi par la mise en évidence de ces deux sous-problèmes. Pour poursuivre l'analyse, nous devons choisir la représentation d'un ensemble ordonné de coureurs.

Un tel ensemble est caractérisé par le nombre et la liste de ses éléments (dans l'ordre adéquat).

L'adjonction d'un nouvel élément provoque la modification de ces deux informations.

Comme nous sommes à un niveau assez général de détails, les sous-problèmes que nous avons mis en évidence ne distinguent pas encore le rôle particulier de chacune des informations associées à un coureur (nom, nationalité, temps). Il est commode de pouvoir les caractériser, pour l'instant, uniquement par l'indication de mode _coureur_. Nous définirons ultérieurement la représentation de cet objet à l'aide d'une déclaration de mode.

mode _coureur_ = # _description du mode définissant un coureur arrivé._ #

Une procédure _lirecoureur_ généralisant la procédure _lirent_ permet de lire les données caractérisant un coureur qui vient d'arriver.

Remarque :

L'indépendance du programme par rapport au dispositif de saisie des données est obtenue grâce à cette procédure.

Pour représenter tous les ensembles de coureurs qui apparaissent successivement au fur et à mesure des arrivées (le premier ensemble, après l'arrivée du premier coureur, comporte un seul élément, le deuxième après l'arrivée du deuxième coureur en comporte deux, etc.), nous utilisons un tableau à une dimension. La taille de ce tableau est prévue pour pouvoir représenter le plus grand ensemble, c'est-à-dire celui obtenu après l'arrivée du dernier coureur. Cette taille est donc le nombre de participants à la course.

L'ensemble des coureurs arrivés peut être représenté comme un objet de mode _classement_

    mode classement = struct(ent nb, [1 : nb engagés] coureur arrivés)

où _nb_ est le nombre de participants ayant terminé l'épreuve et _nb engagés_ le nombre total de coureurs engagés dans la compétition.

Avant l'arrivée du premier coureur, l'ensemble de coureurs est vide (c'est-à-dire son nombre d'éléments est nul).

Nous pouvons maintenant donner un schéma qui résume l'état actuel de l'analyse :

<u>Schéma 2</u> : Structures d'information et itération

```
début
# Déf. de structures d'informations : #
   mode classement = struct(ent nb, [1 : nb engagés] coureur arrivés),
   mode coureur = mode à définir ;
# Création d'une variable de mode classement, mise à zéro, destinée à contenir
   le classement courant dans l'itération : #
   classement claspartiel ; nb de claspartiel := 0 ;
# Itération avec INVAR1 : #
   tant que course non terminée
      faire # INIT1. #
         Constitution du nouveau classement en fonction
            - du classement précédent
            - du dernier coureur arrivé ;
         Affichage des résultats partiels en fonction du nouveau classement
      # FIN1. # fait
fin
```

2.2. Arrêt de l'itération

Une solution simple consiste à considérer que la course est terminée et que le traitement itératif s'arrête lorsque tous les coureurs engagés sont arrivés. On retrouve le schéma de répétition présenté dans le chapitre 4.

Cette analyse s'avère insuffisante : en effet, si un certain nombre de coureurs abandonnent et ne passent pas la ligne d'arrivée (à la suite d'une chute par exemple !), nous n'obtenons alors jamais la condition d'arrêt (les spectateurs non plus). Le problème était défini incomplètement : on n'avait pas dit qu'un coureur peut abandonner.

En fait, l'épreuve se termine lorsqu'un "pisteur" pour une compétition de ski (ou la "voiture balai" pour une compétition cycliste) passe la ligne d'arrivée. La représentation de cet événement est l'entrée en machine d'une donnée particulière :

- elle comporte des informations de même nature que celle des coureurs,

- on peut la distinguer de toutes les données effectives possibles.

Cette donnée particulière est identifiée par la constante *pisteur balai*.

Pour déterminer l'arrêt du traitement, nous devons lire la nouvelle donnée décrivant le coureur qui vient de franchir la ligne d'arrivée et la comparer avec *pisteur balai*. Dans ce but, nous introduisons l'opérateur *est le*.

D'où le nouveau

Schéma 3 : Détails de l'itération

```
tant que # Course non terminée : #
         coureur dernier arrivé = lire coureur ;
         non (dernier arrivé est le pisteur balai)
faire # Nouveau classement puis affichage : #
    adjonction (claspartiel, dernier arrivé) ;
    affichage (claspartiel)
fait
```

3. Décomposition du schéma 3

Examinons les deux problèmes mis en évidence au cours de la dernière phase de l'analyse.

3.1. Affichage

Considérons la structure *claspartiel*. Le schéma de l'affichage est particulièrement simple puisque le champ *arrivés* de cette structure est formé d'un tableau ordonné suivant l'ordre des performances établies par les coureurs : il suffit d'afficher dans l'ordre des indices croissants les *nb de claspartiel* éléments significatifs du tableau ordonné *arrivés de claspartiel*.

Dans ces conditions, le schéma s'exprime simplement à l'aide d'une répétition (cf. chapitre 4).

Schéma 4 : Procédure *affichage*

```
proc affichage = (classement c) neutre :
  # CE : c est ordonné
    CS : le classement c a été imprimé dans l'ordre naturel. #
  début
  # Titre : #
```

190

```
        imprimer((à la page, "Nouveau classement", à la ligne)) ;
    # Contenu ligne par ligne : #
    pour i depuis 1 jusqu'à nb de c
        faire
            imprimer(("*      ", (arrivés de c)[i], "     *", à la ligne))
        fait
fin
```

Ce programme est incomplet car l'affichage ne fait pas apparaître explicitement le rang des coureurs et les éventuels ex-aequo. L'utilisation d'une seule variable contenant simplement le numéro d'ordre de chaque coureur dans l'ensemble ordonné ne suffit pas pour exprimer que des ex-aequo ont le même rang.

Par exemple, si le classement comporte trois premiers ex-aequo, le rang de chaque coureur est un, bien que leurs numéros d'ordre soient un, deux et trois.

Ce petit problème ne peut être résolu simplement par une répétition ; nous la transformons en une itération sur deux variables :

i représentant à tout instant le numéro d'ordre du coureur considéré,

$rang$ représentant à tout instant le rang de ce coureur dans le classement.

On a donc l'invariant

$INVAR2$: $rang$ = rang du $i$ème coureur.

Pour que $INVAR2$ soit vrai au départ, il suffit d'initialiser i et $rang$ à 1. Lorsque, dans l'itération, i est modifiée (reçoit une nouvelle valeur) par la transformation

$i := i + 1$

il faut aussi modifier $rang$ de façon à sauvegarder $INVAR2$. Les valeurs antérieure $rang_{pré}$ et postérieure $rang_{post}$ de la variable $rang$ doivent dès lors vérifier les relations logiques suivantes, pour $i \geq 2$:

$$rang_{post} = \begin{cases} rang_{pré} & \text{si le } i\text{ème coureur est ex-aequo avec le } (i\text{-}1)\text{ème coureur } (i \geq 2) \\ i & \text{sinon.} \end{cases}$$

Ces relations sont réalisées par la transformation

```
rang := si (arrivés de c)[i] exaequo (arrivés de c)[i-1]
            alors rang
            sinon i
        fsi
```

où $exaequo$ est un opérateur déterminant si deux coureurs sont ex-aequo. Nous obtenons alors

Schéma 5 : Contenu ligne par ligne (cf. schéma 4)

```
ent i := 1, rang := 1 ;
tantque imprimer(("*    ", rang, "    ",
                (arrivés de c)[i], "    *", à la ligne)) ;
        i ≠ nb de c
    faire # INVAR2. #
        i := i + 1 ;
        si non ((arrivés de c)[i] exaequo (arrivés de c)[i-1])
            alors rang := i
        fsi
    fait
```

L'action d'impression est placée au début de la série qui calcule la condition d'arrêt de l'itération : ceci évite d'écrire cette action deux fois, d'abord avant l'itération pour $i = 1$, puis dans l'itération pour $2 \leq i \leq nb$ de c.

3.2. Adjonction d'un nouvel élément

Soit st le classement partiel et x le nouveau coureur

Condition d'entrée :

    CE(adjonction, (st, x)) : st est un ensemble ordonné et x est un élément n'appartenant pas à st.

Condition de sortie :

    CS(adjonction, (st, x), r) : r est un ensemble ordonné, formé des éléments de st et de l'élément x.

Pratiquement, nous représentons les deux ensembles ordonnés à l'aide d'une même variable st qui vérifie

INVAR3 : L'ensemble st des coureurs arrivés est ordonné.

La procédure adjonction doit préserver cet invariant. En d'autres termes, elle doit insérer un nouvel élément x dans un ensemble ordonné de telle sorte que ce dernier reste ordonné.

Supposons que l'ensemble soit représenté par un vecteur et que p soit la position, dans ce vecteur, à laquelle il faut insérer le nouvel élément pour que INVAR3 soit préservé. Dans cette hypothèse, la mise à jour de l'ensemble se réalise en décalant d'un cran vers la droite le sous-vecteur d'origine p. Bien sûr, ce décalage ne doit pas être effectué si p = n + 1, n étant le nombre d'éléments significatifs dans le vecteur.

Exemple :

Soit le tableau d'entiers t = (1, 3, 7, 8, 10) ; pour insérer 5, on procède comme suit, sachant que 5 devra venir en 3ème position :

- Représentation initiale :

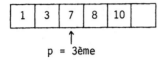

$$p = 3\text{ème}$$

- Décalage d'une position vers les indices croissants :

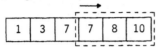

- Insertion :

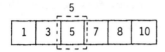

D'où

Schéma 6 : Définition de la procédure *adjonction*

> *proc adjonction* = (*rep classement* st, *coureur* x) *neutre* :
> # CE : *le contenu co de st est ordonné, et x n'est pas dans co.*
> > CS : *le contenu de st est ordonné et est formé uniquement de x et des éléments de co.* #
> *début*
> # *Déf. de variables auxiliaires :* #
> > *rep ent* n = nb *de* st, *rep* [ ] *coureur* t = *arrivés de* st,
> # *Calcul de la position p de x dans st :* #
> > *ent* p = *position* (st, x) ;
> # *Décalage d'un cran à droite si nécessaire :* #
> > *si* p < n+1 *alors* t[p+1 : n+1] := t[p : n] *fsi* ;
> # *Insertion de x et mise à jour du nombre des éléments :* #
> > (t[p] := x, n := n+1)
> *fin*

Remarques techniques :

- Le paramètre *st* représentant le classement est une variable (l'écriture de son mode commence par *rep*).

- On ne peut modifier l'ordre séquentiel de la recherche de la position et du décalage. Par contre, les deux dernières affectations modifiant les champs de la structure *st* peuvent s'effectuer collatéralement.

- Pour décaler le tableau contenant le classement, on peut utiliser une affectation entre deux tranches de ce même tableau (cf. chapitre 11).

Nous venons d'introduire un nouveau niveau dans l'analyse et nous sommes maintenant ramenés au problème de la définition de *position*.

3.3. Position à laquelle doit s'effectuer l'insertion

La procédure *position* doit déterminer un indice i, dans un vecteur ordonné t, tel que t reste ordonné si l'élément x est inséré dans t à la place d'indice i.

On peut énoncer plus formellement ce problème de la manière suivante :

Etant donné un vecteur t ordonné de n éléments (n > 0) et un élément x, on veut chercher un indice i tel que :

$$t[i-1] \le x < t[i] \qquad i \in [1 : n+1] \qquad \text{(BUT)}$$

(si n = 0, le vecteur est vide et l'on peut prendre pour i la valeur 1).

Cet indice i détermine la position à laquelle l'élément x doit être inséré pour que le nouveau vecteur t comportant n+1 éléments soit ordonné.

Remarquons que l'inégalité large dans la relation (BUT) permet d'éviter de décaler, lors de l'insertion, des éléments identiques à x.

Exemple :

Considérons le tableau d'entiers t = (1, 4, 7, 7, 7, 10) ; si l'on veut insérer 7, *i* a pour valeur 6 et non 3.

Nous avons le même type de problème que dans le 4ème exemple du chapitre 11, où, étant donné une valeur v et un tableau t ordonné à une dimension, on recherche l'indice i tel que :

$$t[i-1] \le v < t[i]$$

Notons que le changement de mode des éléments du tableau (*réel* dans le chapitre 11 et *coureur* ici) ne modifie que la définition des opérateurs < et ≤ et non l'algorithme.

Nous supposons définis ces deux opérateurs qui établissent une relation d'ordre entre deux coureurs en fonction de leur place dans le classement :

op ≤ = (*coureur* a, b) *bool* : # *Le temps du coureur a est inférieur ou égal à celui du coureur b* # ;

op < = (*coureur* a, b) *bool* : # *Le temps de a est inférieur à celui de b* # ;

La procédure *position* décrivant cette recherche est caractérisée par les conditions *CE* et *CS* ci-dessous.

Soient les deux paramètres : *x* de mode *coureur*,

c de mode *classement*,

et *r* le résultat de mode *entier*.

Définissons *n* et *t* par les déclarations d'identité :

ent n = *nb de* c, [ ] *coureur* t = *arrivés de* c ;

CE (position, (c, x)) : *t est ordonné (ordre croissant) et* $n \geq 0$.

CS (position, (c, x), r) :

Cas $n = 0$: $r = 1$;

Cas $n \neq 0$: $r = 1$ *si* $x < t[1]$,

         $r = n + 1$ *si* $x \geq t[n]$,

         r tel que $t[r-1] \leq x < t[r]$ *si* $t[1] \leq x < t[n]$.

De ces deux conditions et de la structure de l'algorithme du chapitre 11, nous pouvons déduire le schéma suivant :

Schéma 7 : Définition de la procédure *position*

```
proc position = (classement c, coureur x) ent :
   # CE : ∀ i, j : 1 ≤ i < j ≤ n ⇒ t[i] ≤ t[j] ; n ≥ 0.
     CS du résultat r : (n = 0 ⇒ r = 1) et (n > 0 et x < t[1] ⇒ r = 1)
          et (n > 0 et t[n] ≤ x ⇒ r = n + 1)
          et (n > 0 et t[1] ≤ x < t[n] ⇒ t[r-1] ≤ x < t[r]). #
début
   # Constantes auxiliaires : #
   ent n = nb de c, [ ] coureur t = arrivés de c ;
   # Calcul du résultat : #
   si    n = 0     alors 1
   sinsi x < t[1]  alors 1
   sinsi t[n] ≤ x  alors n + 1
                 sinon ent inf := 1, sup := n ;
                    tant que inf < sup - 1
                       faire # INVAR : t[inf] ≤ x < t[sup]. #
                       ent m = (inf + sup) ÷ 2 ;
                       si t[m] ≤ x alors inf sinon sup fsi := m
                    fait ;
                 sup

   fsi
fin
```

3.4. Définitions associées au mode *coureur*

Nous avons défini les traitements et les structures d'information en fonction d'objets élémentaires de mode *coureur* et d'opérations sur ces objets. Pour obtenir un programme complet, nous devons décider pour ces objets d'une représentation à partir de laquelle sont définis les opérateurs. Les choix faits à ce niveau-ci peuvent être modifiés par exemple pour traiter un autre problème de même nature ou pour changer la présentation des résultats. Ces modifications ne concernent que cette partie-ci du programme, tout le reste ayant été paramétré grâce au mode *coureur*.

Nous appelons univers associé au mode *coureur*, cet ensemble de définitions dépendant de la représentation de l'objet coureur. L'introduction de cet univers permet de paramétrer partiellement le programme avec le mode *coureur*, et de lui fixer une structure adaptable (au sens où nous l'avons défini au début du chapitre).

Rappelons qu'un coureur est caractérisé par trois informations (nom du coureur, nationalité, temps réalisé dans la compétition) et que l'on a utilisé les opérateurs :

x est le y disant si oui ou non *x* et *y* désignent le même coureur. Ce test peut s'effectuer à l'aide du nom et de la nationalité.

x exaequo y déterminant si les coureurs *x* et *y* ont réalisé la même performance (temps).

< et ≤ établissant une relation d'ordre entre deux coureurs en fonction de leurs performances.

Nous pouvons encore paramétrer ces définitions en associant aux performances le mode *perf*. Ceci peut permettre par exemple de traiter le problème plus général de l'affichage de résultats d'une compétition sportive individuelle en modifiant au minimum le programme ; la performance peut dans ce cas être mesurée en points, mètres, kilogrammes, etc.

Pour garder lors de l'affichage un meilleur cadrage, nous utilisons des tableaux plutôt que des chaînes de caractères qui ont une longueur variable et provoqueraient par suite une impression décalée des résultats.

Notons que les noms comportant trop de caractères doivent être tronqués dès l'entrée en machine.

Schéma 8 : Définitions associées au mode *coureur*

```
mode coureur = struct([1 : 12] car nom, [1 : 3] car nationalité, perf performance);
op est le = (coureur a, b) bool :
        nom de a = nom de b et nationalité de a = nationalité de b,
op = = ([ ] car u, v) bool :
```

```
# CE : bi u = bi v et bs u = bs v.
  CS du résultat r : r ≡ ∀ i : bi u ≤ i ≤ bs u : u[i] = v[i]. #
début
    ent i := bi u ;
    tant que i < bs u et u[i] = v[i] faire i := i + 1 fait ;
    i = bs u et u[i] = v[i]
  fin,
op exaequo = (coureur a, b) bool : performance de a = performance de b,
op ≤ = (coureur a, b) bool : performance de a ≤ performance de b,
op < = (coureur a, b) bool : performance de a ≤ performance de b et non
                      (performance de a = performance de b) ;
prio est le = 4, prio exaequo = 4
```

Les opérateurs *est le* et *exaequo* étant nouveaux, il a fallu définir leur priorité ; nous avons choisi la priorité 4 qui est celle des opérateurs habituels de relation.

Il reste maintenant à définir le mode *perf*. On peut utiliser des structures à trois champs dans le cas de notre problème. Par exemple, nous utiliserons les minutes, secondes et centièmes de seconde pour une compétition de ski ou les heures, minutes et secondes pour une course cycliste. Puisque tous les modes sont maintenant définis, nous pouvons enfin donner une valeur à la constante *pisteur balai*.

Schéma 9 : Définitions associées au mode *perf* et déclaration de *pisteur balai*

```
mode perf = struct(ent minutes, secondes, centièmes),
  op = = (perf p, q) bool : temps p = temps q,
  op ≤ = (perf p, q) bool : temps p ≤ temps q,
op temps = (perf p) ent :
        centièmes de p + 100 * (secondes de p + 60 * minutes de p),
coureur pisteur balai = (12*"*", 3*"*", (0, 0, 0))
```

La construction du programme est à présent terminée. En voici un résumé :

Schéma 10 : Agencement des modules du programme

```
début
# Nombre total de coureurs engagés : #
  ent nb engagés = lirent ;
# Définition de la forme des classements : #
  mode classement = struct (ent nb, [1 : nb engagés] coureur arrivés),
# Définitions associées au mode coureur : #
  Schéma 8,
```

```
   #  Définitions associées au mode perf et déclaration de pisteur balai : #
      Schéma 9,
   #  Définition de la procédure d'affichage : #
      Schéma 4 adapté par Schéma 5,
   #  Définition de la procédure d'adjonction : #
      Schéma 6,
   #  Définition de la recherche d'une position : #
      Schéma 7,
   #  Définition d'une procédure lirecoureur : #
      Schéma X,
   #  Variable d'itération : #
      classement claspartiel ; nb de claspartiel := 0 ;
   #  Itération : #
      Schéma 3
fin
```

Le schéma X a été omis car il est facile et secondaire. La liste du programme, ci-dessous, en propose une version.

4. Liste du programme

L'ordre d'agencement du schéma 10 n'est évidemment pas l'unique possible.

```
#-Affichage des résultats d'une compétition : #
début
#  Nombre total de coureurs engagés : #
   ent nb engagés = lirent ;
#  Définition de la forme des classements : #
   mode classement = struct(ent nb, [1 : nb engagés] coureur arrivés),
#  Définitions associées au mode coureur : #
   op est le = (coureur a, b) bool :
           nom de a = nom de b et nationalité de a = nationalité de b,
   op = = ([ ] car u, v) bool :
      #  CE : bi u = bi v et bs u = bs v.
         CS du résultat r : r ≡ ∀ i : bi u ≤ i ≤ bs u : u[i]=v[i]. #
         début
            ent i := bi u ;
            tantque i < bs u et u[i] = v[i] faire i := i + 1 fait ;
            i = bs u et u[i] = v[i]
         fin,
   op exaequo = (coureur a, b) bool : performance de a = performance de b,
   op ≤ = (coureur a, b) bool : performance de a ≤ performance de b,
```

```
op < = (coureur a, b) bool : performance de a ≤ performance de b et non
                            (performance de a = performance de b) ;
prio est le = 4, prio exaequo = 4 ;
mode coureur = struct([1 : 12] car nom, [1 : 3] car nationalité, perf performance) ;
# Définitions associées au mode perf et déclaration de pisteur balai : #
mode perf = struct(ent minutes, secondes, centièmes),
    op = = (perf p, q) bool : temps p = temps q,
    op ≤ = (perf p, q) bool : temps p ≤ temps q,
   op temps = (perf p) ent :
             centièmes de p + 100 * (secondes de p + 60 * minutes de p),
   coureur pisteur balai = (12*"*", 3*"*", (0, 0, 0)) ;
# Définition de la procédure d'affichage : #
proc affichage = (classement c) neutre :
   # CE : c est ordonné.
     CS : le classement c a été imprimé dans l'ordre naturel. #
   début
   # Titre : #
     imprimer((à la page, "Nouveau classement", à la ligne)) ;
   # Contenu ligne par ligne : #
     ent i := 1, rang := 1 ;
     tant que imprimer(("*    ", rang, "    ",
                   (arrivés de c)[i], "    *", à la ligne)) ;
             i ≠ nb de c
        faire # INVAR2. #
        IIii := i + 1 ;
           si non ((arrivés de c)[i] exaequo (arrivés de c)[i-1])
              alors rang := i
           fsi
        fait
   fin,
# Définition de la procédure d'adjonction : #
proc adjonction = (rep classement st, coureur x) neutre :
   # CE : le contenu co de st est ordonné, et x n'est pas dans co.
     CS : le contenu de st est ordonné et est formé uniquement de x et des
          éléments de co. #
   début
   # Déf. de variables auxiliaires : #
     rep ent n = nb de st, rep [ ] coureur t = arrivés de st,
   # Calcul de la position p de x dans st : #
     ent p = position(st, x) ;
   # Décalage d'un cran à droite si nécessaire : #
     si p < n+1 alors t[p+1 : n+1] := t[p : n] fsi ;
```

Insertion de x et mise à jour du nombre des éléments :
    (t[p] := x, n := n+1)
fin,
Définition de la recherche d'une position :
proc position = (_classement_ c, _coureur_ x) _ent_ :
  # CE : ∀ i, j : 1 ≤ i < j ≤ n ⇒ t[i] ≤ t[j] ; n ≥ 0.
    CS du résultat r : (n = 0 ⇒ r = 1) _et_ (n > 0 _et_ x < t[1] ⇒ r = 1)
      _et_ (n > 0 _et_ t[n] ≤ x ⇒ r = n+1)
      _et_ (n > 0 _et_ t[1] ≤ x < t[n] ⇒ t[r-1] ≤ x < t[r]). #
début
  # Constantes auxiliaires : #
  ent n = nb _de_ c, [ ] _coureur_ t = arrivés _de_ c ;
  # Calcul du résultat : #
  _si_   n = 0   _alors_ 1
  sinsi x < t[1] _alors_ 1
  sinsi t[n] < x _alors_ n + 1
            sinon _ent_ inf := 1, sup := n ;
          tant que inf < sup - 1
              faire # INVAR : t[inf] ≤ x < t[sup]. #
                  ent m = (inf + sup) ÷ 2 ;
                  _si_ t[m] ≤ x _alors_ inf _sinon_ sup _fsi_ := m
              fait ;
              sup
  fsi
fin,
Définition d'une procédure lirecoureur :
proc lirecoureur = _coureur_: # les données concernant un coureur sont présentées
  ainsi: les 12 premiers caractères représentent le nom, les 3 suivants la nationalité, puis 3 entiers représentent la performance: #
début _coureur_ clu; lire(clu); clu _fin_,
Variable d'itération :
classement claspartiel ; nb _de_ claspartiel := 0 ;
Itération :
tant que # Course non terminée : #
        coureur dernier arrivé = lirecoureur ;
        non (dernier arrivé _est le_ pisteur balai)
    faire # Nouveau classement puis affichage : #
      adjonction (claspartiel, dernier arrivé) ;
      affichage (claspartiel)
    fait
  fin

5. Discussion

L'évaluation du coût de l'algorithme n'est pas fondamentale pour ce problème dans la mesure où le nombre de données (participants) est de l'ordre de quelques dizaines au maximum. De plus, des traitements coûteux, comme un stockage de la structure *classement*, ne sont pas nécessaires, si ce n'est éventuellement en fin d'épreuve pour archiver l'ensemble des résultats.

Un aspect plus intéressant du problème posé a été écarté dès le début de l'analyse : nous n'avons pas vérifié la cohérence des données que l'on traite. En effet, de nombreuses erreurs peuvent s'introduire entre le moment où les juges d'arrivée ont fourni les résultats et le moment où ils sont lus par l'ordinateur (par exemple, erreurs de transcription sur un bordereau, erreurs de frappe, etc.). On ne peut traiter les données en les supposant correctes avec une certitude minimale qu'après avoir effectué quelques vérifications une fois qu'elles sont lues. Les données non cohérentes sont rejetées et l'on peut décider de plusieurs stratégies pour poursuivre le traitement (nouvelles lectures avec messages d'avertissement, etc.). Nous suggérons quelques tests possibles portant soit sur l'identité des coureurs, soit sur les performances :

- si l'on dispose de la liste des participants, on peut vérifier que le coureur est bien dans cette liste.
- les nombres représentant les minutes et secondes sont compris entre 0 et 59, les centièmes entre 0 et 99.
- des tests plus élaborés consisteraient à vérifier l'ordre de grandeur de la performance par rapport au temps moyen des concurrents déjà arrivés, des "ouvreurs" pour une course de ski, du record de l'épreuve, etc.

Examinons enfin les diverses restrictions que nous avons apportées au problème. On peut tenir compte des disqualifications et des abandons, en les insérant en fin de classement et en distinguant ces deux catégories. On peut également classer par ordre alphabétique les ex-aequo, les disqualifiés et les coureurs qui ont abandonné. Ces derniers traitements nécessitent la modification de la définition des opérateurs ≤, <, *exaequo*.

6. Maintenance du programme

Le programme tel que nous l'avons construit peut être adapté. L'introduction dans le programme du mode *coureur* et de la procédure *affichage* permettent de modifier l'affichage indépendamment du reste du programme. De la même manière, on peut envisager de traiter n'importe quelle compétition.

Le nombre des participants et la détection de la fin de la compétition *(pisteurbalai)*, étant également des paramètres du programme, peuvent être changés.

A partir de ce programme, on peut enfin ajouter, de manière indépendante, des traitements non prévus (archivage des résultats, vérification de la cohérence des données, détection des records battus, etc.).

7. Variantes et exercices

1. Modifier l'algorithme de la procédure *position* pour utiliser une recherche séquentielle. Que devient la relation invariante ?

2. Evaluer le coût de l'algorithme en dénombrant le nombre de comparaisons et d'affectations portant sur des objets de mode *coureur*, et ce pour une recherche séquentielle et pour une recherche dichotomique.

3. On veut faire apparaître les coureurs disqualifiés sur les classements affichés. Un temps nul leur est attribué, mais lors de l'affichage, ils doivent apparaître en fin de classement avec la mention "disqualifié". Modifier à cet effet la condition d'arrêt de l'itération principale et la procédure *affichage* (on peut utiliser la constante *plus grand entier* définie dans le langage et introduire la constante *plus grand temps*).

4. Modifier le programme précédent pour classer les coureurs disqualifiés par ordre alphabétique. Même question avec les coureurs ex-aequo.

5. En utilisant les conditions d'entrée et de sortie introduites aux chapitres 3 et 9, justifier l'ordre séquentiel des traitements choisi dans la procédure *adjonction*.

6. Prouver la correction des procédures *position* et *adjonction*.

7. Introduire dans le programme, pour la lecture des données, des vérifications de cohérence en s'inspirant de la discussion du paragraphe 7.

8. Reprendre le même problème dans le cas d'une compétition de pentathlon ou de décathlon. On affiche le classement après chaque épreuve et non après l'arrivée de chaque athlète dans une épreuve.

9. Reprendre le schéma 2 et construire les programmes correspondant aux nouvelles versions du schéma 2.

12.3. Jeu devinette

Dans ce qui suit, on traite de manière plus approfondie l'exemple du jeu éducatif déjà présenté dans le chapitre d'introduction.

1. Enoncé

Rappelons que ce jeu met en présence deux joueurs ayant chacun six pions de couleurs différentes. Les deux ensembles de pions sont identiques. Le premier joueur place à son gré quatre de ses pions dans un cadre non visible par le deuxième joueur. Ce dernier va chercher à déduire la couleur et la position de ces pions.

Pour ce faire, il réalise une succession d'essais, chacun consistant à placer quatre pions dans un cadre similaire au précédent. Après chaque essai qui lui est présenté, le premier joueur donne des informations concernant l'exactitude de cet essai de la manière suivante :

- en face de chaque pion bien placé, il met un témoin blanc,
- en face d'un pion de la même couleur que l'un de ceux de son cadre mais mal placé, il met un témoin noir.

Exemple :

premier joueur (cadre caché)	rouge	jaune	vert	marron

témoins		blanc	noir	noir

deuxième joueur	bleu	jaune	rouge	vert

En tenant compte de ces informations, le deuxième joueur doit trouver la réponse en un minimum d'essais.

C'est la stratégie de jeu de ce deuxième joueur que nous détaillons dans les pages suivantes.

2. Approche de la solution

2.1. Tactique générale

Examinons le problème dans son ensemble.

Analyse

La résolution de ce problème fait appel (comme beaucoup de jeux) à l'analyse combinatoire. Le nombre total de configurations différentes que peut proposer le deuxième joueur est égal au nombre d'arrangements de quatre pions choisis parmi six (c'est-à-dire au nombre de manières de choisir quatre pions parmi six, en tenant compte de l'ordre).

Parmi cet ensemble figure obligatoirement la configuration cherchée. Dans le cas présent, nous avons $A_6^4 = 360$ arrangements possibles.

Présenter une configuration déjà essayée au cours du jeu n'apporte au deuxième joueur aucune information supplémentaire, c'est pourquoi une tactique de jeu acceptable doit suivre la règle suivante :
chaque nouvel essai est différent de tous ceux déjà tentés.

Dans ces conditions, quelle que soit la tactique adoptée (respectant cette règle), le déroulement du jeu s'articule autour du schéma itératif suivant :

Schéma 1 : Recherche

```
tant que configuration non trouvée
faire
    Le deuxième joueur fournit un nouvel essai ;
    Le premier joueur positionne les témoins
fait
```

La terminaison de l'itération est assurée car le nombre de configurations restant à tester décroît strictement à chaque étape.

Structures d'information

Les données principales apparaissant dans ce problème sont :

configuration a   :   la configuration choisie par le premier joueur
configuration b   :   la configuration présentée à chaque essai par le deuxième joueur
réponse   :   l'ensemble des témoins positionnés pour chaque essai

Pour les décrire, il est commode d'introduire deux modes jeu (pour configuration a et configuration b) et bilan (pour réponse).

Un objet de mode jeu est un ensemble rangé de pions.

Ceci nous conduit à la déclaration de mode :
mode jeu = [1 : 4] pion ;

Un pion étant caractérisé par sa couleur, un objet de mode pion peut prendre les valeurs correspondant à
pion bleu, pion rouge, pion vert, ..., etc...

Un objet de mode bilan est un ensemble rangé de témoins. D'où :

mode <u>*bilan*</u> = [1 : 4] <u>*témoin*</u> ;

Il n'existe que trois valeurs de mode <u>*témoin*</u> correspondant à :
- témoin blanc,
- témoin noir,
- témoin vide qui représente l'absence de témoin.

Schéma général

Les rôles de chaque joueur peuvent être représentés par deux procédures, *joueur a* et *joueur b*, délivrant respectivement une valeur de mode <u>*bilan*</u> (premier joueur) et une valeur de mode <u>*jeu*</u> (deuxième joueur).

Le jeu se termine lorsque tous les éléments du tableau *réponse* sont des témoins blancs.

Schéma 2 : Comment deviner quels sont les pions cachés

```
début
# Déf. des structures d'information : #
    mode jeu = [1 : 4] pion,
    mode bilan = [1 : 4] témoin,
    mode pion = Mode à définir,
    mode témoin = Mode à définir ;
# Déf. des procédures associées : #
    proc joueur a = bilan : Positionne les témoins,
    proc joueur b = jeu : Fournit un nouvel essai ;
# Variables de travail : #
    jeu configuration a, jeu configuration b, bilan réponse ;
    Initialisations ;
# Recherche : #
    tant que non configuration est trouvée
        faire configuration b := joueur b ;
            réponse := joueur a
        fait ;
    Edition de la configuration trouvée
fin
```
```
# Exactitude de la configuration : #
    proc configuration est trouvée = bool :
        réponse [1] = témoin blanc et réponse [2] = témoin blanc
        et réponse [3] = témoin blanc et réponse [4] = témoin blanc
```

2.2. Tactique du deuxième joueur

Nous n'envisageons pas le premier essai qui peut être totalement aléatoire étant donné que le deuxième joueur ne dispose d'aucun critère sur lequel s'appuyer pour le composer. Après chaque réponse fournie par son adversaire, le deuxième joueur examine les témoins (s'ils ne sont pas tous blancs) et fait les constatations que nous pouvons résumer de la façon suivante :

condition	conséquence
réponse [i] = témoin blanc	le pion i est à la même place dans la configuration cherchée
réponse [i] = témoin noir	le pion i est à une autre place dans la configuration cherchée
réponse [i] = témoin vide	le pion n'appartient pas à la configuration cherchée

Nous pouvons les écrire de manière plus formelle :

pour $i \in [1, 4]$

(1)   réponse [i] = témoin blanc $\Rightarrow$ configuration b[i] = configuration a[i]

(2)   réponse [i] = témoin noir $\Rightarrow \exists j \in [1, 4]$ et $j \neq i$ tel que
                               configuration b[i] = configuration a[j]

(3)   réponse [i] = témoin vide $\Rightarrow \forall j \in [1, 4]$ configuration b[i] $\neq$ configuration a[j]

Ceci est en fait l'expression des conditions d'entrée du deuxième joueur CE(joueur B, (réponse, configuration a, configuration b)).

Afin de déduire le plus rapidement possible la configuration adverse, le deuxième joueur doit composer chaque nouvel essai en exploitant les informations qu'il a pu obtenir par les essais précédents. Il existe bien sûr plusieurs façons de tenir compte de toutes ces informations, ce qui fournit au deuxième joueur plusieurs tactiques.

Celle que nous allons détailler est sans doute la plus naturelle et la plus simple. Une autre solution est présentée dans le paragraphe "variantes et exercices". Nous nous proposons ici de respecter la règle suivante :
Chaque nouvel essai est "plus proche" de la configuration cherchée que l'essai précédent, c'est-à-dire fournit au moins autant de témoins blancs et de témoins noirs que l'essai précédent.

Nous pouvons alors préciser la tactique du joueur B à chaque nouvel essai :

condition	conséquence
réponse [i] = témoin blanc	le pion correspondant apparaît à la même place dans le nouvel essai
réponse [i] = témoin noir	le pion correspondant apparaît dans le nouvel essai à une place où il n'a pas déjà été essayé et dont le pion n'est pas encore connu
réponse [i] = témoin vide	le pion correspondant est éliminé du jeu. Un nouveau pion apparaît à une place dont le pion n'est pas encore connu

En appelant configuration b_{post} le nouvel essai obtenu à partir des témoins de l'essai configuration b, on peut réécrire ces conditions :

(4)   pour i $\in$ [1, 4]

réponse [i] = témoin blanc $\Rightarrow$ configuration b_{post}[i] = configuration b[i]

(5)   pour i $\in$ [1, 4]

réponse [i] = témoin noir $\Rightarrow$ choix de j $\in$ [1, 4] tel que réponse[j] $\neq$ témoin blanc

et j non testé pour ce pion ;

configuration de b_{post}[j] = configuration b[i]

(6)   pour i $\in$ [1, 4]

réponse [i] = témoin vide $\Rightarrow$ choix de j $\in$ [1, 4]

tel que configuration b_{post}[j] non définie

et réponse [j] $\neq$ témoin blanc ;

configuration b_{post}[j] = nouveau pion

Il s'agit donc de l'expression des conditions de sortie du deuxième joueur CS(joueur B, (réponse, configuration b), configuration b_{post}).

Les trois conditions ne sont pas indépendantes car elles s'appliquent toutes les trois à la composition d'un même essai. Elles imposent, dans l'ordre, des contraintes d'importance décroissante.

Une solution simple consiste à traduire ces contraintes par trois phases séquentielles de traitement, chacune de ces trois phases ayant respectivement pour but d'obtenir un nouvel essai vérifiant les propriétés (4), (5) et (6).

Pas 1 : pour tout i $\in$ [1, 4] tel que réponse [i] = témoin blanc

faire : configuration b_{post}[i]:= configuration b[i]

A la suite de ce pas, la propriété (4) est vérifiée.

<u>Pas 2</u> : pour tout i ∈ [1, 4] tel que réponse [i] = témoin noir

faire :

- choisir j ∈ [1, 4] tel que

. configuration $b_{post}[j]$ non remplie par le pas 1

. configuration $b_{post}[j]$ non essayée pour ce pion

- configuration $b_{post}[j]$:= configuration b[i]

chaque pion concerné est placé dans une case qu'il n'a pas déjà occupée et qui n'a pas été remplie au pas 1.

A la fin de ce pas, la propriété (5) est vérifiée.

<u>Pas 3</u> : pour tout j ∈ [1, 4] tel que configuration $b_{post}[j]$ est vide

faire : configuration $b_{post}[j]$:= nouveau pion.

Configuration b_{post} vérifie maintenant la propriété (6).

<u>Exemple</u>

premier joueur (cadre caché)	rouge	jaune	vert	marron

témoins		blanc	noir	noir

deuxième joueur	bleu	jaune	rouge	vert

nouveau jeu

Pas 1		jaune		

Pas 2	vert	jaune		rouge

Pas 3	vert	jaune	violet	rouge

3. Construction

3.1. Le deuxième joueur

Pour réaliser les trois explorations consécutives de l'ensemble des témoins, nous allons utiliser trois répétitions de manière séquentielle.

Dans la procédure *joueur b*, l'itération correspondant au Pas 3 doit pouvoir déterminer quelles sont les places vides de l'essai en cours de formation. Pour cela, nous avons besoin d'une nouvelle valeur de mode <u>*pion*</u> que nous appelons *pion vide*.

: Définition de la procédure

```
proc joueur b = jeu :
  # CE : conditions (1), (2), (3)
     CS : conditions (4), (5), (6). #
  début
  # Variable auxiliaire de jeu, vide au départ : #
       jeu nouveau jeu := (pion vide, pion vide, pion vide, pion vide) ;
  # Pas 1 : Garder les pions bien devinés : #
       pour i jusqu'à 4 faire si réponse [i] = témoin blanc
                           alors nouveau jeu [i] := configuration b[i]
                     fsi fait ;
  # Pas 2 : Essayer sur une nouvelle case chaque pion découvert en partie : #
       pour i jusqu'à 4
           faire si réponse [i] = témoin noir
                 alors ent j = n° d'une case vide non encore testée pour ce pion ;
                       nouveau jeu [j] := configuration b[i]
           fsi fait ;
  # Pas 3 : Essayer de nouveaux pions sur les cases restées libres : #
       pour i jusqu'à 4
           faire si nouveau jeu [i] = pion vide
                 alors nouveau jeu [i] := nouveau pion
           fsi fait ;
  # Résultat vérifiant CS : #
       nouveau jeu
  fin
```

Recherche de case vide

Le numéro d'une case vide non encore testée pour un pion donné peut, par exemple, être réalisé au moyen d'une permutation circulaire à l'intérieur du tableau *nouveau jeu* jusqu'à trouver une case libre. On a donc simplement :

Schéma 4 : n° d'une case vide non encore testée pour un pion

```
(ent k := i mod 4 + 1 # a mod b est le reste de la division entière de a par b # ;
 tant que nouveau jeu [k] ≠ pion vide
     faire k := k mod 4 + 1 fait ;
 k)
```

Recherche d'un nouveau pion

Le Pas 3 utilise la procédure *nouveau pion* pour obtenir un pion n'ayant pas encore servi. Pour pouvoir la préciser, nous devons définir la structure des données sur lesquelles elle travaille. Par exemple, nous pouvons décider :

- que tous les pions du joueur b sont initialement rangés dans un tableau *ensemble pions*

- que la procédure délivre successivement les pions en suivant l'ordre dans lequel ils sont rangés. Pour ce faire, elle sauvegarde à chaque appel l'indice du dernier pion délivré.

D'autre part, cette procédure va aussi nous servir à créer le premier essai lors de la phase d'initialisation du jeu. Dans le domaine de validité des déclarations suivantes :

Schéma 5 : Définitions et initialisations auxiliaires

```
[1 : 6] pion ensemble pions := Tableau rempli avec les pions du joueur b dans
                               un ordre aléatoire ;
ent dernier index := 0 # index du dernier pion délivré # ;
```

On peut construire la procédure *nouveaupion* :

Schéma 6 : Définition de la recherche d'un nouveau pion

```
proc nouveau pion = pion :
    début dernier index := dernier index + 1 ;
       ensemble pions [dernier index]
    fin
```

Remarquons que la variable *dernier index* est modifiée par *nouveau pion* ; cette modification n'apparaît pas explicitement lors d'un appel de *nouveau pion*. De telles modifications sont donc d'un usage délicat.

3.2. Dernière étape de la construction

Pour terminer la résolution du problème, il nous reste à préciser :

- le type de certaines structures de données. Nous n'avons pas décrit notamment les valeurs de mode *pion* ou *témoin*. D'après ce qui précède, un élément de mode *pion* peut prendre autant de valeurs qu'il y a de pions (c'est-à-dire de couleurs) ou être vide (valeur *pion vide*). Ces différentes valeurs peuvent être, par exemple, codées sous forme d'entiers. Dans le programme qui suit, nous avons utilisé une représentation plus imagée sous forme de chaînes de caractères. Le même raisonnement s'applique aux valeurs de mode *témoin* qui, elles aussi se représentent par des chaînes de caractères.

- la phase d'initialisation. Cette phase contient en particulier :

. la mise en place des pions du premier joueur (par lecture, par exemple),

. l'initialisation du tableau *ensemble pions* du deuxième joueur (également par lecture),

. la formation du premier essai, en appelant quatre fois la procédure *nouveau pion*,

. le positionnement des témoins, par un premier appel de la procédure *joueur a*.

On peut maintenant résumer la construction, en reprenant pour le joueur A la procédure donnée au chapître 1.

Schéma 7 : Agencement des modules du programme

```
début
# Déf. des structures d'information : #
      mode jeu = [1 : 4] pion,
      mode bilan = [1 : 4] témoin,
# Représentations des pions et des témoins : #
      mode pion = chaîne,
      mode témoin = chaîne,
      pion pion vide = "pion vide",
      témoin témoin blanc = "témoin blanc",
            témoin noir  = "témoin noir", témoin vide = "témoin vide",
# Déf. de la production d'un bilan : #
      proc joueur a = bilan :
         début bilan nouveau test := (témoin vide, témoin vide,
                                      témoin vide, témoin vide) ;
               pour i jusqu'à 4 faire
               pour j jusqu'à 4 faire
                  si configuration a[i] = configuration b[j]
                  alors nouveau test [j] :=
                        si i = j alors témoin blanc sinon témoin noir fsi
                  fsi
               fait fait ;
               nouveau test
         fin,
# Déf. de la production d'un essai par le joueur b : #
      Schéma 3 et Schéma 4,
# Déf. de la recherche d'un nouveau pion : #
      Schéma 6 ;
# Exactitude de la configuration : #
      Extrait du schéma 2 ;
# Variables de travail et initialisations : #
      jeu configuration a ; lire (configuration a) ;
      [1:6] pion ensemble pions ; lire (ensemble pions) ;
```

```
        ent dernier index := 0 ;
        jeu configuration b ; pour i jusqu'à 4
                         faire configuration b[i] := nouveau pion fait ;
        bilan réponse := joueur a # premier appel de joueur a # ;
  # Recherche avec éditions : #
        imprimer((ensemble pions, à la ligne, configuration a)) ;
        tant que non configuration est trouvée # Schéma 2 #
            faire
                imprimer((à la ligne, configuration b, réponse)) ;
                configuration b := joueur b ;
                réponse := joueur a
            fait ;
        imprimer((à la ligne, configuration b))
  fin
```

4. Liste

```
  # Jeu devinette : #
      début
      # Déf. des structures d'information : #
            mode jeu = [1 : 4] pion,
            mode bilan = [1 : 4] témoin,
      # Représentations des pions et des témoins : #
            mode pion = chaîne,
            mode témoin = chaîne,
            pion pion vide = "pion vide",
            témoin témoin blanc = "témoin blanc",
                témoin noir  = "témoin noir", témoin vide = "témoin vide",
      # Déf. de la production d'un bilan : #
            proc joueur a = bilan:
                début bilan nouveau test := (témoin vide, témoin vide,
                                             témoin vide, témoin vide) ;
                    pour i jusqu'à 4 faire
                    pour j jusqu'à 4 faire
                        si configuration a[i] = configuration b[j]
                        alors nouveau test[j] :=
                                si i = j alors témoin blanc sinon témoin noir fsi
                        fsi
                    fait fait ;
                    nouveau test
                fin,
```

Déf. de la production d'un essai par le joueur b :
    proc joueur b = jeu :
    # CE : conditions (1), (2), (3)
        CS : conditions (4), (5), (6). #
    début
    # Variable auxiliaire de jeu, vide au départ : #
        jeu nouveau jeu := (pion vide, pion vide, pion vide, pion vide) ;
    # Pas 1 : Garder les pions bien devinés : #
        pour i jusqu'à 4 faire si réponse [i] = témoin blanc
                            alors nouveau jeu [i] := configuration b[i]
                            fsi
                    fait ;
    # Pas 2 : Essayer sur une nouvelle case chaque pion découvert en
            partie : #
        pour i jusqu'à 4
            faire si réponse [i] = témoin noir
                alors ent j = (ent k := mod 4+1 ;
                    tantque nouveau jeu[k] ≠ pion vide faire k := k mod 4+1 fait ;
                    k) # n° d'une case non testée # ;
                    nouveau jeu [j] := configuration b[i]
                fsi
            fait ;
    # Pas 3 : Essayer de nouveaux pions sur les cases restées libres : #
        pour i jusqu'à 4 faire si nouveau jeu [i] = pion vide
                            alors nouveau jeu [i] := nouveau pion
                            fsi
                    fait ;
    # Résultat vérifiant CS : #
        nouveau jeu
    fin,
Déf. de la recherche d'un nouveau pion :
    proc nouveau pion = pion :
        début dernier index := dernier index + 1;
            ensemble pions [dernier index]
        fin ;
Exactitude de la configuration
    proc configuration est trouvée = bool :
        réponse [1] = témoin blanc et réponse [2] = témoin blanc et
        réponse [3] = témoin blanc et réponse [4] = témoin blanc ;
Variables de travail et initialisations :
    jeu configuration a ; lire (configuration a) ;
    [1 : 6] pion ensemble pions ; lire (ensemble pions) ;

```
      ent dernier index := 0 ;
      jeu configuration b ; pour i jusqu'à 4
                      faire configuration b[i] := nouveau pion fait ;
      bilan réponse := joueur a # premier appel de joueur a # ;
# Recherche avec éditions : #
      imprimer((ensemble pions, à la ligne, configuration a)) ;
      tant que non configuration est trouvée
          faire
              imprimer((à la ligne, configuration b, réponse)) ;
              configuration b := joueur b ;
              réponse := joueur a
          fait ;
      imprimer((à la ligne, configuration b))
fin
```

5. Discussion

Erreurs

Dans le programme que nous venons d'écrire, il n'est pas prévu de traitement
d'erreurs. L'exécution se déroule normalement à condition que les ensembles de pions
à la disposition des deux joueurs soient identiques. Il est donc préférable de vérifier, après les deux instructions de lecture, que tous les éléments du tableau configuration a sont aussi des éléments du tableau ensemble pions.

Terminaison

Chaque essai étant différent de tous ceux déjà tentés, la terminaison est assurée
puisque le nombre de configurations distinctes est fini. Très brièvement, on remarque
que chaque nouvel essai contient
- toutes les informations contenues dans l'essai précédent,
- les informations déduites de ce dernier essai.
Ceci garantit un nombre d'essais très inférieur à A_6^4.

Efficacité

Cette stratégie est "raisonnablement" efficace dans le cas présent car le nombre
de pions de chaque joueur est peu élevé. Une comparaison simpliste avec une autre
méthode est fournie dans les exercices du paragraphe 6.

Maintenance

On pourrait prévoir une généralisation du problème pour différents nombres de
pions (dans l'ensemble des pions et dans la configuration). Les transformations à

réaliser dans ce cas sur le programme initial sont évidentes.

6. Variantes et exercices

A titre d'exemple, nous indiquons une variante de la procédure *joueur b* qui, avec la même stratégie de jeu, n'explore qu'une seule fois par essai le tableau des témoins, au lieu de le reparcourir à chacune des trois étapes principales.

```
proc joueur b = jeu :
    début
        jeu nouveau jeu := (pion vide, pion vide, pion vide, pion vide) ;
        pour i jusqu'à 4
            faire si réponse [i] = témoin blanc
                    alors nouveau jeu [i] := configuration b[i]
                  sinsi réponse [i] = témoin noir
                    alors ent j = n° de case vide # Schéma 4 # ;
                          nouveau jeu [j] := configuration b[i]
                  sinon # témoin vide #
                        ent j := i ;
                        tant que nouveau jeu [j] ≠ pion vide
                            ou réponse [j] = témoin blanc
                        faire j := j mod 4 + 1 fait ;
                        nouveau jeu [j] := nouveau pion
                fsi
            fait ;
        nouveau jeu
    fin
```

Pour la tactique du joueur B, il existe d'autres solutions très différentes de celle que nous venons de construire. Par exemple, on peut considérer sa stratégie comme étant décomposable en deux sous-travaux :

étape 1 : la détermination des quatre pions choisis par le joueur A indépendamment de leur emplacement précis

étape 2 : la détermination des emplacements exacts de ces quatre pions (en tenant compte initialement de la couleur et de la position des témoins qui sont apparus lors de l'étape 1)

La structure du programme est profondément changée et devient :

```
début
    Déclarations
    proc joueur a = bilan : # inchangée : Schéma 7 #,
```

```
proc joueur b1 = jeu :
    # met en place quatre nouveaux pions après avoir sauvegardé globalement
      les informations intéressantes issues de l'essai précédent # ,
proc joueur b2 = jeu :
    # opère des permutations sur les pions dont les témoins sont noirs # ;
    Initialisation étape 1 ;
    tant que les quatre pions ne sont pas connus
        faire
            configuration b := joueur b1 ; réponse := joueur a
        fait ;
    Initialisation étape 2 ;
    tant que les témoins ne sont pas tous blancs
        faire
            configuration b := joueur b2 ; réponse := joueur a
        fait
fin
```

Cette solution est plus intéressante que la première lorsque le nombre de pions dont dispose chaque joueur est plus élevé. Un ensemble formé de six pions est une configuration idéale pour la première solution. En effet, elle nécessite au plus deux essais pour savoir quels sont les pions choisis par le joueur A. De plus, ces deux essais auront permis de connaître les places exactes de certains de ces pions. Avec un ensemble de 12 pions, la première solution peut nécessiter 9 essais (3 pions trouvés du premier coup et 8 essais pour trouver le dernier car il n'y a qu'une place libre) alors que la deuxième solution demandera au plus 6 essais (3 pour déterminer les 4 pions et 3 autres pour déterminer leur place).

L'écriture complète du programme réalisant la deuxième solution est laissée en exercice au lecteur (choisir un nombre de pions qui soit un multiple de 4).

On pourra aussi envisager à titre d'exercice la résolution du problème posé par un jeu ayant les mêmes règles que celui que l'on vient de traiter si ce n'est que le joueur A place les témoins noirs en face de ses pions et non pas en face de ceux du joueur B. On pourrait ici avoir l'essai suivant (à comparer à celui proposé au chapitre 1) :

joueur A	rouge	bleu	vert	jaune

| témoins | blanc | | noir | |

joueur B	rouge	vert	brun	orange

12.4. Un algorithme de tri : le tri par segmentation[(*)]

1. Enoncé

Le problème de tri bien connu aux Postes est aussi très courant sous une forme un peu différente en informatique de gestion (tri par ordre alphabétique, tri d'un fichier de clients par chiffres d'affaires décroissants, etc...). Rappelons d'ailleurs que le traitement du problème envisagé dans le paragraphe 12.2 nécessitait à chaque arrivée d'un coureur le tri du tableau de tous les coureurs arrivés afin d'établir le classement partiel courant. Nous considérons ici, indépendamment de tout problème concret, la recherche d'un algorithme de tri. Nous sommes donc en présence d'un problème un peu plus "abstrait" que ceux abordés jusqu'à présent et la démarche que nous suivons pour le résoudre peut apparaître un peu plus formelle.

De manière générale, la donnée d'un problème de tri est une suite finie $u = (u_1, u_2, \ldots, u_n)$ d'éléments d'un ensemble ordonné (par une relation notée ici $\le$), et le résultat est une suite croissante $v = (v_1, v_2, \ldots, v_n)$ déduite de la première par une permutation. De façon précise, on exprime que v est croissante par :

$$(\forall\ i, j \in [1, n])\ (i \le j \Rightarrow v_i \le v_j)$$

ce que nous abrégeons en :

v croissante.

De même, notons v perm u pour indiquer que la suite v est déduite de u par une permutation. On peut alors exprimer simplement le problème du tri :

(E1) $\begin{cases} \text{Etant donné une suite finie u, trouver une suite v telle que :} \\ \text{v perm u et v croissante} \end{cases}$

De très nombreux algorithmes de tri ont été imaginés pour construire la suite v. Le choix d'un algorithme particulier doit tenir compte du contexte associé au problème que l'on considère : trier une liste de 1 000 000 éléments et trier une liste de 10 éléments sont traités par des méthodes différentes. De même, le type des éléments à trier, la nature de la relation d'ordre, l'état de la suite donnée (déjà partiellement ordonnée ou non) interviennent dans la façon de représenter et de résoudre le problème.

Ici, nous supposons simplement que la liste à trier est représentée par un tableau de nombres réels. L'énoncé s'écrit donc :

(E2) $\begin{cases} \text{Etant donné un tableau de nombres réels d, trouver un tableau r vérifiant} \\ \text{la propriété r perm d et r croissant que nous noterons r trié de d} \end{cases}$

(*) Cette méthode est aussi connue sous le nom de tri rapide (en anglais quicksort).

2. Approche de la solution

Cherchons à exprimer de manière plus exploitable les propriétés du résultat r. Pour cela, nous pouvons tout d'abord ramener la croissance de r à celle de sous-tableaux de r. On trouve P1 :

Pour toute coupure, en m, de r en r_1 et r_2, r_1 et r_2 sont croissants ; ou encore :

P1 : ($\forall$ m $\in$ [bir, bsr[$^{(*)}$) (r[bir : m] croissant et r[m+1 : bsr] croissant

propriété équivalente à r croissant

Nous pouvons également caractériser la croissance de r en exprimant une propriété plus globale concernant r complet, telle que :

Pour toute coupure, en p, de r en r_1 et r_2, chaque élément de r_1 est inférieur ou égal à chaque élément de r_2 ; ou encore :

P2 : ($\forall$ p $\in$ [bir, bsr[) (r[bir : p] $\leq$ r[p+1 : bsr]$^{(**)}$)

En nous rappelant l'idée fondamentale de la récursivité qui consiste, pour résoudre un problème donné, à essayer de se ramener au même problème portant sur des données plus simples, on est tenté d'utiliser P1. Malheureusement, le fait qu'il faille prouver la croissance de tous les sous-tableaux de la forme r[bir : m] et r[m+1 : bsr] est peu intéressant. Il serait, par contre, satisfaisant de n'avoir à prouver cette croissance que pour un certain m.

Le prédicat P'$_1$:

Il existe une coupure, en m, de r en r_1 et r_2, telle que r_1 et r_2 soient croissants ; c'est-à-dire :

P'$_1$: ($\exists$ m $\in$ [bid, bsd[) (r[bir : m] croissant et r[m+1 : bsr] croissant)

est donc une propriété intéressante du résultat r ; malheureusement, on constate immédiatement qu'elle n'entraîne pas la croissance de r car il est possible qu'un élément de r[m+1 : bsr] soit inférieur à un élément de r[bir : m]. Pour éviter ceci, il suffit d'exiger (en adaptant P2 à ce problème précis) :

r[bir : m] $\leq$ r[m+1 : bsr]

On obtient ainsi la propriété P3 :

Il existe une coupure, en m, de r en r_1 et r_2 telle que

- r_1 et r_2 soient croissants, et

(*) Rappelons que bir(resp. bsr) représente la borne inférieure (resp. supérieure) des indices du tableau r.

(**) On convient ici que r[a:b] $\leq$ r[c:d] signifie que pour tout i $\in$ [a,b], j$\in$[c,d], on a r[i] $\leq$ r[j].

- chaque élément de r_1 ≤ chaque élément de r_2 ; c'est-à-dire

P3 : (∃ m ∈ [bir, bsr[)   PO(m, r) et PA(m, r)

où PO(m, r)$^{(*)}$: r[bir : m] croissant et r[m+1 : bsr] croissant

   PA(m, r)$^{(**)}$: r[bir : m] ≤ r[m+1 : bsr]

qui est équivalente à : r croissante

Exercice 1 : Montrer l'équivalence entre P3 et la propriété r croissante.

Pour construire r vérifiant la propriété P3, on peut songer à construire un tableau intermédiaire s toujours déduit de d par permutation mais vérifiant seulement une partie de P3. Deux voies sont possibles :

voie 1 : Chercher s et m satisfaisant PO(m, s) puis construire à partir de ces deux objets le tableau r final satisfaisant PO(m, r) et PA(m, r).

voie 2 : Chercher s et m satisfaisant PA(m, s) et ensuite construire r satisfaisant PA(m, r) et PO(m, r).

L'intérêt de la voie 2 provient de ce que r se déduit de s, en vérifiant PO(m,r) par un tri sur deux tranches de s. Cette solution peut s'écrire de manière précise sous la forme P4 suivante :

Il existe une coupure, en m, de r en r_1 et r_2 et de s en s_1 et s_2 telle que :

- r_1 est croissant et est une permutation de s_1

- r_2 est croissant et est une permutation de s_2

- chaque élément de s_1 ≤ chaque élément de s_2

- s est une permutation de d

P4 : (∃ m ∈ [bir, bsr[) (PA(m, s) et s perm d
      et r[bir : m] croissant et r[bir : m] perm s[bir : m]
      et r[m+1 : bsr] croissant et r[m+1 : bsr] perm s[m+1 : bsr])

ou encore avec la notation de Ⓔ2 :

P4 : (∃ m ∈ [bir, bsr[) (PA(m, s) et s perm d
      et r[bir : m] trié de s[bir : m]
      et r[m+1 : bsr] trié de s[m+1 : bsr])

Le problème proposé, qui consistait à trier le tableau d sur l'intervalle d'in-

---

(*) PO(m, r) : r est partiellement ordonné.
(**) PA(m, r) : r est partitionné.

dices [bid, bsd] est ainsi ramené à deux problèmes équivalents sur les intervalles [bid, m] et [m+1, bsd]. La propriété r trié de d peut donc s'écrire :

$$
\left\{
\begin{array}{l}
\text{bid} < \text{bsd} \Rightarrow \text{il existe un tableau s et un entier m} \in [\text{bid, bsd}[\text{ tels que} \\
\qquad\qquad \text{s[bid : m]} \leq \text{s[m+1 : bsd]} \text{ et s } \underline{\text{perm}} \text{ d} \\
\qquad\quad \text{et r[bid : m]} \underline{\text{trié de}} \text{ s[bid : m]} \\
\qquad\quad \text{et r[m+1 : bsd]} \underline{\text{trié de}} \text{ s[m+1 : bsd]} \\
\text{bid} = \text{bsd} \Rightarrow r = d
\end{array}
\right.
$$

Remarquons que le choix de la voie 1 aurait conduit à un algorithme dans lequel on cherche déjà à trier deux sous-tableaux s_1 et s_2 de r, puis seulement après à construire r par un interclassement.

La dernière expression de r trié de d nous permet d'envisager maintenant la programmation.

3. Construction du programme

3.1. La procédure de tri rapide

Appelons *part(d)* une procédure ayant pour résultat un couple (représenté sous la forme d'une structure à 2 champs *tableau*, *indice*) formé d'un tableau *s* et d'un entier *m* caractérisé par :

CE(*part*, d, (s, m)) : d est un tableau
CS(*part*, d, (s, m)) : m ∈ [*bid*, *bsd*[et s[*bid* : m] ≤ s[m+1 : *bsd*] et s *perm* d

C'est-à-dire qu'elle fournit *s* et *m* vérifiant PA(*m*, *s*)

Avant de chercher à construire explicitement cette procédure, nous pouvons dès à présent définir la procédure récursive *tri* qui est l'expression de l'algorithme de "tri rapide". La déclaration de *tri* résulte immédiatement de l'expression de r trié de d obtenue au paragraphe précédent.

Schéma 1 : Structures d'information et procédure de tri

```
mode coupure = struct(tableau tableau, ent indice),
mode tableau = [1 : n] réel,
proc tri = (tableau d) tableau :
   # CE : néant.
     CS : le résultat est un tableau ordonné formé des éléments de d. #
   début
   # Bornes du tableau : #
        ent inf = bid, sup = bsd ;
   si inf ≥ sup
     alors d
```

```
        sinon  #  Construire une coupure v = (m, s) de d : #
               coupure v = part(d) ;
               ent m = indice de v, tableau s = tableau de v ;
           #  Construire le résultat en triant les deux morceaux de s : #
               [inf : sup] réel u ;
               (u[inf : m] := tri(s[inf : m]),
               u[m+1 : sup] := tri(s[m+1 : sup]));
           #  Résultat : #
               u
        fsi
  fin
```

Remarquons la nécessité (imposée par l'impossibilité de définir un tableau constant par tranches) d'introduire un tableau variable u, simple intermédiaire technique.

3.2. La procédure part

Caractérisation précise de part

Elle a pour rôle de construire m et s vérifiant P5 :
s est une permutation de d et m coupe s en s_1 et s_2 tels que chaque élément de s_1 soit inférieur ou égal à chaque élément de s_2 ; ou encore :

P5 : $bid \le m < bsd$ et $s[bis : m] \le s[m+1 : bss]$ et s perm d.

On pourrait fixer m a priori : c'est ce qui a été fait dans une situation analogue pour la recherche dichotomique du chapitre 11 où l'on a fixé pour m la valeur $(bid + bsd) \div 2$.

Ici, nous choisissons un élément x du tableau d et nous allons séparer les éléments inférieurs et les éléments supérieurs à x ; nous conviendrons de prendre pour x le premier élément de d $(x = d[bid])$.

Supposons par exemple d représenté par :

d :

8	25	2	8	9

Classer les éléments par rapport à $x = 8$ peut conduire au tableau s suivant :

s :

2	8	8	25	9

Définir m comme l'indice de x dans s est ici insuffisamment précis puisqu'on peut choisir $m = 2$ ou $m = 3$; pour lever cette ambiguïté, on peut, par exemple, définir m comme le plus grand des indices de x dans s ; m et s vérifient alors :

P6 : $\underline{bid} \leq m < \underline{bsd}$ et $s[\underline{bid} : m] < s[m+1 : \underline{bsd}]$ et s **perm** d
et $x = d[\underline{bid}] = s[m]$.

Malheureusement, l'existence de m et s vérifiant P6 n'est pas assurée lorsque x est le maximum de d ; en effet, on aurait alors :

$m = \underline{bsd}$ et $s[\underline{bid} : \underline{bsd}] < s[\underline{bsd} + 1 : \underline{bsd}]$

ce qui est absurde.

Par exemple, si

d :

25	8	2	8	9

on souhaite obtenir :

s :

8	2	8	9	25

et $m = 5$ ce qui est incompatible avec $m \in [\underline{bid}, \underline{bsd}[$.

On est alors conduit à distinguer deux cas selon que x est ou n'est pas maximum dans d.

En effet, il existe toujours s et $m1$ vérifiant [*] :

P7 : $\underline{bid} \leq m1 \leq \underline{bsd}$ et $s[\underline{bid} : m1-1] \leq s[m1] < s[m1+1 : \underline{bsd}]$ et s **perm** d
et $x = d[\underline{bid}] = s[m1]$

Ainsi, dans le cas où x est le maximum de s, on trouve ici $m1 = \underline{bsd}$ et en choisissant alors $m = m1-1$, on vérifie directement P5 ; dans les autres cas, $m = m1$ et P5 est encore vrai.

Résumons cette étude en vue de l'écriture de la procédure $part$:

① Les conditions de sortie de $part$ sont :

CS $(part, d, (s, m))$: $\underline{bid} \leq m < \underline{bsd}$ et $s[\underline{bid} : m] \leq s[m+1 : \underline{bsd}]$ et s **perm** d

P5

② On peut définir m de la façon suivante :

$m1 < \underline{bsd} \Rightarrow m = m1$
$m1 = \underline{bsd} \Rightarrow m = m1-1$
où $m1$ est défini par P7.

---

[*] On convient que $s[\underline{bis} : m1-1] \leq s[m1] < s[m1+1 : \underline{bss}]$ se réduit à
$s[\underline{bis} : m1-1] \leq s[\underline{m1}]$ lorsque $m1 = \underline{bss}$.

Avant d'étudier la construction de *m1* et de *s* vérifiant P7, nous pouvons donc décrire schématiquement la procédure *part* par :

Schéma 2 : Procédure partageant un tableau

```
proc part = (tableau d) coupure :
    # CE : néant ;
      CS du résultat (s, m) : bid ≤ m < bsd, s[bid : m] ≤ s[m+1 : bsd], s perm d. #
    début
        Construction de s et m1 vérifiant P7 ;
        # Construction de m : #
           ent m = si m1 < bsd alors m1 sinon m1-1 fsi ;
        # Résultat : #
           (s, m)
    fin
```

Construction de *s* et *m1*

A partir de P7, on peut penser construire *s* et *m1* en rangeant successivement à
gauche de x les éléments plus petits et à droite les éléments strictement plus grands
(s'ils existent). On exprime ceci en séparant [*bid*, *bsd*] en deux intervalles d'indices : celui dont les éléments sont inférieurs ou égaux à x et celui dont les éléments lui sont supérieurs, ou encore :

P7 ⟺ P8 : *bid* ≤ *m1* ≤ *bsd* et *s*[*bid* : *i-1*] ≤ x < *s*[*j+1* : *bsd*] et *s* perm *d*
          et *s*[*i*] = x et *m1* = *i* = *j*

P8 nous invite à construire *m1* et *s* par une itération ; pour cela, il faut introduire un tableau variable *t* et deux variables entières *i*, *j* ainsi que l'invariant

INVAR : *t* perm *d* et *t*[*bid* : *i-1*] ≤ x < *t*[*j+1* : *bsd*]

s et *m1* sont les valeurs finales respectives de *t* et *i*.

Convenons de choisir x = *d*[*bid*] ; dans ces conditions, *i* = *bid* + *1*, *j* = *bsd*, *t* = *d*
vérifient INVAR, ce qui permet d'initialiser *i*, *j* et le tableau *t*.

Si, à la fin de l'itération, on obtient *i* = *j* alors INVAR devient :

t perm *d* et *t*[*bid* : *i-1*] ≤ x < *t*[*i+1* : *bsd*]

Pour obtenir P7, il faut x = *t*[*i*] ; ceci nécessite de comparer x et *t*[*i*] :

- si *t*[*i*] ≤ x, il suffit d'échanger *t*[*bid*] et *t*[*i*] dans *t* ; *s* = *t* et *m1* = *i* sont
  les valeurs cherchées.

- si x < *t*[*i*], il suffit de retrancher *1* à *i* puis d'échanger *t*[*bid*] et *t*[*i*] dans
  t ; *s* = *t* et *m1* = *i* sont encore les valeurs cherchées.

On est conduit ainsi à préciser la déclaration de procédure *part*, dans laquelle chaque itération fait décroître $|i-j|$ de *1* en préservant l'invariant.

Schéma 3 : Construction de *s* et *m1* vérifiant P7, dans Schéma 2

```
# Définitions auxiliaires : #
     réel x = d[bid],
     ent i := bid + 1, ent j := bsd,
     [bid : bsd] réel t := d ;
# Rapprocher i de j : #
     tant que i < j
         faire # INVAR : t perm d et t[bid : i-1] ≤ x < t[j+1 : bsd]. #
             Diminuer j-i de 1
         fait ;
# Valeurs de s et m1 : #
     si x < t[i] alors i := i-1 fsi ;
     échange (t, bid, i) ;
     ent m1 = i, tableau s = t
```

Dans cette procédure, *échange (t, bid, i)* réalise la transposition des éléments $t[i]$ et $t[bid]$ dans le tableau variable *t* ; son écriture est immédiate :

Schéma 4 : Procédure échangeant t_p et t_q

```
proc échange = (rep tableau v, ent p, q) neutre :
   # CE : soit t le contenu initial de v ; bit ≤ p, q ≤ bst.
     CS : soit t̄ le contenu final de v ;
         t̄_p = t_q, t̄_q = t_p, et ∀ i ≠ p, q : t̄_i = t_i . #
   début réel v pré p = v[p], v pré q = v[q] ;
       (v[p] := v pré q, v[q] := v pré p)
   fin
```

Ecriture finale de *part*

Terminons la définition de *part* pour diminuer $j-i$ en préservant l'invariant (t perm d et $t[bid : i-1] \leq x < t[j+1 : bsd]$

Trois cas sont à envisager :

- $x < t[j] \Rightarrow j = j_{pré} - 1$ [*]

$$\text{et } i = i_{pré}$$

[*] Rappelons (§ 10.3) que $j_{pré}$ représente la valeur de la variable *j* avant exécution de l'instruction considérée.

224

- $t[i] \le x \Rightarrow i = i_{pré} + 1$

$$\underline{et}\ j = j_{pré}$$

- $t[j] \le x\ \underline{et}\ t[i] > x \Rightarrow i = i_{pré} + 1$

$$\underline{et}\ j = j_{pré}$$

$$\underline{et}\ t[i] = t_{pré}[j]$$

$$\underline{et}\ t[j] = t_{pré}[i]$$

$$\underline{et}\ t[k] = t_{pré}[k]\ \text{pour } k \in [\underline{bit}\ ;\ \underline{bst}]\ k \ne i,\ k \ne j$$

D'où :

Schéma 5 : Diminuer $j-i$ de 1, dans le Schéma 3

```
si x < t[j]      alors j := j-1
sinsi t[i] ≤ x alors i := i+1
                 sinon échange (t, i, j) ; i := i+1
fsi
```

Finalement, la procédure *part* peut s'écrire :

Schéma 6 : Agencement final de la procédure *part*

```
proc part = (tableau d) coupure :
   # CE, CS : voir Schéma 2. #
   début
   # Construction de s et m1 par le Schéma 3 : #

         réel x = d[bid],
         ent i := bid + 1, ent j:= bsd,
         [bid : bsd] réel t := d ;
         tant que i < j
             faire#INVAR : voir Schéma 3. #

                 # Diminuer j-i par le Schéma 5 : #

                 si x < t[j]      alors j := j-1
                 sinsi t[i] ≤ x alors i := i+1
                                 sinon échange (t, i, j) ; i := i+1
                 fsi

         fait ;
         si x < t[i] alors i := i-1 fsi ;
         échange (t, bid, i) ;
         ent m1 = i ; # s = t #
```

```
# Construction de m : #
    ent m = si m1 < bsd alors m1 sinon m1-1 fsi ;
# Résultat : #
    (t, m)
fin
```

4. Programme et résultats

On peut finalement écrire le programme résolvant le problème du tri sous la forme :

Schéma 7 : Agencement des modules du programme

```
début # INIT : un entier n et un tableau de longueur n sont à lire. #
# Modes coupure, tableau et procédure tri : #
    Schéma 1,
# Procédure part : #
    Schéma 6,
# Procédure échange : #
    Schéma 4 ;
# Lecture des données, calcul et impression des résultats : #
    ent n = lirent ;
    tableau tab ; lire (tab) ;
    imprimer(("le tableau donné est :", tab)) ;
    imprimer(("le tableau résultat est :", tri (tab)))
fin # FIN : le tableau initial et son équivalent trié ont été imprimés. #
```

Terminaison

La procédure *tri* est récursive, cherchons à prouver qu'elle termine. D'après sa définition et avec les notations introduites au chapitre 9[(*)]

$$bid < bsd \Rightarrow \text{Préd}(d) = \{(s[bid : m]), (s[m+1 : bsd])\}$$
$$bid = bsd \Rightarrow \text{Préd}(d) = \omega$$

ce que schématise l'arbre des appels :

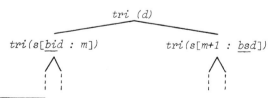

(*) Rappelons que Préd(x, y) est l'ensemble des paramètres des appels internes au texte d'une procédure récursive F que l'on doit évaluer lors de l'appel $F(x, y)$.

Pour prouver que $\text{Préd}^n(d) = \omega$ pour n assez grand, il suffit de montrer que la longueur de l'intervalle des indices des tableaux paramètres de *tri* décroît strictement au cours des calculs. Autrement dit, si *tri(d)* provoque directement l'appel de *tri(s₁)* qui provoque directement l'appel de *tri(s₂)*, etc., on souhaite avoir :

$$\underline{bsd} - \underline{bid} > \underline{bss}_1 - \underline{bis}_1 > \underline{bss}_2 - \underline{bis}_2 \text{ etc.}$$

Ceci est vrai par récurrence sur le nombre d'appels emboîtés, si l'on peut montrer :

(1) $\underline{bsd} - \underline{bid} > m - \underline{bid}$ **et** $\underline{bsd} - \underline{bid} > \underline{bsd} - (m+1)$

Les inégalités (1) sont vérifiées si, pour $\underline{bid} < \underline{bsd}$, l'on a $\underline{bid} < m < \underline{bsd}$. Comme m est l'un des résultats de la procédure *part*, il suffit de montrer que $CS(part, d, (s, m)) \Rightarrow m \in [\underline{bid}, \underline{bsd}[$

L'inégalité $m < \underline{bsd}$ résulte immédiatement de la définition de *part* ; l'inégalité $\underline{bid} < m$ se démontre en considérant l'itération définie dans *part*. On peut ainsi prouver simplement la terminaison de ce programme.

Exercice 2 : Prouver complètement la terminaison de *part*.

Exercice 3 :
- Rappeler CE(*tri*, d, r) et CS(*tri*, d, r).
- Prouver la correction de la procédure *tri*.

Explicitons le fonctionnement de ce programme sur un exemple simple.

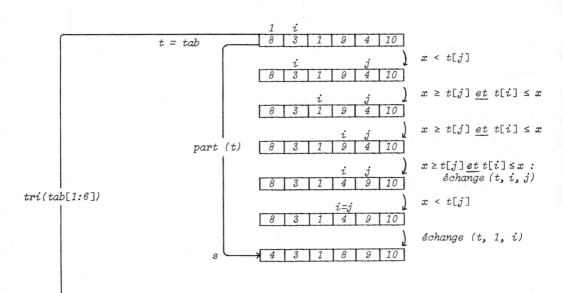

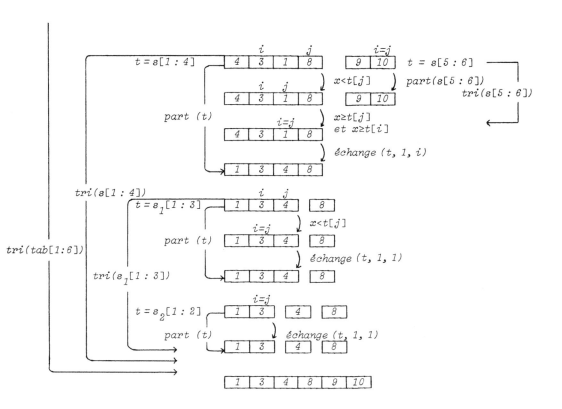

5. Liste du programme

```
# Tri par segmentation : #
    début # INIT : un entier n et un tableau de longueur n sont à lire. #
    # Modes coupure, tableau et procédure tri : #
    mode coupure = struct(tableau tableau, ent indice),
    mode tableau = [1 : n] réel,
    proc tri = (tableau d) tableau :
        # CE : néant,
            CS : le résultat est un tableau ordonné formé des éléments de d. #
        début
        # Bornes du tableau : #
            ent inf = bid, sup = bsd ;
        si inf ≥ sup
            alors d
            sinon # Construire une coupure v = (m, s) de d : #
                    coupure v = part(d) ;
                    ent m = indice de v, tableau s = tableau de v ;
```

```
        # Construire le résultat en triant les deux morceaux de s : #
        [inf : sup] réel u ;
        (u[inf : m] := tri(s[inf : m]),
        u[m+1 : sup] := tri(s[m+1 : sup])) ;
        # Résultat : #
        u
    fsi
  fin,
# Procédure part : #
proc part = (tableau d) coupure :
  # CE, CS, voir Schéma 2. #
  début
  # Construction de s et m1 par le Schéma 3 : #
        réel x = d[bid],
        ent i := bid + 1, ent j := bsd,
        [bid : bsd] réel t := d ;
        tant que i < j
            faire # INVAR : voir Schéma 3. #
                # Diminuer j-i par le Schéma 5 : #
                si x < t[j]    alors j := j-1
                sinsi t[i] ≤ x alors i := i+1
                            sinon échange(t, i, j) ; i := i+1
            fsi
          fait ;
        si x < t[i] alors i := i-1 fsi ;
        échange(t, bid, i) ;
          ent m1 = i ; # s = t #
  # Construction de m : #
      ent m = si m1 < bsd alors m1 sinon m1-1 fsi ;
  # Résultat : #
      (t, m)
  fin ;
# Procédure échange : #
proc échange = (rep tableau v, ent p, q) neutre :
  # CE : soit t le contenu initial de v ; bit ≤ p, q ≤ bst.
    CS : soit t̄ le contenu final de v ;
        t̄p = tq, t̄q = tp, et ∀ i ≠ p, q : t̄i = ti. #
  début réel v pré p = v[p], v pré q = v[q] ;
      (v[p] := v pré q, v[q] := v pré p)
  fin ;
```

```
# Lecture des données, calcul et impression des résultats : #
     ent n = lirent ;
     tableau tab ; lire (tab) ;
     imprimer(("le tableau donné est :", à la ligne, tab, à la ligne)) ;
     imprimer(("le tableau résultat est :", à la ligne, tri(tab), à la ligne))
fin # FIN : le tableau initial et son équivalent trié ont été imprimés. #
```

6. Variantes et améliorations

Utilisation d'un tableau variable

Remarquons tout d'abord que dans la plupart des problèmes concrets, une fois dé-
terminé le tableau r, le tableau d n'a plus d'intérêt. Pour cette raison, on est conduit à représenter les tableaux d et r par un même tableau variable var (d étant la
valeur initiale et r sa valeur finale). Dès ceci admis, il devient naturel de représenter également s par ce même tableau var (gain de place). Nous pouvons ainsi construire une nouvelle version du programme dans laquelle la nouvelle procédure tri a
pour rôle de trier le tableau var ; la nouvelle procédure $part$ quant à elle, fournit
uniquement la valeur m et transforme la valeur actuelle de var en lui faisant vérifier P5. Ce programme contient également une lecture du tableau donné et une impression du résultat. L'utilisation de var en simplifie la programmation :

```
# Algorithme de tri rapide : #
début
    proc tri = (rep [ ] réel var) neutre :
        si bi var < bs var
            alors ent m = part(var) ;
                # Tri du morceau de var avant m et tri du morceau après m : #
                    (tri(var[bi var : m]),
                     tri(var[m+1 : bs var]))
        fsi # si bi var = bs var, var n'est pas modifié # ,
    proc part = (rep [ ] réel var) ent :
        début
            # Initialisations : #
            réel x = var[bi var], ent i := bi var + 1, ent j := bs var ;
            # Calculs : #
            tant que i < j
                faire
                    si x < var[j]    alors j := j-1
                    sinsi var[i] ≤ x alors i := i+1
                                     sinon échange(var, i, j) ; i := i+1
                    fsi
                fait ,
```

$$\underline{si} \ x < var[i] \ \underline{alors} \ i := i\text{-}1 \ \underline{fsi} \ ;$$

$$\acute{e}change(var, \ \underline{bi} \ var, \ i) \ ;$$

$$\underline{ent} \ m1 = i \ ;$$

$\#$ *Résultat* : $\#$

$$\underline{ent} \ m = \underline{si} \ m1 < \underline{bs} \ var \ \underline{alors} \ m1 \ \underline{sinon} \ m1\text{-}1 \ \underline{fsi} \ ;$$

$$m$$

$\underline{fin}$,

$\underline{proc} \ \acute{e}change = (\underline{rep} \ [\ ] \ \underline{r\acute{e}el} \ t, \ \underline{ent} \ p, \ q) \ \underline{neutre}$:

$\underline{d\acute{e}but} \ \underline{r\acute{e}el} \ aux = t[p] \ ; \ t[p] := t[q] \ ; \ t[q] := aux \ \underline{fin} \ ;$

$\underline{ent} \ n = lirent \ ; \ [1 : n] \ \underline{r\acute{e}el} \ tab \ ; \ lire \ (tab) \ ; \ imprimer(("tableau :", \ tab)) \ ;$

$tri \ (tab) \ ; \ imprimer((\grave{a} \ la \ ligne, \ "tableau \ r\acute{e}sultat :", \ tab))$

$\underline{fin}$

Exercice 4 :

- Comparer x et $var[j]$ après exécution de $\acute{e}change(var, \ i, \ j)$; $i := i\text{+}1$ dans la branche *sinon* de l'itération dans *part*.

- En déduire une légère modification de cette ligne qui peut éviter une nouvelle exécution du corps de l'itération dans *part*.

Evaluation du nombre de comparaisons

Appelons M_n le nombre moyen de comparaisons entre éléments nécessaire pour réaliser le tri d'un tableau $tab[1 : n]$ en utilisant le programme obtenu par le schéma 7.

$part(var)$ nécessite n-1 comparaisons (le premier élément $var[1]$ est comparé à tous les autres).

$tri(var[1 : m\text{-}1])$ et $tri(var[m\text{+}1 : n])$ nécessitent respectivement M_{m-1} et M_{n-m} comparaisons ; c'est-à-dire $\frac{1}{n} \sum_{m=1}^{n} (M_{m-1} + M_{n-m})$ comparaisons en moyenne si l'on suppose également probables les différentes valeurs de m. Le nombre de comparaisons moyen et donc défini par :

$$\begin{cases} M_0 = 0 \\ \text{pour } n > 0 : M_n = n\text{-}1 + \frac{1}{n} \sum_{m=1}^{n} (M_{m-1} + M_{n-m}) \end{cases}$$

Exercice 5 : Ecrire un programme calculant M_n.

On peut montrer que :

$$M_n = 2(n\text{+}1) \sum_{k=1}^{n} \frac{1}{k} - 4n$$

Finalement $\quad M_n \sim 2n \log n$

ou encore $\quad M_n \sim 1,4 \ n \log_2 n$

Pour apprécier ce nombre M_n, il est intéressant de le comparer aux nombres analogues obtenus grâce à d'autres méthodes de tri ou encore à le rapprocher du nombre minimum moyen de comparaisons à effectuer (indépendamment de la méthode choisie) : faire un tri d'une suite $(u_i)_{1 \leq i \leq n}$ revient à choisir un élément dans l'ensemble n! permutations de $(u_i)_{1 \leq i \leq n}$. Chacune de ces permutations pourra être codée par un nombre binaire de $\lceil \log_2(n!) \rceil$ (*) chiffres ; chaque comparaison utilisée apporte au mieux une information sur un chiffre binaire, il faut donc au moins $\lceil \log_2(n!) \rceil$ comparaisons pour réaliser un tri.

D'après la formule de Stirling, $\log_2(n!)$ est équivalent à $n \log_2 n$ lorsque n tend vers l'infini ; donc, en moyenne, et pour n assez grand, il faut au moins $n \log_2 n$ comparaisons pour réaliser un tri : on constate que M_n est assez voisin de ce minimum théorique.

<u>Exercice 6</u> : Calculer le nombre de comparaisons réalisées si le tableau donné est déjà trié.

7. Problèmes

1. Ecrire un algorithme de tri reposant sur l'énoncé P3 (§ 12.4.2), mais dans lequel on cherche déjà à satisfaire la propriété P0 :
- détermination de 2 sous-tableaux triés s1 et s2
- constitution du tableau final r en interclassant ces deux sous-tableaux (on compare le plus petit élément de s1 avec le plus petit de s2, ce qui donne le plus petit élément de r et on recommence).

2. Ecrire un algorithme de tri reposant davantage sur l'énoncé P2 (§ 12.4.2) : détermination de 2 sous-tableaux s1 et s2 vérifiant : s1 ≤ s2. On recommence le processus jusqu'à obtention de sous-listes à 1 élément (tri par dichotomie).

3. L'obtention de la propriété P3 (§ 12.4.2) a nécessité un certain nombre de choix. Par exemple, partir de P2 aurait pu conduire à définir r par approximations successives :
1) p = <u>bir</u> ⇒ r[p] ≤ r[p+1 : <u>bsr</u>]
(on cherche le plus petit élément de d et on le range en r[p])

(*) $\lceil a \rceil$ représente la partie entière de a.

2) p = $\underline{bir}$ + 1 ⇒ r[$\underline{bir}$: $\underline{bir}$ + 1] ≤ r[$\underline{bir}$ + 2, $\underline{bsr}$]

1) et 2) exigent que les 2 premiers éléments soient classés.

etc...

Ecrire un algorithme de tri reposant sur cette idée (tri par sélection).

8. Solution de quelques exercices

Exercice 2 :

Prouvons plus généralement que pour $\underline{bid}$ < $\underline{bsd}$

INVAR : $\underline{bid}$ < i ≤ j ≤ $\underline{bsd}$ est un invariant de l'itération définie dans *part*.

- Les valeurs initiales i = $\underline{bid}$ + 1 et j = $\underline{bsd}$ vérifient INVAR.
- Supposons $\underline{bid}$ < i ≤ j ≤ $\underline{bsd}$, lors d'une exécution du corps de l'itération, on calcule i supérieur ou égal à $i_{pré}$ et j inférieur ou égal à $j_{pré}$, on a donc $\underline{bid}$ < $i_{pré}$ et $j_{pré}$ ≤ $\underline{bsd}$.

De plus, $j-i$ décroît de 1 au plus, donc $i_{pré}$ < $j_{pré}$ ⇒ i ≤ j ; comme $i_{pré}$ < $j_{pré}$ est la condition pour qu'il y ait exécution du corps de l'itération, on obtient bien :

$\underline{bid}$ < i ≤ j ≤ $\underline{bsd}$

ce qui prouve que INVAR est invariant. A la fin de l'itération de la procédure *part*, $m1 = i$ vérifie bien $m1 \in$]$\underline{bid}$, $\underline{bsd}$] et donc $m \in$]$\underline{bid}$, $\underline{bsd}$[.

Exercice 3 :

- CE(*tri*, d, r) : d est un tableau
  CS(*tri*, d, r) : r **trié de** d
       ou encore : r **perm** d **et** r **croissant**
- Il suffit de prouver CS(*tri*, d, r), ce que nous faisons par récurrence sur la taille $\underline{bsd}$ − $\underline{bid}$:
  . si $\underline{bsd}$ = $\underline{bid}$ alors $r = d$ et CS(*tri*, d, r) est vérifié
  . supposons $\underline{bsd}$ − $\underline{bid}$ > 0 et admettons CS(*tri*, $d1$, $r1$) pour tout tableau $d1$ de taille inférieure à $\underline{bsd}$ − $\underline{bid}$.

  L'appel de *tri[d]* provoque directement celui de *part(d)* à la fin duquel on obtient CS(*part*, d, (s, m)) :

  $$(1)\begin{cases} s \text{ \underline{perm} } d \text{ \underline{et} } s[\underline{bid} : m] \le s[m+1 : \underline{bsd}] \\ \underline{et} \ \underline{bid} \le m < \underline{bsd} \end{cases}$$

  L'hypothèse de récurrence s'applique aux tableaux $s[\underline{bid} : m]$ et $s[m+1 : \underline{bsd}]$ puisque, vu l'exercice 2, on a :

  $\underline{bsd}$ − $\underline{bid}$ > $(m-1)$ − $\underline{bid}$ et $\underline{bsd}$ − $\underline{bid}$ > $\underline{bsd}$ − $(m+1)$

  On obtient donc :

$$(2) \begin{cases} r[\underline{bid} : m] \text{ \underline{trié de} } s[\underline{bid} : m] \\ r[m+1 : \underline{bsd}] \text{ \underline{trié de} } s[m+1 : \underline{bsd}] \end{cases}$$

De (2) et s $\underline{perm}$ d, on déduit :

(3) r $\underline{perm}$ d

De (2) et $s[\underline{bid} : m] \leq s[m+1 : \underline{bsd}]$, on déduit :

(4) r $\underline{croissante}$

donc, finalement, de (3) et (4), on tire : r $\underline{trié de}$ d.

Exercice 4 :

- On n'exécute la conditionnelle considérée que si $var[i] > x$ (condition nécessaire et suffisante pour que l'itération se termine avec $i < j$). Après *échange*
(var, i, j), on a donc $var[j] > x$.

- A la suite de l'affectation $i := i+1$, deux possibilités peuvent se présenter :

  . $i < j$ et alors on rentre à nouveau dans le corps de l'itération avec une comparaison $x < var[j]$ qui est toujours vérifiée : elle est donc inutile et on
  peut faire suivre $i := i+1$ de $j := j-1$.

  . $i \geq j$ et on sort de l'itération et on n'utilise plus la valeur de j : l'adjonction précédente de l'affectation $j := j-1$ n'est pas gênante.

On peut donc éviter une exécution inutile du corps de l'itération en remplaçant
la branche $\underline{sinon}$ considérée par

$\underline{sinon}$ $\underline{si}$ $i < j$ $\underline{alors}$ échange*(var, i, j)* ; $i := i+1$; $j := j-1$ $\underline{fsi}$

Exercice 6 :

Supposons $tab[1 : n]$ trié.
part(var) nécessite toujours n-1 comparaisons, mais on obtient $m = 1$ et donc *tri(var)*
provoque l'appel de *tri(var[2 : n])* uniquement.

Ainsi, dans ce cas, le nombre N_n de comparaisons est défini par :

$$N_n = (n-1) + N_{n-1}$$

N_n est donc la somme des n-1 premiers entiers :

$$N_n = \frac{n(n-1)}{2}$$

qui est supérieur à n x 2 Log n dès que n est supérieur ou égal à 3.

Cet algorithme n'est donc pas très intéressant dans le cas où le tableau initial
est déjà trié ! En pratique, il est très important de bien choisir entre de nombreux
algorithmes de tri disponibles, en fonction de propriétés spécifiques des ensembles
que l'on veut effectivement trier.

Liste du programme du jeu devinette (12.3)

```
0001    COMPILATION ALGOL 68 RENNES VERSION 1 B
0002
0003    #JEU DEVINETTE: #
0004
0005    'DEBUT'
0006    #REPRESENTATION DES PIONS ET DES TEMOINS: #
0007    'MODE''PION'='CHAINE',
0008    'MODE''TEMOIN'='CHAINE',
0009    'PION'PION VIDE="PION VIDE",
0010    'TEMOIN'TEMOIN BLANC="TEMOIN BLANC" ,
0011            TEMOIN NOIR="TEMOIN NOIR" ,
0012            TEMOIN VIDE="TEMOIN VIDE" ,
0013
0014    #DEF. DES STUCTURES D INFORMATIONS: #
0015    'MODE''JEU'=(/1:4/)'PION',
0016    'MODE''BILAN'=(/1:4/)'TEMOIN',
0017
0018    #VARIABLES DE TRAVAIL: #
0019    'JEU'CONFIGURATION A,CONFIGURATION B,
0020    'BILAN'REPONSE,
0021    (/1:6/)'PION'ENSEMBLE PIONS,
0022    'ENT'DERNIER INDEX#INDEX DE ENSEMBLE PIONS#,
0023
0024    #DEF. DE LA PRODUCTION D UN BILAN: #
0025    'PROC'JOUEUR A='BILAN':(
0026    'DEBUT''BILAN'NOUVEAU TEST:=(TEMOIN VIDE,TEMOIN VIDE,
0027                                TEMOIN VIDE,TEMOIN VIDE);
0028
0029    'POUR' I 'JUSQUA'4'FAIRE'
0030    'POUR' J 'JUSQUA'4'FAIRE'
0031    'SI'CONFIGURATION A(/I/)=CONFIGURATION B(/J/)
0032    'ALORS'NOUVEAU TEST(/J/):=
0033    'SI'I=J'ALORS'TEMOIN BLANC'SINON'TEMOIN NOIR'FSI'
0034    'FSI'
0035    'FAIT''FAIT',
0036    NOUVEAU TEST
0037    'FIN',
```

235

liste du programme du jeu devinette (suite)

```
0038   #DEF. DE LA RECHERCHE D UN NOUVEAU PION: #
0039   'PROC'NOUVEAU PION='PION':
0040   'DEBUT' DERNIER INDEX:=DERNIER INDEX+1,
0041           ENSEMBLE PIONS(/DERNIER INDEX/)
0042   'FIN',
0043
0044   #DEF. DE LA PRODUCTION D UN ESSAI PAR LE JOUEUR B: #
0045   'PROC'JOUEUR B='JEU':
0046
0047   #CE: POUR I APPARTENANT A (1,4)
0048        CONDITION 1:REPONSE(/I/)=TEMOIN BLANC
0049              ==>CONFIGURATION B(/I/)=CONFIGURATION A(/I/)
0050        CONDITION 2:REPONSE(/I/)=TEMOIN NOIR
0051              ==>IL EXISTE J APPARTENANT A (/1:4/) ET J/=I TEL QUE
0052                 CONFIGURATION B(/I/)=CONFIGURATION A(/J/)
0053        CONDITION 3:REPONSE(/I/)=TEMOIN VIDE
0054              ==>QUELQUE SOIT J APPARTENANT A (/1:4/)
0055                 CONFIGURATION B(/I/)=CONFIGURATION A(/J/).
0056   CS: POUR I APPARTENANT A (1,4)
0057   EN APPELANT CONFIGURATION BB LE NOUVEL ESSAI OBTENU A PARTIR DES
0058   TEMOINS DE L ESSAI CONFIGURATION B
0059        CONDITION A: REPONSE(/I/)=TEMOIN BLANC
0060              ==>CONFIGURATION BB(/I/)=CONFIGURATION B(/I/)
0061        CONDITION B:REPONSE(/I/)=TEMOIN NOIR
0062              ==>CONFIGURATION BB(/I/)=CONFIGURATION B(/I/)
0063                 ET J APPARTIENT A (1,4) ET REPONSE(/J/)=TEMOIN BLANC
0064                 ET J NON TESTE POUR CE PION
0065        CONDITION C:REPONSE(/I/)=TEMOIN VIDE
0066              ==>CONFIGURATION BB(/J/)=NOUVEAU PION
0067                 ET J APPARTIENT A (1,4) ET REPONSE(/J/)=TEMOIN BLANC.#
0068
0069   'DEBUT'
0070   # VARIABLE AUXILIAIRE DE 'JEU',VIDE AU DEPART: #
0071   'JEU'NOUVEAU JEU:=(PION VIDE,PION VIDE,PION VIDE,PION VIDE);
0072
0073
0074   #PAS1:GARDER LES PIONS BIEN DEVINES: #
0075   'POUR' I 'JUSQUA'4'FAIRE''SI'REPONSE(/I/)=TEMOIN BLANC
0076                'ALORS'NOUVEAU JEU(/I/)=CONFIGURATION B(/I/)
0077                'FSI'
0078
0079   'FAIT',
```

liste du programme du jeu devinette (suite)

```
0080   #PAS2: ESSAYER SUR UNE NOUVELLE CASE CHAQUE PION DECOUVERT EN PARTIE!#
0081     'POUR' I 'JUSQUA'4
0082     'FAIRE''SI'REPONSE(/I/)=TEMOIN NOIR
0083       'ALORS''ENT'J=('ENT'K;=I 'MOD'4+1;
0084                  'TANTQUE'NOUVEAU JEU(/K/)=PION VIDE
0085                  'FAIRE'K:=K 'MOD'4+1'FAIT');
0086
0087       K);
0088       NOUVEAU JEU(/J/):=CONFIGURATION B(/I/)
0089
0090     'FSI'
0091   'FAIT';
0092
0093   #PAS3:ESSAYER DE NOUVEAUX PIONS SUR LES CASES RESTEES LIBRES! #
0094     'POUR' I 'JUSQUA' 4 'FAIRE''SI'NOUVEAU JEU(/I/)=PION VIDE
0095                  'ALORS'NOUVEAU JEU(/I/):=NOUVEAU PION
0096     'FSI'
0097   'FAIT';
0098
0099   #RESULTAT VERIFIANT CS: #
0100     NOUVEAU JEU
       'FIN';
```

liste du programme du jeu devinette (suite et fin)

```
0101   #INITIALISATION DES VARIABLES DETRAVAIL: #
0102   LIRE(CONFIGURATION A);
0103   LIRE(ENSEMBLE PIONS);
0104   DERNIER INDEX:=G;
0105   'POUR' I 'JUSQUA'4
0106   'FAIRE'CONFIGURATION B(/I/):=NOUVEAU PION'FAIT';
0107   REPONSE:=JOUEUR A#PREMIER APPEL DE JOUEUR A#;
0108
0109   #RECHERCHE AVEC EDITIONS: #
0110   IMPRIMER((ENSEMBLE PIONS,ALALIGNE,ALALIGNE, JEU DU JOUEUR A ,ALALIGNE,
0111        CONFIGURATION A,ALALIGNE));
0112   'TANTQUE''NON'#CONFIGURATION EST TROUVEE: #
0113        (REPONSE(/1/)=TEMOIN BLANC 'ET'REPONSE(/2/)=TEMOIN BLANC
0114        'ET'REPONSE(/3/)=TEMOIN BLANC 'ET' REPONSE(/4/)=TEMOIN BLANC)
0115   'FAIRE'
0116   IMPRIMER((ALALIGNE, ESSAI DU JOUEUR B ,ALALIGNE,CONFIGURATION B,
0117        ALALIGNE, REPONSE DU JOUEUR A ,ALALIGNE,
0118        REPONSE,ALALIGNE));
0119   CONFIGURATION B:=JOUEUR B;
0120   REPONSE:=JOUEUR A
0121   'FAIT';
0122   IMPRIMER((ALALIGNE, CONFIGURATION FINALE DE B ,ALALIGNE,CONFIGURATION B))
0123   'FIN'
```

Résultats imprimés   par le programme du jeu devinette

```
###################EXECUTION ALGOL 68,VERSION   76-48 ###############
BLEU ROUGE VERT VIOLET MARRON JAUNE

JEU DU JOUEUR A
ROUGE JAUNE VERT MARRON

ESSAI DU JOUEUR B
BLEU ROUGE VERT VIOLET
REPONSE DU JOUEUR A
TEMOIN VIDE TEMOIN NOIR TEMOIN BLANC TEMOIN VIDE

ESSAI DU JOUEUR B
MARRON JAUNE VERT ROUGE
REPONSE DU JOUEUR A
TEMOIN NOIR TEMOIN BLANC TEMOIN BLANC TEMOIN NOIR

CONFIGURATION FINALE DE B
ROUGE JAUNE VERT MARRON
###################FIN DE L'EXECUTION ALGOL 68###################
```

239

Liste du programme du tri rapide (12.4)

GRENOBLE ALGOL 68 COMPILATION

```
UNITE   BLOC    TEXTE SOURCE

00000   0000    # TRI PAR SEGMENTATION #
00000   0000    'DEBUT' # INIT : UN ENTIER N ET UN TABLEAU DE LONGUEUR N
00001   0002             SONT A LIRE. #
00001   0002    # MODES COUPURE, TABLEAU, ET PROCEDURE TRI : #
00005   0002    'MODE' 'COUPURE' = 'STRUCT' ( 'TABLEAU' TABLEAU, 'ENT' INDICE),
00008   0002    'MODE' 'TABLEAU' = [1:N] 'REEL',
00010   0003    'PROC' TRI = ( 'TABLEAU' D) 'TABLEAU' :
00010   0002    # CE : NEANT .
00010   0002    CS : LE RESULTAT EST UN TABLEAU ORDONNE
00010   0002        FORME DES ELEMENTS DE D .#
00011   0004    'DEBUT'
00011   0004        # BORNES DU TABLEAU :#
00013   0004        'ENT' INF = 'LWB' D, SUP = 'UPB' D;
00014   0005    'SI' INF >= SUP
00015   0006    'ALORS' D
00016   0007    'SINON' # CONSTRUIRE UNE COUPURE V=(M,S) DE D : #
00019   0007           'COUPURE' V = PART(D);
00021   0007           'ENT' M=INDICE 'DE' V, 'TABLEAU' S=TABLEAU 'DE' V ;
00021   0007    # CONSTRUIRE LE RESULTAT EN TRIANT LES DEUX
00024   0007      MORCEAUX DE S : #
00032   0009    ( INF:SUP ) 'REEL' U ;
00040   0007    ( U(INF:M):=TRI(S(INF:M)),
00040   0007      U(M+1:SUP):=TRI(S(M+1:SUP)));
00040   0007    #RESULTAT : #
00041   0005    U
                'FSI'
                'FIN'.
```

liste du programme du tri rapide (suite et fin)

```
00043  0002   # PROCEDURE PART : #
00043  0002   'PROC' PART = ( 'TABLEAU' D) 'COUPURE' :
00045  0010   # CE,CS : VOIR SCHEMA 2. ,
00045  0002   #
00045  0002   'DEBUT'
00046  0011       # CONSTRUCTION DE S ET M1 PAR LE SCHEMA 3 :#
00046  0011       'REEL' X = D('LWB'.D).
00049  0011       'ENT' I :='LWB' D + 1, 'ENT' J := 'UPB' D,
00051  0011       ( 'LWB' D: 'UPB' D) 'REEL' T :=D;
00054  0011       'TANTQUE' I<J
00055  0013       'FAIRE' # INVAR : VOIR SCHEMA 3. #
00056  0014           # DIMINUER J-I PAR LE SCHEMA 5 : #
00056  0014           'SI' X<T(J) 'ALORS' J:=J-1
00060  0016           'SINSI' T(I)<=X 'ALORS' I:=I+1
00064  0018                            'SINON' ECHANGE(T,I,J); I:=I+1
00070  0019       'FSI'
00071  0015       'FAIT' ;
00073  0011       'SI' X<T(I) 'ALORS' I:=I-1 'FSI' ;
00079  0011       ECHANGE(T,'LWB' D , I);
00084  0011       'ENT' M1=I; # S = T #
00085  0011       # CONSTRUCTION DE M : #
00085  0011       'ENT' M = 'SI' M1< 'UPB' D 'ALORS' M1 'SINON' M1-1 'FSI';
00090  0011       # RESULTAT : #
00090  0011       (T,M)
00093  0025   'FIN',
00095  0002   #PROCEDURE ECHANGE #
00095  0002   'PROC' ECHANGE = ( 'REP' 'TABLEAU' V, 'ENT' P,Q) 'NEUTRE' :
00099  0002   # CE : SOIT T LE CONTENU INITIAL DE V ,
00099  0002          'LWB' T<=P,Q <= 'UPB' T.
00099  0002     CS : SOIT TF LE CONTENU FINAL DE V ;
00099  0002          TFP = TFQ , TFQ = TFP , ET
00099  0002          POUR TOUT I /= P,Q : TFI = TI .
00099  0002   #
00099  0002   'DEBUT' 'REEL' VPREP=V(P), VPREQ=V(Q);
00106  0027           (V(P)):=VPREQ, V(Q):=VPREP)
00113  0028   'FIN';
00115  0002   #LECTURE DES DONNEES, CALCUL ET IMPRESSION DES RESULTATS #
00115  0002   'ENT' N; READ(N);
00119  0002   'TABLEAU' TAB ; READ(TAB);
00123  0002   WRITE(("LE TABLEAU DONNE EST : ",NEWLINE,TAB,NEWLINE));
00131  0002   WRITE(("LE TABLEAU RESULTAT EST : ",NEWLINE,TRI(TAB),NEWLTNE) )
00140  0002   'FIN'
00141  0001   # FIN : LE TABLEAU INITIAL ET SON EQUIVALENT TRIE
00141  0001          ONT ETE IMPRIMES #
```

Résultats imprimés par le programme du tri rapide

```
        algol68 tri
EXECUTION BEGINS...
COMPILATION TRI
$TEMPS DE COMPILATION.          1555,65MILLISECONDES
R; T=1.72/2.68 10:35:50

168 tri ( stack=6k
EXECUTION BEGINS...
       TEMPS DE CHARGEMENT      152,83MILLISECONDES
EXECUTION LANCEE....
10
1.23
45.32
0.01
-12.74
78.425
-0.0
-0.0008
34.62
3.14
-50.0
LE TABLEAU DONNE EST :
+.1230000000000000E+01 +.4532000000000000E+02 +.1000000000000000E-01 -.1274000000000000E+02 +.7842500000000000E+02
+.0000000000000000E+00 -.8000000000000000E-03 +.3462000000000000E+02 +.3140000000000000E+01 -.5000000000000000E+02
LE TABLEAU RESULTAT EST :
-.5000000000000000E+02 -.1274000000000000E+02 -.8000000000000000E-03 +.0000000000000000E+00 +.1000000000000000E-01
+.1230000000000000E+01 +.3140000000000000E+01 +.3462000000000000E+02 +.4532000000000000E+02 +.7842500000000000E+02
       TEMPS D'EXECUTION        107,62MILLISECONDES
R; T=0.36/0.87 10:38:06
```

CONCLUSION

C'est ici que se termine ce livre, que nous savons perfectible, d'introduction à la programmation. En mettant l'accent sur le raisonnement et la composition systématique, nous avons souhaité transférer dans l'enseignement fondamental des résultats établis au cours des dix dernières années. Il apparaît en effet que les problèmes de fiabilité et de coût posés par la conception et la construction de programmes ne peuvent être résolus en profondeur que par la rigueur et l'économie de pensée, plutôt que par un empirisme permanent et aveugle.

Pour défendre et illustrer ce point de vue, nous avons décidé de présenter, pas à pas, en partant de l'essentiel, une série de moyens de programmation, et de fournir chaque fois des exemples de programmes qui n'utilisent que les techniques déjà vues et qui soient graduellement développés à partir des énoncés de problèmes. Nous nous sommes aussi obligés à suivre un schéma en quelque sorte finaliste : ce sont les objectifs qui sont d'abord fixés, ensuite sont étudiés les outils fondamentaux, tandis que les détails techniques secondaires ne sont donnés qu'en dernier lieu. Aussi avons-nous dû repenser les rapports existant entre les outils de programmation et les types de problèmes dont on cherche à programmer la résolution ; la présentation que nous obtenons n'est bien sûr qu'une approximation d'un développement idéal.

Trois difficultés importantes ont surgi au cours de ce travail. La première est le péril de technicité et de longueur : notre voeu initial était d'écrire une centaine de pages présentant les tous premiers éléments de ce que l'on appelle la nouvelle programmation. Si nous arrivons au triple, ce n'est pas dû à un excès de détails techniques qui restent assez bien circonscrits, car nous n'avons pas voulu confondre enseignement de la programmation et apprentissage d'un langage. Bien au contraire, c'est la construction des exemples de programmes qui est responsable de l'ampleur du texte. Ceci constitue une surprise et un bien.

Nos réticences à appliquer, au début, les principes proposés dans ce livre ont constitué la deuxième difficulté : nous restions sous l'emprise de la tendance à écrire directement des programmes détaillés en court-circuitant des phases essentielles de raisonnement. L'effort que nous nous sommes imposé nous fut, dès lors, bénéfique et nous a fait sentir à quel point, comme pour les icebergs, la majeure partie du travail de programmation reste trop souvent cachée.

La troisième difficulté provient de l'ordre choisi pour exposer les diverses constructions de programmes ; il s'agit d'un ordre parmi bien d'autres essayant d'associer structures de données et structures de contrôle, et nous ne pourrions démontrer "noir sur blanc" qu'il s'agit du meilleur possible : il aurait été par exemple fort possible d'introduire les itérations et les variables beaucoup plus tôt de façon à retrouver plus vite la programmation classique, ou d'utiliser dès le début les procédures comme outil de base de décomposition.

Nous n'avons pas voulu présenter des méthodes de programmation car il s'agit d'un domaine où les conclusions sont encore assez incertaines. Nous nous sommes donc bornés à proposer un ensemble de moyens et d'outils de composition de programmes à partir de programmes plus simples ; il reste à trouver des lois générales pour l'emploi optimal de ces moyens de programmation. Cependant, nous mettons déjà en évidence quelques principes de contrôle logique de ces outils et quelques règles assurant la cohérence entre les conditions initiales et finales d'un problème et le programme qui en exprime la solution.

Nous écririons volontiers "à suivre..." pour annoncer un prochain volume qui serait évidemment "Nos deuxièmes constructions de programmes" : on pourrait y étudier des méthodes de programmation proprement dites, telles que la formation ou la transformation de spécifications et de programmes, d'autres outils tels que les données arborescentes ou le calcul parallèle, d'autres types de problèmes et d'autres langages. Les choix seraient alors plus délicats et difficiles : rien ne peut donc être promis, mais nous espérons tout de même qu'il ne s'agit maintenant que d'un au revoir.

Notre désir principal reste d'amener le lecteur à réfléchir soigneusement lorsqu'il concevra et construira des programmes, sans lui imposer de considérer les démarches précises proposées dans ce livre comme les seules possibles.

INDICATIONS BIBLIOGRAPHIQUES

A notre connaissance, il n'existe pas de livres français d'initiation à la programmation écrits dans le même esprit que celui-ci. Nous pouvons citer deux ouvrages rédigés en anglais :

E.W. DIJKSTRA - *A discipline of programming*, Prentice Hall, New Jersey, 1976

N. WIRTH - *Systematic programming*, Prentice Hall, New Jersey, 1973

Les bases de programmation une fois acquises, on peut lire avec profit les ouvrages suivants :

J. ARSAC - *Nouvelles leçons de programmation*, Dunod, Paris, 1977

N. WIRTH - *Algorithms + data structures = programs*, Prentice Hall, New Jersey, 1975

On trouve des descriptions d'algorithmes dans de nombreux ouvrages. En voici trois que l'on peut consulter :

A.V. AHO, J.E. HOPCROFT, J.D. ULLMAN - *The design and analysis of computer algorithms*, Addison Wesley, Cambridge, 1971

D.E. KNUTH - *The art of computer programming* (3 vol.), Addison Wesley, Cambridge, 1968 - 1969 - 1973

D.E. KNUTH - *Mariages stables*, Presses universiaires du Canada, Montréal, 1976

En ce qui concerne les détails du langage ALGOL 68, son rapport officiel de définition (A. van WIJNGAARDEN et al. (éditeurs) - *Revised report of the algorithmic language ALGOL 68*,Springer Verlag, Heidelberg, 1975) ou même une de ses versions présentée en français (Groupe ALGOL de l'Afcet - *Définition du langage algorithmique ALGOL 68*, Hermann, Paris, 1972) sont d'une lecture difficile, et l'ouvrage conseillé est :

Groupe ALGOL de l'Afcet - *Manuel du langage algorithmique ALGOL 68*, Hermann, Paris, 1975

Enfin, des compléments sur la technologie des ordinateurs peuvent être trouvés dans de nombreux livres, en particulier :

J.P. MENADIER - *Structure et fonctionnement des ordinateurs*, Larousse, Paris, 1971

RESUME SYNTAXIQUE

Chacune des constructions du langage Algol 68 utilisées dans cet ouvrage (bloc, déclaration, expression etc.) est définie ici par une "règle", où l'on trouve le signe ─▷ , qui sépare la construction à définir de sa définition; ce signe peut s'énoncer "*est constituée par*".

A droite de ce signe on trouve des *symboles* de base (dans des cercles ou des ovales), et d'autres constructions, en principe définies dans d'autres règles. Ces divers éléments sont séparés par des tirets (qu'on peut lire "*suivi de*"). On trouve parfois des accolades, qui indiquent une possibilité de *choix* entre plusieurs manières de former la construction. Enfin des flèches vers l'avant (et au dessus de la ligne principale) permettent l'*omission* de certains éléments, et des flèches vers l'arrière (et en-dessous de la ligne) indiquent la possibilité de *répétition*.

Exemple d'énoncé développé d'une telle règle (p. 246) :

collatérale *est constituée par symbole début* ou *symbole* (au *choix*
           suivi de   une phrase
           suivi de   un *symbole* virgule
           suivi de   une phrase
      ...on peut ensuite *répéter* virgule et phrase...
           suivi de   *symbole fin* ou *symbole*) au *choix*

Ces règles permettent de voir si une construction est bien constituée. Soit par exemple

$$(1+a[j])$$

C'est un bloc (p. 246), *constitué par* une ouverture de parenthèse, suivie d'une série, suivie d'une fermeture de parenthèse.

La série $1+a[j]$ est *constituée par* (p. 246) une phrase; tout ce qui pourrait se trouver, dans la série, avant la phrase finale, est *omis* (comme le permet la flèche en avant).

Cette phrase est *constituée par* (p. 248 en bas) une expression.

Cette expression est *constituée par* (p. 249 tout en haut) une expression, un opérateur +, et une expression.

La première expression est 1 ; elle est en effet *constituée par* (p. 249) une notation, On ne définit pas les notations dans cette Annexe : voir chapitre 2.

La deuxième expression est *a[j]* ; elle est *constituée par* (p. 249 en bas) une tranche.

Cette tranche *a[j]* est *constituée par* (p. 249 en bas) un identificateur (ce qui est parmi les *choix* permis), un *symbole* [, une expression (entière), et un *symbole*].

Cette expression est *constituée par* (p. 249) un identificateur; l'identificateur n'est pas défini dans cette Annexe : voir chapitre 3.

Ces règles permettent de voir que certaines soi-disant constructions ne sont pas permises. Exemple : on ne peut pas écrire

$$(lire(y); \underline{ent}\ x = 1;)$$

On ne trouve en effet aucune construction constituée ainsi. Notamment un bloc peut bien être constitué par une série entre parenthèses (p. 246 en haut). Mais

$$lire(y); \underline{ent}\ x = 1;$$

n'est pas une série. En effet (p. 246 en bas) une série doit se terminer par une phrase, ce qui n'est pas le cas ici, puisqu'on trouve un point-virgule à la fin.

247

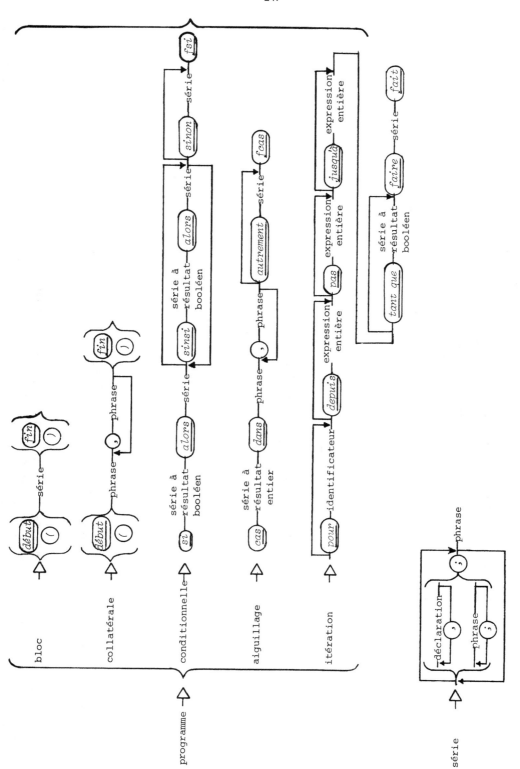

248

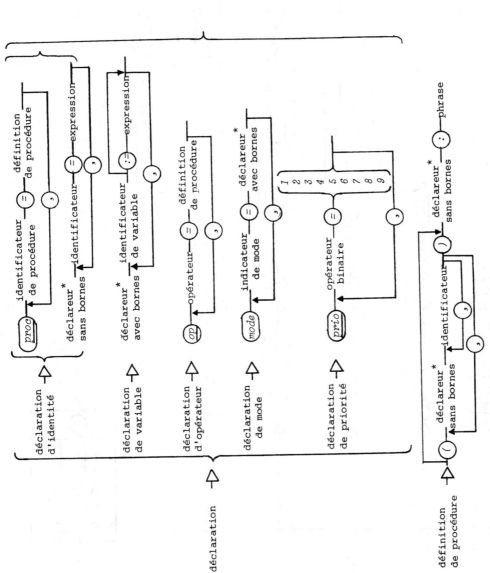

* La mention "avec bornes" ou "sans bornes" ne s'applique qu'aux déclareurs qui sont ou qui contiennent des déclareurs de tableau.

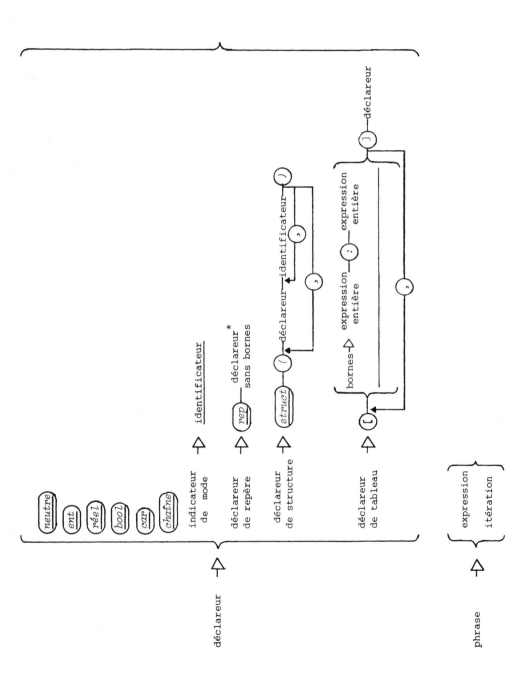

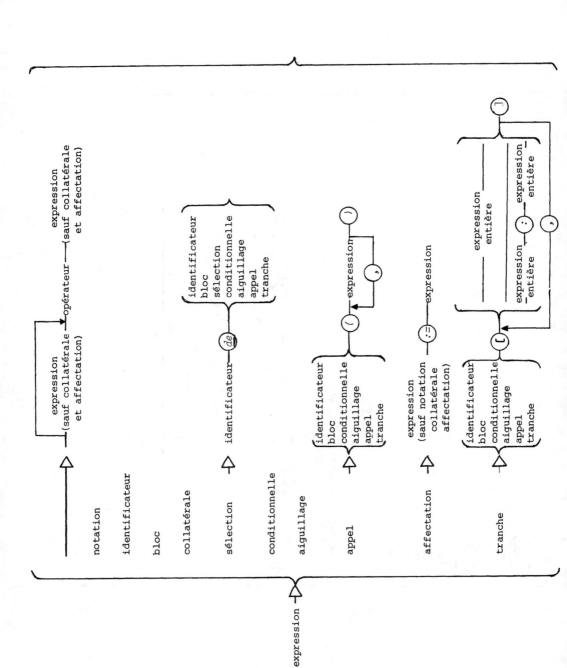

Annexe II

Index des symboles du langage ALGOL 68

Opérateurs Binaires

Opérateur	Mode de l'opérande gauche	Mode de l'opérande droit	Mode du résultat	Priorité	Signification
+ −	*ent* *réel* *réel* *ent*	*ent* *réel* *ent* *réel*	*ent* *réel* *réel* *réel*	6	addition soustraction
⋆	*ent* *réel* *réel* *ent*	*ent* *réel* *ent* *réel*	*ent* *réel* *réel* *réel*	7	multiplication
/	*ent* *réel* *réel* *ent*	*ent* *réel* *ent* *réel*	*réel*	7	division
↑ ⋆⋆	*ent* *réel*	*ent* *réel*	*ent* *réel*	8	élévation à une puissance entière
÷ % *quo* ÷⋆ %⋆ *mod*	*ent*	*ent*	*ent*	7	division entière modulo
≠ *dif* =	*ent* *réel* *réel* *ent* *car* *chaîne* *chaîne* *car* *bool*	*ent* *réel* *ent* *réel* *car* *chaîne* *car* *chaîne* *bool*	*bool*	4	différent égal
< > ≤ ≥	*ent* *réel* *réel* *ent* *car* *chaîne* *car* *chaîne* *bool*	*ent* *réel* *ent* *réel* *car* *chaîne* *chaîne* *car* *bool*	*bool*	5	inférieur supérieur inférieur ou égal supérieur ou égal
∨ *ou*	*bool*	*bool*	*bool*	2	*ou* logique
∧ *et*	*bool*	*bool*	*bool*	3	*et* logique
+	*chaîne* *chaîne* *car* *car*	*chaîne* *car* *car* *chaîne*	*chaîne*	6	concaténation
⋆	*chaîne* *car*	*ent* *ent*	*chaîne*	7	multiplication d'une chaîne par un entier

OPÉRATEURS UNAIRES

Opérateur	Mode de l'opérande	Mode du résultat	Signification
+	*ent* *réel*	*ent* *réel*	laisse l'opérande inchangé
-	*ent* *réel*	*ent* *réel*	calcule l'opposé de l'opérande
abs	*ent* *réel*	*ent* *réel*	calcule la valeur absolue de l'opérande
signe	*ent* *réel*	*ent* *ent*	+1 si l'opérande est positif -1 si l'opérande est négatif 0 si l'opérande est nul
impair	*ent*	*bool*	<u>vrai</u> si l'opérande est impair <u>faux</u> si l'opérande est pair
entier	*réel*	*ent*	calcule la partie entière d'un nombre réel
arrd	*réel*	*ent*	calcule l'entier le plus proche d'un nombre réel
non	*bool*	*bool*	négation logique
bi *bs*	tableau	*ent*	donne la borne inférieure d'un tableau donne la borne supérieure d'un tableau

FONCTIONS STANDARDS

Identificateur	Mode du paramètre	Mode du résultat	Signification
lirent		*ent*	lecture d'une valeur entière
lireréel		*réel*	lecture d'une valeur de mode <u>réel</u>
lirechaîne		*chaîne*	lecture d'une valeur de mode <u>chaîne</u>
lirecar		*car*	lecture d'une valeur de mode <u>car</u>
lire	variable ou liste de variables		lit la (les) valeur(s) à affecter à la (aux) variable(s)
imprimer	valeur ou liste de valeurs		imprime le résultat d'une expression ou les résultats du calcul d'une liste d'expressions
à la page			fait passer à la page suivante
à la ligne			fait passer à la ligne suivante
rac2	*réel*	*réel*	$\sqrt{x}$ pour x > 0
exp	*réel*	*réel*	e^x
ln	*réel*	*réel*	Log(x) pour x > 0 (log népérien)
cos	*réel*	*réel*	cos(x)
arccos	*réel*	*réel*	arccos(x) pour $-1 \leq x \leq +1$ avec $0 \leq \text{arccos}(x) \leq \pi$
sin	*réel*	*réel*	sin(x)
arcsin	*réel*	*réel*	arcsin(x) pour $-1 \leq x \leq +1$ avec $-\pi/2 \leq \text{arsin}(x) \leq +\pi/2$
tan	*réel*	*réel*	tg(x)
arctan	*réel*	*réel*	arctg(x) avec $-\pi/2 < \text{arctg}(x) < +\pi/2$

INDEX DES NOTIONS

Vol. 142 ... ... 1995 ... ...
and G. Veneziano ...

Vol. ... ... Lectures ... ...
Proceedings 1977

Vol. ... ... Systems of Particles ... ...
Grangfort ... Mechanics ...

Vol. 82 ... ... Quantum Dynamics,
Universality ... ... Symmetries and a Special
... ...

Vol. 83 ... ... Science ... Physics
... p. 1977

Vol. ... ... International Sympo-
sium ... ... Ed. J. A. Pir ...
... ...

Vol. ... ...
XVI, 265 ... 1977